선생님을 위한

교직
실무의
모든 것

김학희 지음

i-Scream

『선생님을 위한
교직실무의 모든 것』을 펴내며

"저는 좋은 교사가 아닐 수 있습니다. 하지만 행복한 교육을 하고 있는 교사입니다." 이 말은 저를 소개할 때 동료 선생님들에게 항상 해주는 말입니다. 처음에는 나를 이기적인 사람이라고 오해하지 않을까, 선생님으로서 자격이 없다고 생각하는 것은 아닐까 걱정을 하면서 자신 있게 말하지 못했습니다. 그러나 저의 속마음을 이제는 솔직하게 말할 수 있는 요즘, 신규 선생님들에게 꼭 해주고 싶은 말이 있습니다.

"선생님, 좋은 선생님이 되고 싶다면
가장 먼저 행복한 선생님이 되셔야 합니다."

제가 처음 신규로 발령 받은 날, 저 또한 좋은 교사를 꿈꾸며 학교에 출근을 하였습니다. 교대를 다니면서 꿈꾸었던 좋은 교사가 된다는 생각만으로도 가슴이 벅차오르는 기분이 들었습니다. 하지만 학교 현장에서 많은 일들을 겪으면서 좋은 교사라는 것에 대한 꿈이 점점 희미해지는 것을 느꼈습니다.

　아이들을 무척 사랑했지만 아이들은 순수했던 저의 마음을 이용하듯 무질서한 모습을 보여주었고, 학부모님들은 열심히 했던 저의 모든 것들은 당연히 여기고, 서운한 것이 있으면 찾아와서 불만을 토로하였습니다. 지금까지 살면서 한 번도 해보지 않은 다양한 업무를 부랴부랴 처리하면서 나의 시간과 에너지가 급속히 고갈되는 것을 느꼈습니다. 또한 너무나도 다양한 선생님의 모습을 보여주는 동료 선생님들을 보면서 어떤 교사가 진짜 좋은 교사인지 정의하기 힘들었고, 관리자와 교육청은 부족함이 많은 신규교사인 나에게 좋은 교사가 되어야 한다고 다그칠 뿐, 방향성이나 방법들을 구체적으로 제시해주지 못했습니다.

　그렇게 많은 것이 부족하여 모든 것이 힘들었던 시절, 어떤 교사가 좋은 교사인지 스스로 명확하게 정의하지 못해 방황하던 시절을 보내다 보니 어느 순간 저는 좋은 교사를 포기하게 되었고 그냥 무난한 교사가 되는 것을 추구하기 시작하였습니다. 완벽하지 않은 저에게는, 좋은 교사가 되기 위한 수많은 것들이 너무 큰 어려움이었고, 제가 모두 잘 할 수 있다는 자신이 없었습니다.

　그렇게 무기력하게 학교생활을 하다가 갑자기 의문이 생겼습니다.
"좋은 교사가 되려면 이 모든 것들을 다 잘 해야 하는 것 맞아?"

　생각해보면 처음 발령을 받고 아이들을 처음 만나고 교사로서의 삶
을 시작했을 때에는 정말 즐겁고 행복했습니다. 하지만 주변에서 저를
위해 해주는 말들이 행복하게 생활하고 있는 저를 옭아매고 힘들게 하
였다는 것을 알게 되었습니다.

　　"아이들을 사랑하는 선생님이 되세요."
　　"학부모나 동료 선생님들, 관리자들과 잘 지내야 합니다."
　　"학교 업무를 잘해야 다른 사람에게 피해가 안가요."
　　"꼭 좋은 교사가 되세요."

　내가 꿈꾸었던 좋은 교사가 되기 위해 해주는 좋은 말이지만 저에게
큰 스트레스를 주었습니다. 그리고 잘해야 한다는 의무감에 사로잡혀
내가 하고 있는 일들에서 재미를 느끼지 못하고 있었다는 것을 알게 되
었습니다. 그 이후로 저는 좋은 교사가 되기 위한 것들에 초점을 맞추지
않게 되었습니다. 대신 제가 하고 싶은 일에 초점을 맞추고 학교생활을
하기 시작하였습니다. 처음에는 나와 생각이 다른 선생님들이 걱정된다

는 듯이 많은 조언을 해주었습니다. 하지만 저는 그럴 때마다 조언은 감사하지만 제가 하고 싶어서 하는 것이니 조금 이해해달라고 부탁을 하였습니다.

그렇게 제가 하고 싶은 것들을 하다 보니 제가 행복을 느끼게 되었고, 마음의 여유가 생겨서 아이들을 바라보는 저의 시선도 사랑으로 가득 차니 아이들이 저를 많이 좋아해주었습니다. 그렇게 아이들이 저를 좋아해주고 따라주니 저 또한 아이들이 더 사랑스러워보이게 되는 선순환이 작동되기 시작했습니다. 그렇게 학급경영이 행복하고 즐겁게 운영되니 어느새 학부모님들도 저를 신뢰하고 좋아해주었습니다. 학생과 학부모의 신뢰를 얻게 되자 어떠한 교육활동을 하더라도 즐겁게 참여해주었으며, 그 모습을 지켜보던 동료 선생님들과 관리자도 저에게 좋은 선생님이 다 되었다는 칭찬을 해주었고 저는 그렇게 행복한 교사, 좋은 교사에 가까워졌습니다.

지금까지는 제가 신규 선생님들께 꼭 해주고 싶은 저의 경험이었습니다. 이젠 교직실무에 대해서 우리가 왜 알아야 하는지에 대한 이야기를 해보겠습니다.

저는 학교 현장에서 이 말을 정말 많이 들었습니다. "쓸데없는 학교 업무가 너무 많아요. 학교 업무 하느라 시간이 너무 없어요!" 이 말은 선생님들이 수업 준비를 할 시간이 없는 이유 1순위입니다. 실제로 쓸데

없는 학교 업무가 많기도 하기 때문에 하루 빨리 교원업무 경감이 실질적으로 이루어져야 한다고 생각합니다. 하지만 또 다른 관점에서 바라보면 선생님들이 학교 업무를 처리하는데 익숙하지 않아 시간이 오래 걸린다는 문제도 있습니다.

학교에 처음 발령받고 업무분장에 따라 학교 업무를 처리해야 하지만 학교 업무를 처리하는 기본 원리나 절차 등을 정확히 배우지 못하고, 주변 선생님들에게 물어물어 겨우 처리하다보면 업무를 처리하는 것이 너무 힘들고, 솔직히 하기 싫어지고, 이 일을 하려고 교사가 되었나 하는 자괴감도 듭니다. 또한 일을 잘하면 일을 더 많이 시킨다는 주변 선생님들의 조언은 업무를 더 멀리하게 만듭니다. 하지만 교직생활을 하면서 다양한 학교 업무를 처리해야 하는 상황에서 업무에 대해 잘 알지 못하면 스스로에게 손해만 될 뿐입니다. 특히 선생님이 좋은 선생님이 되는 것이 더욱 더 힘들어집니다.

좋은 교사가 되기 위해 좋은 수업을 하는 것은 모두 공감할 것이라 생각합니다. 좋은 수업을 하기 위해서는 어느 정도 시간을 투자하여 준비를 해야 할 것입니다. 하지만 수업을 준비하는 시간은 얼마나 되는지에 대한 질문에 대부분 학교 업무처리를 하느라 시간이 없어서 못하고 있다는 이야기를 많이 하십니다. 선생님들이 좋은 수업방법을 몰라서가 아니라 선생님들이 수업을 준비하는 시간이 부족해서 좋은 수업을 하지 못하는 경우가 많다고 생각합니다. 업무 자체가 가치가 있고, 의미가 있다고 생각하지는 않지만 수업을 준비해야 하는 시간을 마련하기 위해서라도 선생님이 처리해야 할 업무를 빨리 처리할 수 있는 능력을 기르는 것은 중요하다고 생각합니다. 그 능력은 업무처리의 기본 원리를 정확히 이해하는 것에서 나오는 것이라고 생각하여 교직실무의 기본 원리를 신규 선생님들께 알려드리고자 합니다.

김학희

목차

프롤로그 『선생님을 위한 교직실무의 모든 것』을 펴내며 ····· 002

Part

01

좋은 선생님 vs 행복한 선생님 •————————————

1 행복한 선생님은 누굴까 ····· 014

2 좋은 사람들과 좋은 관계 맺기 ····· 035

Part

02

교직실무의 모든 것 •————————————

1 업무관리 시스템 ····· 063

   01 학교 업무 파악하기 ····· 063

   02 나의 업무 파악하기 ····· 065

   03 공문 용어의 기초 ····· 082

   04 공문 작성의 기초 ····· 087

   05 회의록 기안 ····· 101

   06 교외체험학습 기안 ····· 104

07 성립전 예산 요청 기안 ······ 106

08 불용용품 폐기 요청 기안 ······ 107

09 공람문서 처리 ······ 108

10 수신그룹관리 및 결재라인 설정 ······ 110

11 비전자 문서 등록 ······ 116

12 첨부물 분리 등록 ······ 120

13 비전자기록물 편철 ······ 121

2 에듀파인의 모든 것 ······ 124

01 예산의 기본 ······ 124

02 학교 물품의 구분 ······ 132

03 품의 기안 및 회수 ······ 134

04 결재된 품의 공문 취소 ······ 142

05 학급경비 개산급 정산 ······ 145

3 나이스의 모든 것 ······ 149

01 학적 처리 ······ 149

02 반별시간표 처리 ······ 155

03 학교스포츠클럽 처리 ······ 159

04 출결 처리 ······ 162

05 학생평가 처리 ······ 168

06 창의적 체험활동 처리 ······ 170

07 행동특성 및 종합의견 처리 ······ 175

08 학교생활기록부 처리 ······ 176

09 종합일람표 및 통지표 처리 ······ 192

10 복무 및 외부강의 처리 ······ 195

11 방학 중 복무 관리 ······ 211

12 기결문서 취소 ······ 214

13 연수지명 신청 ······ 216

14 학교정보공시 처리 ······ 218

15 월급명세서 분석 ······ 220

16 나이스 연말정산 처리 ······ 224

17 원격업무지원 서비스 신청 ······ 245

4 기타 업무 ······ 250

01 자료집계 처리 ······ 250

02 맞춤형 복지 포인트 청구 ······ 252

03 안전사고 발생 시 처리 ······ 257

04 학교폭력 발생 시 ······ 267

5 신규 교사가 알면 좋은 팁 ······ 272

01 메신저 사용에 대해서 ······ 272

02 학부모 문자 작성 ······ 273

03 학생 안전교육 ······ 276

04 이상한 관리자를 만났다면? ······ 278

05 과도한 업무 거절 요령 ······ 280

06 행정실이란? ······ 283

07 행정실과의 협업 ······ 284

08 나이스 서류 신청 ······ 287

09 단체보험 분석 ······ 291

10 교원 인사 규정(전보, 승진) ······ 298

11 교사가 알면 좋은 복지 ······ 303

12 한글 단축키 정보 ······ 304

Part

이럴 땐 이렇게! 교원 복무 Q&A

1 기본 복무 ······ 311

2 휴가 ······ 320

3 연가 ······ 322

4 병가 ······ 326

5 공가 ······ 332

6 특별 휴가 ······ 336

7 휴직 ······ 344

8 공무원의 의무와 권리(공무 외 기타 활동) ······ 360

Part

선생님을 위한 추천 도서

1 행복한 삶으로 이끄는 책 ······ 370

2 학생 상담이 서툰 당신에게 ······ 374

3 학급 운영 및 수업에 도움이 필요할 때 ······ 379

■■■

좋은 선생님이란 무엇일까?
좋은 선생님보다 행복한 선생님이 되기 위해
가져야 할 마음가짐에 대하여…

좋은 선생님
vs
행복한 선생님

행복한 선생님은 누굴까

교직실무를 알려드리기에 앞서 신규 선생님께 저와 같은 선생님도 있다는 것을 꼭 말씀드리고 싶습니다. 1장의 내용은 저의 생각을 신규 선생님과의 대화로 풀어본 것이니 가볍게 읽어주시고, 비판적으로 생각해주시고, 앞으로의 학교생활에서 선생님이 어떻게 살아가야 할 것인지 진지하게 고민해주셨으면 합니다.

학희쌤 ▶▶ 선생님 덕분에 제가 신규 선생님을 위해 어떠한 내용을 쓰고 싶어 했는지 정리할 수 있었어요. 감사합니다. 제가 뭐 도와드릴 것이 있을까요?

신규쌤 ▶▶ 음⋯ 그럼 제가 하나 질문을 하나 할 수 있을까요?

학희쌤 ▶▶ 네! 무엇이든 물어보세요.

신규쌤 ▶▶ 제가 기간제 선생님을 할 때에도, 지금 학교에 발령 받아서 근무할 때에도 선생님을 보면 항상 웃고 계시고, 즐거워 보이시는데 선생님께서는 학교생활이 재미있나요? 솔직히 저는 학교생활을 하는 것이 너무 힘들고 지치는데 어떻게 하면 선생님처럼 즐겁게 학교생활을 할 수 있을까요?

학희쌤 ▶▶ 흠… 일단 선생님이 물어보시니 저의 생각을 말해주겠지만, 그냥 참고만 하시는 것이 좋을 것 같아요. 그냥 선생님께 도움이 될 부분만 골라 들어주세요. 대부분 제 생각이 좀 독특하다고 하시더라고요.

신규쌤 ▶▶ 네, 제가 잘 걸러서 듣겠습니다.

학희쌤 ▶▶ 그럼, 제가 먼저 선생님께 질문 하나 할게요. 선생님은 어떤 선생님이 되고 싶으셨나요?

신규쌤 ▶▶ 어떤 선생님이라… 저는 막연히 좋은 선생님이 되겠다고 생각했던 것 같아요.

학희쌤 ▶▶ 좋은 선생님이라, 저도 좋은 선생님이 되어야겠다는 생각을 했었어요. 그럼, 선생님은 어떤 선생님이 좋은 선생님이라고 생각하시나요?

신규쌤 ▶▶ 일단, 아이들을 사랑하고, 수업에 전문성을 가지고 있어서 학생들을 성장할 수 있도록 지원해주는 선생님이 좋은 선생님이라고 할 수 있겠지요?

학희쌤 ▶▶ 또 어떤 선생님이 좋은 선생님일까요?

신규쌤 ▶▶ 학교 현장에 와서 보니 선생님은 학생만 상대하는 것이 아니더라고요. 학부모 민원 관리도 잘해야 하고, 동료 선생님들과도 잘 지내야 하고, 관리자와의 관계도 좋으면 좋고, 본인의 학교 업무도 다른 사람들에게 피해 안 가게 잘 처리해야 하죠. 말을 하다 보니 좋은 선생님이 되기 위한 기준들이 정말 많은 것 같아요.

학희쌤 ▶▶ 선생님은 좋은 선생님에 대해서 정말 많은 고민을 하신 것 같아요. 그럼 선생님은 좋은 선생님이신 것 같나요?

신규쌤 ▶▶ 아니요. 저는 아직 학생들 관리만으로도 벅찬데, 학부모 및 동료 교사와의 관계도 어렵고, 업무도 솔직히 잘 모르겠고, 아직은 좋은 선생님은 아닌 것 같아요. 정말 제가 많이 부족해요.

학희쌤 ▶▶ 지금 선생님께서 하시는 말씀은 경력이 10년 넘은 저도, 그리고 다른 선배 선생님들도 거의 비슷하게 대답을 하시더라구요. 그러니 절대로 선생님이 부족해서 그런 것이 아니라는 것은 말씀드리고 싶어요. 여하튼 선생님이 되고 싶은 선생님이 좋은 선생님이란 것을 알았으니 저의 생각을 말씀드리겠습니다.

신규쌤 ▶▶ 네, 잘 들을 준비가 되어있습니다!

학희쌤 ▶▶ 일단 저는 좋은 선생님이 되어야 한다는 마음은 별로 없습니다.

신규쌤 ▶▶ 네? 그게 무슨 말씀이시죠? 제가 보기에는 선생님은 제가 말한 기준들을 거의 다 잘 하고 계시는 것 같은데요? 그래서 행복하게 학교생활을 하시는 것 아니셨나요?

학희쌤 ▶▶ 저처럼 행복한 학교생활을 하고 싶으시면 가능하면 좋은 선생님이 되어야 한다는 생각을 하지 않는 것이 좋아요. 오히려 좋은 선생님이 되어야 한다는 프레임에서 벗어나야 행복한 학교생활을 할 수 있어요.

신규쌤 ▶▶ 좋은 선생님이 되어야 한다는 생각을 하지 말아야 한다고요? 설마 나쁜 선생님이 되어야 한다는 것은 아니겠지요?

학희쌤 ▶▶ 저는 좋은 선생님이 되지 말라고 한 적은 없어요. 단지 좋은 선생님이 되어야 한다고 생각하면서 노력하는 것이 좋은 선생님이 되는 방법이 아니라는 것입니다. 오히려 좋은 선생님이 되기 위해 노력할수록 점점 더 선생님은 좋은 선생님의 모습과 멀어질 겁니다.

신규쌤 ▶▶ 저는 선생님의 말씀이 이해가 잘 안되는데요? 좀 더 자세히 말씀해 주세요.

학희쌤 ▶▶ 저도 그렇게 경력이 많지는 않지만 지금까지 학교 현장에서 많은 선생님들을 만나고 이야기도 많이 해보았습니다. 대부분 선생님들은, 선생님처럼 좋은 선생님이 되려고 노력하시는 분들이었어요. 하지만 많은 선생님들이 자신은 좋은 선생님은 아닌 것 같다면서 자책하시고, 학교생활에서 즐거움을 찾지 못하고 지루해 하셨어요. 또 좋은 선생님이 되어야 한다는 생각에 스트레스를 이기지 못하고 냉소적인 태도로 돌변하여 학교생활을 하시는 분들도 많이 보았습니다.

신규쌤 ▶▶ 생각해보니 선생님처럼 학교생활이 즐겁다는 분은 많이 보지 못했던 것 같아요. 저 또한 즐겁지 않고 힘들어서 지쳐버렸고요. 선생님은 이 모든 상황이 좋은 선생님이 되어야 한다는 생각 때문이라고 말씀하시는 것인가요?

학희쌤 ▶▶ 네. 제가 생각했을 때에는 교육에 대한 열정과 학생에 대한 사랑으로 가득했던 선생님들이 경력이 쌓일수록 무기력하게 변하는 가장 큰 이유는 좋은 선생님이 되어야 한다는 주변의 시선들과 스스로도 좋은 선생님이 되어야 한다는 부담감과 압박감 때문이라고 생각합니다.

신규쌤 ▶▶ 글쎄요. 그래도 좋은 선생님이 되어야 한다는 생각이 잘못된 것은 아니잖아요.

학희쌤 ▶▶ 잘못된 생각은 아니라 바람직한 생각입니다. 하지만 바람직한 생각이라고 해서 좋은 결과만을 가져오는 것은 아니지요. 좋은 선생님이 되기 위해서는 아까 선생님이 말씀하신 다양한 기준들, 즉 학생을 사랑해야 한다, 학부모 민원을 잘 해결해야 한다, 동료 선생님을 이해하고 잘 지내야 한다, 학교 업무를 잘해야 한다, 등의 기준들을 모두 잘 해야 한다는 의무감이나 책임감들은 선생님을 점점 지치게 하고 결국 좋은 선생님이 되는 것을 포기하게 만들어 버립니다.

신규쌤 ▶▶ 좋은 선생님이 되기 위해서는 힘들어도 해야 하는 것이 맞는 것 아닌가요?

학희쌤 ▶▶ 그것도 틀린 말은 아닙니다. 하지만 현재 하고 있는 일을 해야 한다는 생각하면 하는 일에 대한 애정이 사라져 버리는 경우가 많습니다. 스스로 공부하려고 준비하고 있는데 부모님이 공부하라고 말하는 순간 갑자기 공부가 하기 싫어지는 것처럼 무엇인가를 해야 한다는 의무감은 하는 일에 대한 보람이나 애정을 느끼는 것을 방해합니다. 그러다보니 대부분 해야 한다고 생각하는 학교 일을 하면서 즐거움을 느끼는 것보다 스트레스를 받게 되는 것이지요.

신규쌤 ▶▶ 그래도 해야 한다면 스트레스를 받더라도 해야 하는 것 아닌가요? 공부를 하는 것에 대해 스트레스를 받더라도 좋은 성적을 받기 위해서는 열심히 공부를 해야 하는 것이 맞는 것 같은데요?

학희쌤 ▶▶ 맞아요. 대부분의 선생님들을 보면 공부에 대한 스트레스를 참아내고 열심히 노력해서 좋은 성적을 받아 교대에 입학할 수 있었고, 또 열심히 공부해서 힘든 임용을 통과하여 선생님이 되신 분들이 많습니다. 그래서 스트레스를 받더라도 참고 열심히 노력하면 좋은 결과가 나올 것이라는 생각에 대해 의심하지 않고 당연하게 받아들이지요. 하지만 선생님이 된 지금에는, 선생님께서 스트레스를 받고 있는데 열심히 노력한다고 해서 좋은 결과가 나오는 경우는 거의 없습니다. 그것을 인정하지 않고, 좋지 못한 결과에 대해서 본인의 노력이나 능력 부족으로 원인을 돌리는 경우가 많아서 신규 선생님들이 더 힘들어 하고 계시더라고요.

신규쌤 ▶▶ 그건 맞는 말 같아요. 예전에는 노력에 비례해서 어느 정도 좋은 결과가 나왔기 때문에 좋은 결과를 기대하면서 열심히 할 수 있었는데, 학교에 발령받고 보니 열심히 한다고 좋은 결과가 나오는 것은 아니더라고요. 처음에는 제가 잘못해서 그런 것인 줄 알고 많이 자책했는데, 그러한 일들이 반복되다 보니 자존감도 사라지고, 열심히 하겠다는 의지가 점점 약해지는 것 같아요. 그러다 보니 이젠 제가 남 탓을 하고 있더라고요. 정말 제가 싫어했던 행동인데 힘드니까 어쩔 수가 없더라고요.

학희쌤 ▶▶ 대부분 다 그래요. 업무가 많은 선생님들도, 업무가 적은 선생님들도 대부분 힘들다고 하세요. 그리고 그건 엄살이 아니라 진심이구요. 노력을 했는데 보상이 없으면 힘이 빠질 수밖에 없지요.

신규쌤 ▶▶ 학생 때와는 달리 선생님이 되고 나서는 왜 노력을 해도 좋은 결과가 나오지 않는 걸까요?

학희쌤 ▶▶ 학생 시절에 보던 시험들은 선생님의 감정을 느낄 수 없었기 때문에 선생님의 감정과는 상관없이 노력한 만큼 좋은 결과가 나올 수 있었다고 생각해요. 하지만 지금 선생님이 하는 일들은 감정을 느끼지 못하는 시험문제를 푸는 것이 아니라 선생님의 감정을 느끼는 사람들과 만나서 하는 일들이 많아요. 학생들이나 학부모, 동료 교사들은 선생님의 감정을 쉽게 느낄 수 있기 때문에 선생님의 감정에 예민하게 반응하고 그것이 결과에 반영되는 것이라고 생각합니다. 즉 선생님이 하시는 일들은 선생님의 감정의 영향을 많이 받기 때문에 열심히 노력을 한다고 해결되는 것이 아니라고 생각해요.

신규쌤 ▶▶ 좀 더 구체적으로 설명해 주시겠어요?

학희쌤 ▶▶ 학생들을 예로 들어볼까요? 선생님께서 스트레스를 받고 있거나 무기력함을 느끼고 있다면 아무리 좋은 수업기법이나 멋진 학급경영 노하우를 활용하신다고 하더라도 학생들이 선생님의 감정에 반응을 하기 때문에 좋은 결과가 나오기는 힘들 것입니다. 오히려 아이들의 비협조적인 태도에 그동안 참고 있었던 부정적인 감정들이 튀어나와 나쁜 결과를 만드는 경우가 더 많아요. 그러면 선생님은 이렇게 생각할 수 있을 겁니다. '역시 우리 반은 최악이야. 내가 아무리 노력하고 좋은 수업을 해주려고 해도 전혀 알아주지를 않아. 아, 정말 나는 왜 이렇게 학생 운이 없을까? 내가 이런 아이들을 상대로 계속 노력해야 하는 거야? 좋은 학생들을 만난다면 나도 좋은 교사가 될 수 있을 거야.' 라고 말이지요. 제가 이런 경험들이 참 많습니다.

신규쌤 ▶▶ 맞아요. 저도 그런 생각을 한 적이 있어요. 예전에 수업 연수를 받고 감명 깊게 배운 것이 있어서 아이들을 위해서 좋은 수업 자료를 직접 준비하고 열심히 수업을 했는데, 아이들은 정말 수업에 비협조적이었어요. 그 때 정말 속상해서 아이들에게 실망을 크게 하고 더 이상 하고 싶은 마음이 사라져버렸어요.

학희쌤 ▶▶ 저도 신규 때 그런 경험이 많아요. 좋은 수업하는 장면을 보고 스스로의 수업의 모습에 반성하고 열심히 준비해서 아이들과 함께 수업을 해 보았는데, 전혀 알아주지도 않고 오히려 떠들고 방해를 하는 것 같았거든요. 그럴 때마다 아이들에게 실망해서 화도 엄청 냈던 것 같아요. 좋은 수업을 하려고 했는데, 오히려 나쁜 수업을 해버리고 만 것이지요.

신규쌤 ▶▶ 그래도 좋은 수업을 하기 위해서 좋은 수업방법을 열심히 공부하고 아이들과 함께 하는 시도하는 것은 중요한 것 같아요. 다양한 수업을 하다보면 언젠가는 우리 아이들에게 맞는 것을 하나라도 찾을 수도 있겠지요.

학희쌤 ▶▶ 맞아요. 좋은 수업방법이나 상담기법 등을 선생님이 공부하고 아는 것은 정말 중요해요. 하지만 제가 강조하고 싶은 것은 아이들에게 맞는 방법을 찾는 것보다 선생님에게 맞는 방법을 찾아야 한다는 것입니다. 또한 좋은 수업이라는 것이 좋은 수업방법이나 기법을 한다고 이루어지는 것인지에 대해서도 진지하게 고민해야 합니다. 제가 예전에 6학년 학생을 상담했을 때 들은 이야기를 해드릴게요.

"선생님, 저의 담임선생님은요, 정말 다양한 수업을 하시는 것 같아요. 선생님이 노력하시는 것은 아는데요, 그 수업에서 저희는 아무런 재미를 느낄 수 없었어요. 뭘 배웠는지도 모르겠어요. 평소에는 매일 화만 내시고, 그냥 선생님으로서 수업을 해야 하기 때문에 하시는 것 같아요. 또, 새로운 수업을 할 때 몇몇 아이들이 협조를 안 할 때에는 화를 너무 내셔서 정말 싫었어요. 우리가 해달라고 한 것도 아닌데, 그렇게 화를 내시려면 그냥 차라리 평범한 수업을 했으면 좋겠어요. 우리 선생님은 중요한 것이 무엇인지 모르는 것 같아요."

아직은 미성숙한 학생의 말이었지만 저는 정말 많은 생각을 하게 되었습니다. 분명히 그 선생님은 아이들을 위해서 좋은 수업을 열심히 공부하고 준비를 했지만 정작 본인에게 맞는 수업인지, 본인이 하고 싶은 것인지에 대한 고민은 조금 부족했던 것 같다는 생각을 하였고 나는 어떠한가에 대해서도 생각을 해보았습니다.

신규쌤 ▶▶ 그래도 선생님이 자신들을 위해 노력하고 있으면 학생들이 좀 알아주고 협조를 좀 해줘야 하는 것 아닌가요? 저는 그 학생이 잘못 생각하고 있다고 봐요. 그런 생각을 하는 학생과 함께 있었다니 정말 많이 힘들었을 것 같아요.

학희쌤 ▶▶ 맞아요. 정말 힘들어 하셔서 주변 선생님들이 많은 위로를 해줬던 기억이 납니다. 하지만 제가 말씀드리고 싶은 것은 학생들을 대할 때, 선생님의 감정이 생각보다 더 많이 아이들에게 영향을 줄 수 있다는 것입니다. 학생들을 대하고 있는 나의 감정은 생각하지 않고 지금 좋은 수업기법을 활용하고 있으니 나는 좋은 수업을 하고 있다는 것이라고 말할 수 있을지에 대해서는 조금 생각해봐야 한다는 것이지요. 아이에게 화를 버럭 내고나서 좋은 수업기법으로 자비와 용서에 대한 내용을 공부한다고 생각해보세요. 그 학생이 자비와 용서를 그 수업에서 배울 수 있었을까요?

신규쌤 ▶▶ 네, 일단 무슨 말씀이신지는 알 것 같아요. 선생님이 스트레스를 받고 무기력한 상태라면 아무리 좋은 수업기법이나 상담기법도 좋은 수업을 하는 것에는 도움이 되지 못할 것 같다는 생각도 드네요. 그러니까 선생님의 말씀은 좋은 수업방법이나 상담기법도 중요하지만 가장 먼저 자신의 감정에 관심을 가져야 한다는 것이지요?

학희쌤 ▶▶ 네, 정확히 제 의도를 이해하셨네요. 솔직히 저도 신규 때에는 제 기분에 따라 아이들을 다르게 대하는 경우가 많았어요. 학생의 같은 행동에 대해서도 제가 기분이 좋을 땐 별 문제없이 넘어갔지만, 제가 기분이 나쁠 땐 예민하게 받아들이고 서로에게 상처를 주기도 했지요. 그러한 제 모습을 객관적으로 바라본 이후로는 학생들을 대할 때마다 스스로 마음의 여유를 찾으려고 합니다. 그런데 선생님들은 본인의 감정 상태에는 관심이 별로 없고, 좋은 수업방법이나 상담기법만을 찾으면 된다고 생각하시더라고요. 현재 자신의 문제를 해결해 줄 환상적인 해결책을 찾는 것처럼 말이지요. 선생님은 가장 먼저 선생님의 감정에 관심을 가져주었으면 좋겠어요.

신규쌤 ▶▶ 제가 감정에 관심을 가진다고 해결되는 것이 있을까요? 그냥 감정을 확실히 숨기는 것이 낫지 않을까요?

학희쌤 ▶▶ 아니요. 선생님의 감정을 숨기는 것은 잘못된 행동입니다. 오히려 선생님이라면 자신의 감정을 교육적으로 표현을 해야 합니다. 학생들 뿐 만 아니라 학부모, 동료교사, 관리자와의 문제 등 학교생활의 모든 문제들이 다 비슷합니다. 선생님이 가지고 있는 부정적인 감정들이 선생님이 하고 있는 선한 행동을 누르고 좋지 않은 결과들을 만들어 내는 것이지요. 저는 그래서 선생님이 행복해야 한다고 생각하는데 선생님들의 행복을 방해하는 가장 큰 원인이 선생님들이 좋은 교사가 되어야 한다는 생각을 하는 것이라고 보고 있어요.

신규쌤 ▶▶ 교대에서도, 신규 연수에서도, 사회에서도 모두 좋은 교사가 되어야 한다고 하는데 그것이 우리의 행복을 방해하는 것이었다니, 솔직히 그렇게 생각해 본적이 없어서 놀랍네요.

학희쌤 ▶▶ 맞아요. 주변에서는 우리들에게 좋은 교사가 되라고 계속해서 강요하고 있어요. 하지만 제가 만난 선생님들 중에서 좋은 교사가 되지 않으려고 하시는 분은 한 번도 만난 적이 없습니다. 아이들을 좋은 교사가 되고 싶지만 그렇게 하지 못하는 선생님들의 입장은 전혀 고려하지 않고 너무나도 쉽게 좋은 선생님이 되어야 한다고 조언하는 무책임한 행동들이 우리 선생님들이 진정으로 좋은 선생님이 되는 것을 방해한다고 생각합니다. 많은 선배 선생님들이 무기력하게 변하는 까닭은 좋은 선생님이라는 잡히지 않는 허상을 잡기 위해 노력하다 지쳐버렸기 때문이죠.

신규쌤 ▶▶ 그럼에도 불구하고 저는 앞으로도 좋은 선생님이 되고 싶을 것 같아요. 제가 좋은 선생님이 되기 위해서는 어떻게 해야 할까요?

학희쌤 ▶▶ 선생님이 정말 좋은 선생님이 되고 싶으시다면 생각의 전환을 하셔야 합니다. 지금부터라도 좋은 선생님이 아니라 행복한 선생님이 되려고 노력하세요. 그게 제가 하고 있는 것이고, 선생님이 알고 싶은 방법입니다.

신규쌤 ▶▶ 행복한 선생님이요?

학희쌤 ▶▶ 네, 좋은 선생님이 아니라 행복한 선생님이요. 저는 지금까지 좋은 선생님이 아니라 행복한 선생님이 되려고 노력했고, 그 덕분에 지금까지도 행복한 학교생활을 하고 있습니다. 물론 저를 힘들게 하는 학생들, 학부모들, 동료교사들, 관리자들 때

문에 가끔 스트레스를 받기는 하지만 행복한 선생님이 되기
위해 노력하다보니 그러한 문제들은 저에게는 사소한 문제더
라고요.

신규쌤 ▶▶ 우리를 힘들게 하는 것들이 사소한 문제라고요?

학희쌤 ▶▶ 네, 사소한 문제들이 될 수 있어요. 일단 저는 제 행복을 망치
는 것을 절대 허락하지 않습니다. 그래서 그러한 문제들을 대
할 때 누가 옳고 그른가, 누구의 잘못인가를 따지는 것이 아
니라 내 행복을 지키기 위해서 내가 어떻게 해야 하는가에 초
점을 맞추고 생각합니다. 그렇게 생각하다보면 생각보다 쉽
게 해결이 되더라고요. 그러다보니 저는 능력이 있는 교사로
인정을 받고 있고, 저 스스로도 행복을 느끼고 있어요. 그래서
저에게 즐거운 학교생활의 노하우를 물을 때마다 저는 좋은
교사가 되려고 하지 말고 행복한 교사가 되라고 조언하지요.
그것이 행복하면서도 좋은 교사가 될 수 있는 방법이니까요.

신규쌤 ▶▶ 그 둘의 구체적인 차이를 알 수 있을까요?

학희쌤 ▶▶ 일단 좋은 선생님이 되려고 하면 해야 할 일들이 너무나도 많
아요. 그 많은 일들을 열심히 하다가도 하나라도 잘못되면 힘
들어 하시고 자신의 무능함에 좌절하고, 교사로서 죄책감을
느끼시더라구요. 그래도 대부분의 선생님들은 아픈 상처를
딛고 좋은 선생님이 되기 위해 다시 노력하지만 다시 또 상처
를 받아서 결국 무기력해지는 패턴으로 가더라고요. 좋은 선
생님이 되어야 한다고 목표를 잡으면 실제로 좋은 선생님이
되는 것은 어려운 것 같아요. 하지만 행복한 선생님이 되려고

한다면 해야 할 일은 딱 하나라서 쉽게 행복한 선생님이 될 수 있고 그러다보면 좋은 선생님에 가까운 선생님이 될 수 있습니다.

신규쌤 ▶▶ 행복한 선생님이 되려면 해야 할 일이 뭐죠?

학희쌤 ▶▶ 자신이 하고 싶은 일을 찾아서 하는 것입니다.

신규쌤 ▶▶ 하고 싶은 일을 하라고요? 그게 무슨 뜬구름 잡는 이야기인가요?

학희쌤 ▶▶ 말 그대로 하고 싶은 일을 하라는 의미입니다. 학교 선생님들과 이야기를 하다 보면 착한 분들이 많아서 그런지, 학창시절에 해야 할 일들을 잘 하신 분들이 많습니다. 그래서 자신이 해야 할 일들에 대한 고민이나 생각은 많이 하셨는데, 정작 본인이 하고 싶은 일에 대해서는 진지하게 성찰해보고 고민해본 경험이 부족한 것 같아요. 그래서 제가 "하고 싶은 일을 하라"고 하면 오히려 "그래도 되나요?"라고 저의 도덕성을 의심하시는 분들도 많았어요. 어린 시절부터 하고 싶은 일들을 억누르고 일단 공부만 잘하자는 말을 듣고 성장하다보니 하고 싶은 일을 한다는 것은 일탈 행동이라고 무의식중에 생각하는 것 같아요.

신규쌤 ▶▶ 솔직히 저도 선생님이 "하고 싶은 일을 하세요."라고 말씀하셨을 때 "자기 마음대로 사세요."라고 말하는 것처럼 느껴져서 조금 무책임한 말이 아닌가 라는 생각을 했어요. 그럼 저는 어떤 일을 시작해야 할까요?

학희쌤 ▶▶ 일단 선생님이 하고 싶은 일을 하나를 찾아서 해보세요. 여기서 가장 중요한 것은 교사로서 하면 좋은 일, 해야 할 일이 아니라 선생님이 정말 하고 싶은 일이어야 합니다. 선생님이 정말 하고 싶은 일을 하면 다른 사람들의 반응과는 상관없이 스스로 기분이 좋아지고, 일의 결과에 보람을 느낄 수 있어요. 즉 학생들이 내가 하는 일에 별로 반응이 없더라도 상처를 크게 받지 않는다는 말입니다. 왜냐하면 그 일은 선생님이 하고 싶었던 일이니까요. 오히려 조금이라도 제가 하고 싶은 일에 동참해주는 아이들에게 고마움마저 느껴져 고맙다는 말을 하게 됩니다.

신규쌤 ▶▶ 진짜 하고 싶은 일을 하면 그럴 수도 있을 것 같아요.

학희쌤 ▶▶ 그렇게 선생님이 기분이 좋아지면 자연스럽게 아이들은 선생님의 좋은 기분을 느끼게 되고, 자연스럽게 학급 분위기도 좋아집니다. 학급 분위기가 좋아지면 학급 분위기를 흐리는 아이들의 입지가 점점 줄어들게 됩니다. 왜냐하면 아이들도 기분 좋은 느낌, 좋은 학급 분위기를 유지하고 싶어 하기 때문이지요. 또 선생님이 행복하고 마음의 여유가 생기면 아이들을 사랑하는 것이 좀 더 쉬워집니다. 그렇게 선생님이 학생들을 사랑해주면, 학생들도 선생님을 좋아하게 되고, 선생님에게 인정받고 싶어서 말을 잘 듣게 되고, 그럼 선생님들도 학생들이 더 좋아지게 되는 선순환 구조가 이루어집니다.

신규쌤 ▶▶ 하긴 저도 기분이 좋을 땐 아이들이 더 예뻐 보이고, 장난치는 모습조차 귀여워 보일 때가 있었어요. 제가 기분이 좋은 것이 아이들에게 좋은 영향을 준다는 것은 알고 있었는데, 왜 저의 기분이나 감정을 좋게 해야 한다는 것에 대해 고민을 하지 않았을까요?

학희쌤 ▶▶ 자신의 행복을 우선시 하는 것을 자기만 생각하는 이기적인 것처럼 생각하는 분위기 때문에 그런 것 같아요. 특히 우리 선생님들은 높은 도덕성을 요구받다 보니 자신의 행복을 먼저 추구하는 것은 도덕적으로 문제가 되는 것이 아닌가라고 생각하시는 분들도 많았어요.

신규쌤 ▶▶ 생각해보니 저도 제가 하고 싶은 것을 하고 싶다고 말하는 것을 어려워하고, 하면 안 되는 것이라고 생각했던 것 같아요. 어린 시절에 반항할 때 하는 말 같잖아요.

학희쌤 ▶▶ 자신의 행복을 추구하는 것은 절대로 나쁜 것이 아닙니다. 사실 모두 자신의 행복을 추구하고 있지 않나요? 이제부터라도 당당하게 선생님의 행복을 추구하고, 학생들이나 동료 선생님들께도 공언하세요. 그럼 선생님의 행복을 방해하는 행동들이 많이 줄어들 것입니다.

신규쌤 ▶▶ 이제부터라도 저의 행복을 추구하는 것을 당연하게 여기는 것을 연습해야겠어요.

학희쌤 ▶▶ 잘 생각하셨어요. 어느 누구도 선생님의 행복을 방해하는 것을 허락하지 마세요. 그럼, 다시 돌아와서 말씀드리면 학생들이 선생님을 좋아하게 되면 학부모와의 관계도 자연스럽게 좋아집니다. 학부모가 가장 좋아하고, 가장 민원 넣기 어려운 선생님이 자신의 아이가 좋아하는 선생님이니까요. 어떤 학부모님이 자신의 아이가 좋아하는 선생님을 싫어하겠습니까?

신규쌤 ▶▶ 네~ 그렇게 학부모 문제도 자동으로 해결이 될 수 있네요. 선생님이 본인의 행복을 가장 먼저 추구해야 한다고 말씀하시는 이유가 조금은 이해가 되네요.

학희쌤 ▶▶ 그리고 학생들과 학부모가 좋아하는 선생님이 되면 학급운영에 협조적이기 때문에 학급운영에도 큰 어려움을 겪지 않습니다. 또 선생님이 하고 싶은 일을 반복해서 하다보면 그 일에 대한 전문성도 신장되기 때문에 교사로서의 전문성을 동료 선생님들에게 인정을 받을 수 있습니다. 이렇게 자신이 하고 싶은 일을 하면 좋은 이유들은 정말 많습니다.

신규쌤 ▶▶ 그러면 제가 연수를 통해 보았던 훌륭한 선생님들도 모두 본인이 좋아서 하는 것일까요?

학희쌤 ▶▶ 시작은 다를 수 있지만 선생님들을 대상으로 연수를 할 정도의 전문성을 가진 분들은 대부분 그 분야를 본인이 좋아하기 때문에 하는 것이라고 볼 수 있습니다. 해야 하는 것을 할 때는 좋아하는 것을 할 때만큼의 열정과 에너지가 나올 수가 없어요. 우리들 눈에는 그 분들이 하시는 활동들이 대단해보이고, 힘들어 보일지라도 그 분들은 정말 그 활동들을 즐겁게 하시고, 그 속에서 행복을 느끼시기 때문에 힘든 내색이 없는 것이죠.

신규쌤 ▶▶ 본인이 좋아하는 일을 해야 행복하고, 전문성도 기를 수 있다는 것을 이해하였습니다. 그럼 학교업무 처리에 대해서는 선생님은 어떻게 생각하시나요?

학희쌤 ▶▶ 우리는 법령에 따라 학생을 교육하는 교사이므로 교무행정 및 교직실무 등의 업무는 최소화 되어야 한다고 생각합니다. 그래서 교원업무경감을 주장을 해야 하는데 일단 본인에게 맡겨진 학교업무 처리는 잘 하면서 업무경감을 주장하는 것이 더 설득력이 있다고 생각합니다. 저는 학교업무에 대해 별다른 가치를 부여하지 않아요. 그저 제가 하고 싶은 일을 하기 위해서 제가 해야 할 업무를 빠르고 정확하게 처리하려고 노력하고 있지요.

신규쌤 ▶▶ 아직은 업무처리 속도가 느려서 학교업무를 처리하는데 시간이 너무 많이 걸려서 수업준비를 못하는 경우가 많아 스트레스를 받고 있어요. 선생님은 업무 처리도 빨리하시는 것 같은데 노하우라도 알 수 있을까요?

학희쌤 ▶▶ 저는 제가 하고 싶은 일을 하기 위해서라도 저를 위한 시간을 확보하는 것이 정말 중요했습니다. 그래서 '내가 해야 하는 업무를 어떻게 빠르고 정확하게 처리할 수 있을까?'에 대한 고민을 많이 했습니다. 고민 끝에 내린 결론은 '학교 업무 처리의 기본 원리를 정확히 알고 응용하자. 업무 전문가가 되어 관리자가 믿고 맡길 수 있는 사람이 되어 업무를 빨리 처리하자'였습니다. 실제로 업무 처리의 기본 원리를 활용하면 업무를 빨리 처리할 수 있고, 업무 메뉴얼을 근거로 관리자에게 설명을 할 수 있으니 업무에 대한 전문성을 인정을 받을 수 있었고 쉽게 결재를 받을 수 있었습니다. 우리가 공부 잘하는 아이보다 공부를 못하는 아이들에게 더 신경을 쓰는 것처럼 관리자들도 업무를 잘 모르는 것 같은 선생님에게 더 많은 관심을 보이죠. 불안한 마음에 업무 처리 과정을 좀 더 자세히 살펴보게 되고, 자연스럽게 업무처리가 늦어지게 되지요. 스트레스 받는 것은 덤이고요.

신규쌤 ▶▶ 저는 선생님이 학교 업무를 정말 열심히 하셔서 학교 업무에 많은 가치를 두고 계시는 줄 알았어요. 그런데 열심히 했던 이유가 선생님이 하고 싶은 일을 하기 위해서라니 조금은 놀랐어요.

학희쌤 ▶▶ 저에게 학교 업무는 대부분 빨리 처리해야 할 업무일 뿐입니다. 학교 업무에 대해서 일부러 가치를 부여할 필요는 없어요. 다만 제가 하고 싶은 업무가 있으면 열심히 하면 됩니다. 그렇게 하고 싶은 업무를 열심히 하다보면 일을 열심히 하는 교사, 일을 잘하는 교사로 인정받게 되지요. 참 재미있죠?

신규쌤 ▶▶ 그럼 올해 도서관 현대화 사업도 선생님이 하고 싶어서 하시는 건가요? 선생님이 교장선생님께 하고 싶다고 먼저 말하셨다면서요?

학희쌤 ▶▶ 네. 제가 책 읽는 것을 좋아합니다. 학생들의 독서 공간인 도서관을 아이들이 오고 싶은 환경으로 만들고 싶었어요. 학생들에게 책을 읽어야 한다고 말로 교육하는 것도 중요하지만 책을 스스로 읽을 수 있는 환경을 만들어 주는 것도 중요하다고 생각합니다. 도서관 현대화 사업을 한다고 하니 관리자분들은 일을 찾아서 한다고 좋아하시고, 학생들과 학부모님들은 도서관을 좋게 만들어 준다고 감사하다는 말을 해주시더라고요. 제가 하고 싶어서 하는 일이 다른 사람들에게 도움이 된다고 생각하면 더 보람차고 일하는 맛도 납니다.

신규쌤 ▶▶ 하고 싶은 일을 하는 것이 학생과 학부모, 관리자와의 관계를 개선하는데 도움이 된다는 말을 하고 싶으셨던 것이지요?

학희쌤 ▶▶ 네. 솔직히 저는 선생님보다도 능력적인 부분에서 많이 부족할 겁니다. 요즘 신규 선생님들이 얼마나 대단한 분들인지 잘 알고 있어요. 그래서 신규 선생님들이 학교 현장에서 힘들어하고 좌절하는 것을 보면 더 안타까워요. 저보다 뛰어난 능력을 가지신 분들인데 왜 저보다 더 힘들게 생활하시고, 재미없게 학교생활을 하시나 하는 생각이 들어서요. 절대 그 분들의 능력이 부족해서 그런 것은 아니거든요. 그래서 이번에 신규 선생님들에게 실질적인 도움을 주고 싶어서 선생님께 도움을 부탁했고요. 그럼, 아까 선생님이 하신 질문에 대한 제 답변이 충분한가요?

신규쌤 ▶▶ 네, 선생님이 어떠한 생각으로 살고 계신지, 어떻게 행복하게 학교생활을 하고 계신지는 잘 이해했습니다. 제가 선생님처럼 할 수 있을지는 잘 모르겠지만요. 하지만 선생님 덕분에 어떻게 학교생활을 해야 하는지에 대해 진지하게 생각을 한 것 같아요. 좋은 선생님이 되려하지 말고 행복한 선생님이 되어야 한다는 말도 어느 정도 일리가 있는 것 같아요. 행복한 선생님이 되면 자연스럽게 좋은 선생님이 될 수 있다는 말씀도 좋았어요. 선생님으로서 해야 하는 일이나 하면 좋은 일들에 초점을 맞추지 말고, 자신이 하고 싶은 일에 초점을 맞추고, 하고 싶은 일을 하면서 스스로 행복을 느껴 보아야겠어요. 그리고 그 행복한 느낌을 아이들에게 전달해보고 싶어요. 그렇게 하다보면 저도 어느 순간 좋은 선생님이 될 수 있겠지요.

학희쌤 ▶▶ 선생님이 행복하게 학교생활을 하시는데 도움이 조금이라도 되었다면 정말 좋겠네요. 선생님이 하고 싶은 일에 대해서 진지하게 생각해 보세요. 그럼 분명히 선생님도 즐거운 학교생활을 할 수 있을 겁니다. 그럼 저는 지금부터 신규 선생님들이 교직실무에서 실질적으로 겪는 어려움을 중심으로 도움 자료를 만들어 보겠습니다. 다 만들어지면 나중에 확인을 부탁드려도 될까요?

신규쌤 ▶▶ 네, 꼼꼼히 확인해 드릴게요. 그리고 좋은 말씀 해주셔서 감사합니다. 그런데 질문을 하나만 더 해도 될까요?

학희쌤 ▶▶ 그럼요. 또 뭐가 궁금하신가요?

좋은 사람들과 좋은 관계 맺기

신규쌤 ▶▶ 제가 성격이 조금 내성적이어서 그런지 사람들과의 관계를 맺는 것이 참 힘들었던 것 같아요. 교사가 되니 학생과 학부모, 동료교사와의 관계를 잘 맺는 것이 정말 중요하다는 것을 알게 되었는데 좋은 관계를 맺는 선생님만의 노하우가 있을까요?

학희쌤 ▶▶ 사람들마다 성격이 다르기 때문에 관계를 맺는 방법이 다 다를 수 있지만 일단 제가 생각하는 기본적인 원칙에 대해서 말씀드릴게요. 제 이야기를 듣고 잘 정리하셔서 선생님에게 맞는 방법을 찾으시면 좋을 것 같아요. 그럼 먼저 학생과의 관계에 대한 저의 원칙을 말씀드릴게요.

신규쌤 ▶▶ 네, 잘 듣고 저에게 맞는 방법을 찾아볼게요.

학희쌤 ▶▶ 일단 제가 보았을 때, 가장 중요한 원칙은 "학생에 대한 기대치를 낮춰라"입니다.

신규쌤 ▶▶ 학생에 대한 기대치를 낮춰야 한다고요? 지금보다 기대치를 더 낮출 수는 없을 것 같은데요.

학희쌤 ▶▶ 우리 선생님들은 학생 때부터 모범생인 분들이 많고, 해야 할 일은 어떻게든 하는 책임감이 강한 분들이었습니다. 그러한 삶을 당연하게 살아 왔던 분들이라 알림장을 쓰지도 않고, 숙제도 하지 않는 등 기본적인 할 일들조차 하지 않는 아이들을 보면 전혀 이해를 하지 못하는 경향이 많습니다.

신규쌤 ▶▶ 그건 학생으로서 당연히 해야 하는 것 아닌가요?

학희쌤 ▶▶ 저는 당연히 해야 하는 것이라고 생각하지 않아요. 하면 좋은 것이지요. 실제로 저도 학생 때 그런 기본적인 것들을 잘 안 했던 아이였답니다.

신규쌤 ▶▶ 그래도 알림장을 안 쓰고, 숙제를 하지 않는 것은 잘못된 행동이잖아요. 그런 무책임한 행동을 하는 것을 보고 넘어가야 하나요?

학희쌤 ▶▶ 제가 말씀드리는 것은 그 아이가 잘한 행동도 아니지만 그렇다고 큰 잘못을 하는 것은 아니라는 것입니다. 그런데 대부분 선생님들께서는 그러한 행동을 엄청난 잘못인 것처럼 생각하면서, 아이들을 혼내시죠.

신규쌤 ▶▶ 아이가 잘못하면 혼을 내야지요. 그 학생을 위해서 혼내는 것이 잘못이라는 말씀이신가요?

학희쌤 ▶▶ 그 아이를 위해서라면 혼을 내지 마시고 교육을 하셔야지요.

신규쌤 ▶▶ 네? 그게 무슨 말씀이신가요?

학희쌤 ▶▶ 선생님이 그 학생의 행동에 큰 문제가 있다고 생각하고 그러한 행동이 있을 수도 있다고 생각하지 못하면 대부분 학생을 위한 교육을 하는 것이 아니라 혼을 냅니다. 솔직히 그러한 아이들의 행동을 선생님이 이해할 수 없기 때문이죠.

신규쌤 ▶▶ 저는 선생님과 이야기를 하고 있는 지금도 이해가 잘 안되는데요?

학희쌤 ▶▶ 선생님이 학생 시절을 생각해 보세요. 알림장을 쓰지 않거나 숙제를 하지 않는 학생들은 지금도 있지만 예전에도 있었습니다. 솔직히 선생님이 생각하시는 것보다 훨씬 더 많은 학생이 그러했을 겁니다. 선생님이 그렇게 살아오지 않았을 뿐이에요.

신규쌤 ▶▶ 잘못된 행동을 하는 학생이 많다고 잘못한 행동이 아닌 것은 아니잖아요.

학희쌤 ▶▶ 제가 말씀드리고 싶은 것은 그 아이가 잘한 것은 아니지만, 그럴 수는 있다고 이해를 해야 한다는 것입니다. 아이의 기준에서는 잘못된 행동이 아닐 수도 있다는 것을 생각해야만 진짜 아이를 위한 교육을 할 수 있다는 것입니다. 선생님이 그것을 이해하지 못하면 아이를 위해서라도 어떻게든 고쳐줘야한다고 생각하면서 너무나 교육적이지 않은 방법으로 교육을 하시는 것을 많이 보았습니다. 그러면 그 아이와 선생님과의 관계는 나빠질 수밖에 없지요.

신규쌤 ▶▶ 그럼 그런 아이들을 어떻게 교육을 해야 하나요? 관계를 좋게 하기 위해서 눈치 보며, 혼을 내면 안 되는 건가요?

학희쌤 ▶▶ 혼을 내지 않고 교육하는 방법을 해야겠지요. 그런데 그러한 교육을 하기 위해서는 제가 아까 말했던 그러한 행동을 할 수도 있다는 것을 이해해야만 가능합니다. 대부분 좋은 교육방법을 알면서도 활용을 하지 못하는 경우가 바로 이 때문이죠.

신규쌤 ▶▶ 그럼 학생이 그러한 행동을 할 수도 있다는 것을 이해하면 학생을 위한 교육이 가능하다는 말씀이신가요?

학희쌤 ▶▶ 당연하지요. 그러한 교육을 하는 것은 너무 쉽습니다. 제가 아까 학생에 대한 기대치를 낮추라고 말씀드렸지요? 그건 학생에게 기대하지 말라는 것이 아니라 선생님의 높은 기준을 학생에 맞추어서 조금 낮춰보라는 것입니다. 학생의 기준에 선생님의 기준을 맞추면 학생의 행동들을 이해하기 쉬워집니다.

신규쌤 ▶▶ 이해를 했으니 그냥 나둬도 된다는 말씀을 하시는 건가요? 그건 교육자로서 직무유기 아닌가요?

학희쌤 ▶▶ 그냥 놔두라는 것이 아닙니다. 이해를 한 후에는 교육을 하라는 것입니다. 학생을 이해하게 되면 학생의 조그마한 긍정적 변화에도 고맙다는 말을 쉽게 할 수 있고, 좋은 교육을 쉽게 할 수 있다는 것입니다. 예를 들어 설명해 볼게요. 10점을 맞는 아이가 20점이 되었다고 합시다. 선생님의 기준에서는 20점은 아직도 너무 부족한 점수입니다. 그래서 좀 더 열심히 하라고 다그치는 경우가 많습니다. 하지만 학생의 기준에서 보면 점수가 이전보다 무려 10점이 올랐습니다. 그 것을 이해하는 선생님에게는 아이에게 10점이 올랐다고 격려하는 것이 너무 당연한 것입니다. 억지로 칭찬거리를 찾는 것이 아니라 학생의 기준에서 보았을 뿐인데 칭찬할 것이 자연스럽게 보이는 것입니다. 이렇게 아이의 기준으로 선생님의 기준을 맞춘다는 것은 아이를 위한 좋은 교육방법을 할 수 있는 기본 원칙입니다.

신규쌤 ▶▶ 선생님의 말씀은 학생의 기준으로 기대치를 맞추어서 바라보면 그 학생의 행동을 이해하기 쉽고, 학생의 변화에 좀 더 긍정적인 격려가 가능하고, 학생을 위한 교육을 할 수 있다는 것이죠?

학희쌤 ▶▶ 네. 학생에 대한 기대치를 학생에 맞게 낮추면 선생님도 학생의 변화에 고마움을 느끼고, 학생도 스스로의 변화에 자긍심을 가질 수 있습니다. 그리고 학생은 자신의 변화에 고마움을 표현해주는 선생님을 좋아할 수밖에 없고요. 이러한 선순환이 지속되면 분명히 그 아이의 행동이 조금이나마 변화가 있을 것입니다. 선생님의 기준치에는 아직도 부족하겠지만요.

신규쌤 ▶▶ 무슨 말씀이신지 알 것 같아요. 저도 학생들이 정말 이해하지 못하는 행동들을 많이 하는 것을 보면서 많이 혼냈었는데, 조금 생각을 바꿔봐야겠어요.

학희쌤 ▶▶ 선생님의 기준에 맞추어서 학생들을 판단하는 선생님의 모습은 흡사 "위플래쉬"에 나오는 플래처와 같은 선생님의 모습과도 비슷합니다. 분명히 학생의 능력을 끌어올리는 것은 맞지만 그렇다고 좋은 선생님이라는 생각은 들지 않아요. 선생님이 학생을 이해하는 기준을 학생에게 맞춰준다면 학생과 관련된 거의 모든 문제들은 자연스럽게 해결될 것입니다.

신규쌤 ▶▶ 그럼 또 다른 원칙도 있을까요? 선생님이랑 이야기를 하다보면 당연하다고 생각되었던 것들이 당연하지 않게 되는 것 같아서 정말 재미있어요.

학희쌤 ▶▶ 재미있게 생각해 주셔서 감사합니다. 아까도 말했지만 이건 저의 생각일 뿐이에요. 선생님께서 생각하셔서 버릴 것은 과감히 버리셔도 됩니다. 두 번째로 말씀드릴 원칙은 "학생들에게 최대한 솔직하라"입니다.

신규쌤 ▶▶ 그게 무슨 말씀이시죠? 학생들에게 솔직하지 않은 선생님들도 계실까요?

학희쌤 ▶▶ 선생님들은 솔직하지 않다고 생각하는 학생들이 참 많답니다. 저도 예전에 그러한 생각을 했었어요.

신규쌤 ▶▶ 그건 학생의 생각일 뿐이지, 대부분의 선생님들은 학생들에게 솔직하게 하실 것 같은데요?

학희쌤 ▶▶ 이렇게 한번 생각해 봅시다. 대부분의 선생님들은 아이들에게 모범이 되어야 한다고 생각을 하시고 계십니다.

신규쌤 ▶▶ 당연히 선생님은 아이들의 모범이 되어야 하지 않나요?

학희쌤 ▶▶ 모범이 되면 좋겠지요. 하지만 모범이 되어야 한다고 생각하다보면 자신의 솔직한 모습을 숨기고, 보여줘야 하는 좋은 모습들만 학생들에게 보여주려고 노력하시는 분들이 많습니다.

신규쌤 ▶▶ 선생님이라면 당연히 그래야 한다고 생각하는데요?

학희쌤 ▶▶ 하지만 선생님들이 그렇게 노력해도 학생들은 선생님의 진짜 모습을 거의 다 알고 있습니다. 교실에서 오랜 시간을 같이 생활하는데 진짜 모습을 모른다는 것이 오히려 이상하지요. 그런데도 선생님들은 끝까지 솔직한 모습을 숨기고 모범적인 모습만을 보이려고 하고, 도덕적인 모습만을 가지고 있다고 학생들에게 말하기도 합니다. 분명 교사로서 모범이 되어야 한다는 생각에 그렇게 행동할 수 있으나 그러한 행동은 학생들에게 신뢰를 주기는 어렵습니다. 자신의 진짜 모습을 숨기는 사람을 어떻게 믿을 수 있을까요?

신규쌤 ▶▶ 그건 그렇지만….

학희쌤 ▶▶ 예를 들어 말해 볼게요. 교통안전 관련 수업을 하는데 한 학생이 선생님께 질문을 합니다. "선생님, 선생님은 횡단보도로 건너는 것을 잘 지키시나요?" 우리는 횡단보도로 건너야한다는 것을 가르치고 있기 때문에 이렇게 말합니다. "선생님은 횡단보도로 건너는 것을 잘 지키고 있답니다. 너희들도 잘 지켜야 해요." 그렇게 수업이 진행되는데 아이들이 키득거리면서 웃고 있습니다. 그래서 선생님이 왜 그러냐고 질문했죠. 그러자 아이가 말합니다. "선생님, 예전에 선생님이 횡단보도 어기는 것을 ○○이가 여러 번 봤다는데요?" 이러면 선생님은 당황하게 되고, 아이들은 선생님이 거짓말을 했다고 거짓말쟁이라고 눈치 없이 큰 소리로 이야기를 하다 수업이 마무리됩니다. 이 수업이 끝나고 아이들은 횡단보도를 잘 지켜야 한다는 것을 기억할까요? 아니면 선생님이 거짓말 했다는 것을 기억할까요?

신규쌤 ▶▶ 선생님이 거짓말을 했다는 것을 기억하겠지요. 하지만 선생님이 자주하는 것도 아니고 정말 바쁜 일이 있어서 그랬을 텐데 학생들이 너무한 것 아닌가요? 선생님이 정말 속상하셨을 것 같아요.

학희쌤 ▶▶ 아이들이 정말 보기 싫었을 겁니다. 하지만 이러한 상황이 만들어진 가장 큰 원인은 선생님이 솔직하지 못하였기 때문입니다.

신규쌤 ▶▶ 그럼 횡단보도를 지켜야한다고 학생들에게 가르치고 있는데 본인은 횡단보도를 어긴 적이 있다고 말을 해야 하나요? 교육적인 이유 때문에 그러한 행동을 했을 것 같은데요.

학희쌤 ▶▶ 솔직하게 말하는 것이 더 교육적인 방법이라고 생각합니다. 저도 위와 같은 질문을 받은 적이 있는데 그때 저는 이렇게 말했습니다. "선생님은 최대한 지키려고 하지만 가끔은 횡단보도로 건너지 않을 때가 있다. 하지만 그러한 선생님의 행동은 잘못된 행동이라고 생각하고 최대한 지키려고 노력하고 있다. 너희들도 그렇게 노력했으면 좋겠다" 이렇게 말하자 오히려 학생들이 자신이 했던 잘못된 행동들을 숨기지 않고 서로 공유하게 되었습니다. 횡단보도로 건너야 한다는 규칙을 잘 지켜야한다는 다짐도 했고요. 이렇게 선생님이 학생들에게 현실과 괴리된 이상적인 모습만을 보여주는 것보다 솔직한 모습을 보여주는 것이 아이들과 소통을 하는 것에 도움이 되고, 선생님에 대한 신뢰를 학생들이 갖게 되는 계기가 됩니다.

신규쌤 ▶▶ 하지만 저의 솔직한 모습을 아이들이 알게 되면 아이들이 비난할까봐 두려워서 저도 그렇게 하는 것 같아요.

학희쌤 ▶▶ 대부분 선생님들은 솔직한 모습을 보이더라도 아이들에게 그 누구보다도 충분히 모범적이신 분들이십니다. 그러니 지금부터라도 솔직한 자신의 모습을 보이는 것을 두려워하지 마세요. 솔직하게 살면 스트레스도 덜 받고 오히려 학생들이 선생님을 더 잘 이해해준답니다.

신규쌤 ▶▶ 네. 조금 어렵겠지만 노력은 해봐야겠네요. 또 다른 원칙은 없나요? 선생님의 말을 들으면 실천하기 힘들겠다는 생각이 들면서도 나도 해보고 싶다는 생각이 들어요.

학희쌤 ▶▶ 마지막 저의 원칙은 "학생들을 가르쳐야 할 대상으로 생각하지 말자"입니다.

신규쌤 ▶▶ 네? 학생들을 가르치는 것이 우리의 일인데 학생을 가르쳐야 할 대상으로 생각하지 말아야 한다는 것은 무슨 말씀이신가요?

학희쌤 ▶▶ 선생님들과 대화를 하다보면 학생은 미성숙한 존재이기 때문에 가르쳐야 할 대상으로 생각하시는 분들이 많습니다. 분명히 학생은 성인보다 미성숙한 부분이 많아 많은 것을 배울 필요가 있습니다. 그렇다고 해서 우리 선생님들이 학생은 가르쳐야 할 대상이라고 생각하는 것은 바람직하지 않다고 생각합니다. 왜냐하면 학생을 가르쳐야 할 대상이라고 생각하는 순간 학생과 선생님과의 관계는 동등한 인격체로서 만나는 관계가 아닌 수직적인 관계가 되기 때문입니다.

신규쌤 ▶▶ 학생을 가르쳐야 할 대상이라고 생각하는 것이 학생을 동등한 인격체로서 존중하는 것을 방해한다는 말씀이신 거죠?

학희쌤 ▶▶ 선생님이 학생을 동등한 인격체로 존중하지 않는다면 자연스
럽게 학생들은 선생님에게 무시를 받고 있다는 생각을 하게
되고, 자신의 생각을 들어주지 않는다고 생각하여 선생님과
의 대화를 시도하지도 않습니다. 또한 선생님이 학생을 위해
하는 말들을 왜곡해서 받아들이고 듣기 싫은 잔소리라고 생
각하기도 하지요. 그렇게 되면 선생님과 학생과의 관계는 어
긋날 수밖에 없습니다.

신규쌤 ▶▶ 그럼 선생님은 학생들을 동등한 인격체로 존중해야 한다는
말씀을 하시는 거죠? 그것을 하기 위한 전제는 학생을 가르
쳐야 할 대상으로 생각하지 않는 것이고요.

학희쌤 ▶▶ 정말 선생님은 제가 하고자 하는 말을 잘 파악하시는 것 같
아요. 학생을 가르쳐야 할 대상으로 생각해버리면 아무리 좋
은 상담기법이나 학생인권조례 등을 공부하여도 전혀 쓸모없
는 지식이 될 뿐이란 것입니다. 무엇을 아는 것도 중요하지만
가장 기본이 되는 생각이 더 중요한 이유지요. 학생의 잘못된
행동을 교육할 때에도 학생을 존중하고 있다면 학생의 입장
을 먼저 들어보고 공감하는 것은 당연한 것입니다. 이렇게 학
생을 인격체로 존중하는 선생님이 학생의 감정에 진심으로
공감할 수 있고, 바람직한 교육방법을 무의식중에도 활용할
수 있습니다. 존중받고 있다는 느낌을 받으면, 학생들도 선생
님을 자연스럽게 존중할 것입니다. 서로 존중하는 교실에서
행복한 교육이 이루어진다는 것은 굳이 설명하지 않아도 되

겠지요?

신규쌤 ▶▶ 선생님의 말씀을 들으니 무엇인가 알 것 같아요. 학생들을 저보다 아래로 인식하다보니 제가 하는 말은 무조건 학생이 들어야한다고 생각했던 것 같아요. 이제부터라도 학생을 한 사람의 인격체로서 존중한다면 선생님이 말씀해주신 행복한 교실을 만들 수 있을 것 같아요.

학희쌤 ▶▶ 저도 이 원칙이 없기 전에는 머리로만 학생을 이해하였던 것 같아요. 지금도 많이 부족하지만 이 원칙 덕분에 행복한 학교생활을 학생들과 하고 있다고 생각합니다. 제가 항상 말하지만 제가 말하는 원칙은 저의 원칙일 뿐입니다. 선생님도 선생님만의 원칙을 만들어 보세요. 정말 많은 변화가 있을 것이라고 확신합니다.

신규쌤 ▶▶ 저도 빨리 저만의 원칙을 만들어야겠어요. 선생님 덕분에 생각의 폭을 조금 넓일 수 있었던 것 같아요. 감사합니다.

학희쌤 ▶▶ 그럼 이젠 학부모와의 관계를 잘 만들기 위한 저의 원칙을 이야기를 해볼까요? 학부모와의 관계 형성을 위한 저의 원칙은 실용적인 관점에서 많이 만들어졌으니 선생님께서 비판적으로 들어주셨으면 해요.

신규쌤 ▶▶ 네. 잘 걸러서 들어보겠습니다.

학희쌤 ▶▶ 학부모와의 관계에서 첫 번째 저의 원칙은 "학생을 내 편으로 만들자"입니다. 학생을 선생님 편으로 만들면 학부모님들을 상대할 때 두렵지 않아요. 학부모님들이 좋아하는 선생님, 민원 넣기 어려운 선생님이 자기 자녀가 좋아하는 선생님이라는 것은 당연하기 때문입니다.

신규쌤 ▶▶ 그건 저도 알고 있는 내용이네요. 너무 당연한 말 아닌가요?

학희쌤 ▶▶ 맞습니다. 그 당연한 원칙을 선생님께서 잘 지키시면 학부모와의 관계에 있어서 주도적인 위치에 서게 될 것이고, 선생님의 교육적 철학에 따른 교육을 할 수 있을 것입니다. 당연하지만 정말 중요한 원칙이기 때문에 제가 가장 먼저 말씀을 드리는 것입니다.

신규쌤 ▶▶ 네. 첫 번째 원칙은 쉽게 이해가 되었어요. 그럼 두 번째 원칙은 무엇인가요?

학희쌤 ▶▶ 저의 두 번째 원칙은 "학부모를 설득하려 하지마라"입니다. 학부모와의 대화에서 가장 실수를 많이 하시는 부분이라고 생각하는데, 가능하면 선생님은 학부모를 설득하려고 하지 않았으면 좋겠습니다.

신규쌤 ▶▶ 교육에 대한 생각의 차이가 있다면 설득을 해야 문제가 없는 것 아닌가요?

학희쌤 ▶▶ 학부모를 설득하는 것이 가능하다면 말이지요.

신규쌤 ▶▶ 그게 무슨 말씀이시죠?

학희쌤 ▶▶ 저는 교육방법에 대해서 학부모를 설득하시는 선생님을 거의 본 적이 없습니다. 선생님께서는 설득했다고 생각할 수 있지만 학부모 입장에서는 자신의 생각이 무시당했다고 생각하고, 선생님께 화를 내는 경우가 더 많았습니다. 설득을 하기위한 선생님의 설명을 감정적으로 대응하시는 학부모님들 때문에 선생님들이 고생하시는 것도 많이 보았고요.

신규쌤 ▶▶ 솔직히 학부모님들께서 잘 알지도 못하면서 우기실 때에는 정말 답답해요. 그러면 그럴 때에는 어떻게 하는 것이 좋은 가요?

학희쌤 ▶▶ 진부한 이야기이지만 학부모의 말의 내용에 초점을 맞추는 것보다 감정에 초점을 맞추는 것이 가장 빠르고 효과적이지요. 그런데도 선생님들이 그렇게 하지 못하는 이유는 본인이 학부모를 설득할 수 있다는 자신감 때문이라고 생각해요. 자신이 모든 상황을 잘 안내하고, 잘 설명하면 학부모도 이해하고 설득할 수 있을 것이라는 생각이 학부모와의 관계를 힘들게 하는 원인이라고 생각합니다. 그렇기 때문에 학부모를 설득할 수 없다는 전제하에 대화를 시작하는 것이 문제 해결에는 더욱 효과적이라는 것입니다.

신규쌤 ▶▶ 설득을 하지 않아도 문제가 해결이 된다는 말씀이신가요?

학희쌤 ▶▶ 제가 예전에 생활부장을 하면서 느낀 것인데 부모님과 통화를 하다보면 일이 잘 풀리는 통화의 일정한 패턴이 있어요. 처음에는 흥분상태에서 전화를 하십니다. 학교 폭력 피해를 받았다고 하는데 화가 날 수밖에 없지요. 그럼 저는 화가 난 학부모의 말에 초점을 맞추지 않고 감정에 초점을 맞추어서 이야기를 합니다. 감정에 공감하고, 오히려 더 감정적으로 이야기를 하기도 하지요. 그러다 보면 어느새 학부모는 자신의 감정을 모두 쏟아내고 다시 이성을 찾게 됩니다. 그리고는 학교에서 잘 처리해 주고 있음을 감사히 여기면서 잘 부탁한다고 마무리가 됩니다. 전 학부모를 전혀 설득하려고 하지 않았지만 문제는 잘 해결되었지요.

신규쌤 ▶▶ 하지만 우리가 학부모들의 감정을 모두 받아주는 쓰레기통은 아니잖아요. 꼭 그렇게까지 해야 하나요? 우리 선생님들의 상처는 어떻게 하나요?

학희쌤 ▶▶ 솔직히 저도 좋은 방법이라고는 생각하지 않아요. 다만 제가 학부모를 설득하려는 대화를 했을 때보다 훨씬 더 수월하고 빠르게 문제가 잘 해결되었기 때문에 자주 활용하는 것일 뿐입니다. 그리고 반복하다보면 하나의 프로세스처럼 작동이 되어 감정의 손실이 거의 없어집니다. 그런데 끝까지 학부모를 설득하겠다고 하시다가 더 큰 문제로 확대되어 더 많이 상처를 받으시는 분들도 있습니다. 그래서 저의 두 번째 원칙은 학부모를 위해서가 아니라 제가 큰 상처를 받지 않기 위해서 만든 원칙입니다. 그리고 그 원칙 덕분에 학부모들의 신뢰를 받게 되어 제가 하고 싶은 교육활동을 편하게 하고 있는 것이지요.

신규쌤 ▶▶ 그래도 이러한 상황이 너무 슬픈 것 같아요.

학희쌤 ▶▶ 저도 그렇게 생각해요. 우리 선생님들이 정말 고생이 많으신 것 같아요. 그래도 저의 행복을 지킬 수 있다면 기꺼이 두 번째 원칙을 지키는 것이 더 좋다고 생각해요. 마지막으로 세 번째 원칙은 "자기 PR을 잘하자" 입니다.

신규쌤 ▶▶ 일하느라 바쁜데 자기 PR까지 잘 해야 한다고요?

학희쌤 ▶▶ 예전에는 교사라는 직업의 전문성을 어느 정도 인정하는 분위기였습니다. 하지만 요즘에는 교사 자격증 하나로는 교사의 전문성을 존중하는 분위기가 아니다보니 본인의 전문성을 알리지 않으면 자신이 하고 있는 성과에 비해 낮은 대우를 받기 쉽습니다. 즉 자신의 성과를 학부모에게 알리는 작업을 하는 것이 학부모의 존중을 받는 지름길이며, 학부모가 선생님을 함부로 대하는 것을 어렵게 만드는 방법 중 하나입니다. 정말 열심히 하는 선생님인데도 학부모에게 인정받지 못하는 선생님이 있는 반면에 조금 열심히 하는데도 엄청나게 잘하는 것처럼 학부모가 인정해주는 선생님도 있다는 것을 보게 되는데 그 차이를 만드는 것이 자기 PR의 유무더라고요. 그렇기 때문에 자기 PR은 본인의 교육철학을 지키면서 학급운영을 하게 해주는 하나의 좋은 방법이라고 생각해요.

신규쌤 ▶▶ 솔직히 저도 제가 열심히 노력하고 있다는 것을 학부모들이 알아주었으면 하는 바람은 있어요.

학희쌤 ▶▶ 바로 그것입니다. 그냥 묵묵히 자신의 일을 열심히 하다보면 언젠가는 알아줄 날이 있겠지만 자기 PR을 하는 방법을 익힌다면 많은 학부모님들에게 인정을 쉽고 빠르게 받을 수 있게 되고, 학부모님들의 방해 없이 본인의 교육철학에 따라 학급을 운영할 수 있습니다. 사소한 차이일 수 있지만 엄청난 차이의 결과를 가져오는 것이 자기 마케팅, 즉 자기 PR이라고 생각해요. 선생님도 학부모님들에게 인정받고, 선생님의 교육철학에 따라 학급운영을 하는지 지지를 받고 싶으시다면 선생님을 알리는 방법을 찾는 것이 좋을 것입니다. 밴드나 클래스팅, Class123과 같은 학급 소통 수단들이 많아지는 것도 잘 생각해보면 선생님의 교육성과를 학부모에게 알리기 위한 것이라고 생각할 수도 있습니다. 예전처럼 단순히 선생님이 학교에서 정말 열심히 교육하면, 학부모가 당연히 알아줄 것이라는 막연한 기대는 이제 내려놓으시는 것이 현실적으로 낫다고 생각합니다.

신규쌤 ▶▶ 학부모와의 관계를 개선하기 위한 선생님의 원칙을 들으니 조금 슬프기는 하지만 그래도 제가 받아들여야 하는 부분도 있는 것 같아요. 조금 더 생각을 깊이 해봐야겠어요.

학희쌤 ▶▶ 제가 항상 말하지만 제가 하는 말은, 옳은 말이 아니라 자기가 하고 싶은 일을 할 수 있도록 지원하여 행복한 저를 만들어 주는 하나의 방법일 뿐입니다. 선생님도 선생님을 위한 원칙을 잘 만들어보시고, 학부모와의 관계를 잘 형성하였으면 좋겠어요.

신규쌤 ▶▶ 네. 선생님 말씀을 들어도 역시 학부모와의 관계를 잘 만드는 것은 정말 어려운 것 같아요.

학희쌤 ▶▶ 세상에는 정답이 없기 때문에 어려운 것이 당연합니다. 선생님만의 모범답안을 만드는 것이 무엇보다 중요하지요. 그럼 이젠 동료교사와의 관계를 잘 만들기 위한 저의 원칙을 말씀드려볼까요?

신규쌤 ▶▶ 네. 동료 선배 선생님들과의 관계에서 제가 어떻게 해야 할지에 대한 조언을 듣지 못해서 정말 힘들었어요. 빨리 듣고 싶어요.

학희쌤 ▶▶ 일단 첫 번째 원칙은 "나를 상처 주도록 허락하지 마라"입니다. 신규로 발령을 받으면 함께 일하는 동료 선생님들은 거의 선배 선생님인 경우가 많습니다. 그러다보니 동료 선생님들에게 깍듯하게 해야 하고, 자신의 주장을 하지 않는 것이 좋다고 생각하면서 학교생활을 하는 편입니다. 예의 바르게 행동해야 한다고 생각하면서 말이지요. 하지만 점점 동료 선생님들에게 상처 받고 힘들어하는 신규 선생님들의 모습을 많이 보았습니다. 모든 상황은 저도 잘 모르지만 상처를 준 동료 선생님들의 잘못도 있겠지만 선생님을 그 분들이 상처를 주도록 허락한 것도 잘못이라고 생각해요.

신규쌤 ▶▶ 솔직히 저도 대부분 선배 선생님이기 때문에 저의 생각을 강하게 말하기가 조금 힘들었어요. 그리고 제 생각과 달라도 반대하는 것도 어려워서 결국 제 생각과 다른 일들을 하기도 했었어요. 그래도 좋은 동료 선생님들이 더 많으셔서 잘 지내고는 있지만 몇몇 분들에게 상처를 받아서 정말 많이 힘들었던 적도 있었어요. 그런데 그게 제가 상처를 주도록 허락한 것이라고요? 전 허락한 적 없는데 그 분들이 상처를 준 것이에요.

학희쌤 ▶▶ 그렇게 생각할 수도 있지만 제 생각은 다릅니다. 저도 신규 때 너랑 비교 되니까 너무 열심히 하지 말라는 선배의 말을 들은 적이 있어요. 관리자분이 저를 언급하면서 선배 선생님에게 지적을 자주 하다 보니 선배 선생님 입장에서는 제가 조금 미워 보였을 수도 있었을 겁니다. 그 분과 저의 관계도 좋은 편이어서 웃으면서 저에게 그런 말을 했을 겁니다. 그 때 저는 어떻게 했을까요?

신규쌤 ▶▶ 글쎄요. 선생님 성격이라면 그냥 웃으면서 알겠다고 말했을 것 같은데요?

학희쌤 ▶▶ 정확하지는 않지만 이렇게 말했던 것 같아요. "선생님이 저 때문에 비교 당해서 기분이 정말 나빴을 거 같아요. 괜히 제가 죄송하네요. 그런데 저는 앞으로도 열심히 하는 것이 학생들에게 좋을 것 같고, 제가 하고 싶기 때문에 앞으로도 열심히 할 것 같아요. 좀 봐주세요" 저는 그 분을 좋아하기는 했지만 그렇다고 해서 저를 상처 주는 것은 허락하지 않겠다는 의미로 제 생각을 확실하게 전달하였습니다.

신규쌤 ▶▶ 선생님이 그렇게 말하면 선배 선생님은 기분이 더 나빠졌을 것 같은데요? 신규 선생님이 참 버릇없다고 생각할 수도 있잖아요.

학희쌤 ▶▶ 그럴 수도 있지요. 하지만 그 분의 기분을 좋게 하기 위해서 저를 상처 주는 것을 허락하는 것은 잘못이라고 생각합니다. 그 때 당시에는 선배 선생님도 약간 기분이 상했다는 내색을 보이셨지만 그 이후부터는 쉽게 저를 상처주려는 시도를 하지 않았고, 그렇다고 해서 관계가 많이 나빠지지도 않았습니다. 저는 신규라고 자신의 생각을 표현하지 못하는 것은 정말 잘못되었다고 생각합니다. 그것을 이해하지 못하는 선배 선생님은 선생님이 어떻게 노력하더라도 선생님을 자신의 아래로 보고 함부로 대하실 분이기 때문에 가까워질 필요는 없다고 생각합니다.

신규쌤 ▶▶ 그래도 그렇게 행동하면 그 선배 선생님과의 관계가 많이 불편하잖아요.

학희쌤 ▶▶ 선생님이 신규라고 무조건 희생하면 선생님만 힘들고 불편해집니다. 하지만 선생님이 상처 주는 것을 허락하지 않으면 그 분과의 관계가 조금은 불편해지겠지만 그 불편함을 둘이 나눠 갖게 됩니다. 저는 선생님 혼자 힘들고 불편해지는 것이 더 잘못된 방법이라고 생각합니다. 그리고 모든 사람들과 잘 지내면 좋겠지만 현실적으로 불가능한 일입니다. 차라리 선생님을 존중하고 아끼는 몇몇 선생님들과 잘 지내는 것이 훨씬 더 좋고, 선생님도 행복한 학교생활을 하는데 도움이 될 것입니다. 절대 그 누구에게도 선생님을 상처 줄 권리는 없으며 선생님도 상처를 주도록 허락해서는 안 됩니다. 반대로 저도 누군가를 상처 줄 권리가 없기 때문에 상처를 주려고 해서는 안 됩니다. 내가 상처를 받지 않고, 나도 누군가를 상처주지 않는 것이 좋은 동료 교사의 관계가 아닐까요?

신규쌤 ▶▶ 맞는 말씀이시긴 한데 제가 잘 할 수 있을까요?

학희쌤 ▶▶ 처음부터 잘하는 사람이 어디 있겠습니까? 다만 선생님이 적절한 화술 기법을 연습하신다면 조금은 부드럽게 의사 표현을 할 수 있겠지요. 다시 한 번 말씀드리지만 그 누구도 선생님에게 상처 주는 것을 허락하지 마세요. 그 원칙만 잘 지키면 선생님은 다른 사람들과의 관계를 맺는 과정이 즐거울 수 있을 것입니다.

신규쌤 ▶▶ 네. 이제부터라도 저를 상처 주도록 허락하지 않아야겠어요. 아직은 어떻게 해야 할지는 잘 모르겠지만 그래도 그 원칙은 꼭 지켜보고 싶어요.

학희쌤 ▶▶ 두 번째 원칙은 "자신만의 기준을 명확히 하자"입니다.

신규쌤 ▶▶ 자신만의 기준을 명확히 해야 한다는 말씀은 무슨 의미인 가요?

학희쌤 ▶▶ 다른 사람의 말에 쉽게 동조하는 것을 피해야 한다는 것입니다. 동료 선생님들과 이야기를 하다보면 교육에 대한 이야기도 나누겠지만 다른 사람을 평가하는 이야기를 하기도 합니다. 이럴 때 선생님의 기준이 명확해야 다른 사람을 평가하는 것에 쉽게 동조하는 것을 피할 수 있습니다.

신규쌤 ▶▶ 동료 선생님의 말씀에 맞장구치지 말라는 의미인가요? 그럼 대화가 유지되지 않을 거 같은데요?

학희쌤 ▶▶ 대화를 유지하기 위해 맞장구를 칠 수는 있습니다만 선생님과 생각이 일치할 때 맞장구를 치는 것이 그나마 낫다는 것입니다. 선생님의 생각과 다른데도 분위기 상 맞장구를 치는 것은 상대방을 속이는 행동이기도 하지만 선생님 스스로도 무엇인가 불편함을 느끼게 할 것입니다. 그리고 선생님이 별 의미 없이 동조했던 평가 내용이 선생님의 생각이 되어 다른 사람들에게 전달이 될 수 있다는 문제도 있지요.

신규쌤 ▶▶ 그러니까 선생님들과 대화를 할 때에 자신의 생각과 일치하는 것에는 맞장구 칠 수는 있지만 생각이 다른 것에는 맞장구를 치지 말라는 것이지요? 맞장구치지 않는 노하우라도 있을까요?

학희쌤 ▶▶ 일단 저는 잘 모르겠다고 하면서 맞장구를 회피합니다. 그러면 대부분 다시 자기가 하고 싶은 다른 말을 하게 되지요. 그분의 말에 반대를 하지 않고 자연스럽게 넘어가는 방법 중 하나라고 생각합니다.

신규쌤 ▶▶ 그래도 끝까지 물어보시는 분이 있잖아요. 그럴 땐 어떻게 해야 하나요?

학희쌤 ▶▶ 개인적으로 저는 그런 분과는 친해지고 싶다는 생각을 하지 않아서 그러한 경우를 많이 겪지는 않았지만 모른다고 했는데도 끝까지 물어본다면 솔직하게 제 생각을 말합니다. 그 분 입장에서는 조금 불편할지는 모르겠지만 분위기에 휩쓸리지 않고 자신의 기준을 명확하게 말하는 사람을 대부분 사람들은 신뢰하고 좋아합니다. 왜냐하면 자신이 아닌 다른 사람들과 대화를 할 때에도 자신의 기준대로 말을 할 것이라는 기대를 하기 때문이죠.

신규쌤 ▶▶ 그러니까 선생님 말씀은 자신의 기준을 명확하게 하고, 분위기에 휩쓸리지 않고 자신의 기준을 지키는 것이 대부분의 동료 교사와의 관계에서 더 좋다는 말씀이시죠? 막연하게 동조하는 사람은 신뢰를 받을 수 없다는 것이고요.

학희쌤 ▶▶ 정확히 이해하셨네요. 좀 길게 보면 자신의 기준이 명확한 사람은 파악하기 쉽고, 불확실성이 낮은 사람이기 때문에 사람들이 좋아할 수밖에 없다는 것입니다. 여기에 적절한 화술 기법을 익히신다면 훨씬 좋겠지요.

신규쌤 ▶▶ 선생님은 화술 기법을 참 중요시하는 것 같아요.

학희쌤 ▶▶ 좋은 화술 기법은 자신의 생각을 분명히 전달하면서도 상대방의 기분을 배려하는 기술이니까요. 자신의 생각을 잘 하지만 상대방의 기분을 배려하지 않는 사람들을 생각해 보세요. 저는 자신의 생각도 중요하지만 상대방도 배려하는 것도 중요하다고 생각해서 좋은 화술 기법은 조금이라도 익히고 연습해야 한다고 생각합니다.

신규쌤 ▶▶ 자신의 기준을 명확히 하고 자신의 기준을 지혜롭게 전하는 화술 기법에 대해서도 공부해 볼게요. 선생님의 마지막 원칙은 무엇인가요?

학희쌤 ▶▶ 세 번째 원칙은 "동료교사는 공적인 관계임을 인정하자"입니다. 우리가 하루에 가장 오래 만나고, 함께 대화하고, 함께 일하는 사람들이 동료교사입니다. 그러다보니 동료교사에게 사적으로도 친한 관계를 기대하시는 분들이 계십니다. 하지만 그러한 기대가 동료교사간의 관계를 방해하는 장애물이라고 생각합니다.

신규쌤 ▶▶ 동료교사와 더 가까워지고 싶고, 더 친해지고 싶어 하는 마음이 오히려 동료교사와의 관계를 나쁘게 한다는 말씀이신가요?

학희쌤 ▶▶ 동료교사에게 사적으로 친한 관계를 기대하게 되면 동료교사에 대한 기대치가 높아지고, 자신의 기대치를 충족시키지 못할 경우에 서운해 하면서 동료교사에게 혼자 실망하여 상대방을 탓하게 됩니다. 또한 자신의 삶의 방식을 동료교사에게 강요하여 서로 멀어지게 해놓고서 자신을 이해하지 못한다고 속상해 하기도 하지요. 하지만 엄밀히 말하면 우리는 교사라는 직업을 가진 사람들이 학교에 일을 하기 위해 모인 공적인 관계입니다. 공적인 관계라고 해서 서로 무관심하자는 것이 아니라 자신의 기대충족을 동료교사가 해주기를 기대하지 말라는 것입니다.

신규쌤 ▶▶ 그럼 동료교사에게는 무엇을 기대하는 것이 좋을까요?

학희쌤 ▶▶ 무엇을 기대하는 것이 중요한 것이 아니라 서로 공적인 관계임을 인정하고 동료교사에게 기대하는 정도를 낮추는 것이 중요합니다.

신규쌤 ▶▶ 학생들과의 관계 형성의 원칙인 "기대치를 낮춰라"라는 말과 같은 의미의 말이었네요?

학희쌤 ▶▶ 맞습니다. 동료교사에 대한 기대치를 낮추게 되면 동료교사의 사소한 호의에도 감사함을 느낄 수 있으며, 상대방이 자신의 기대를 충족시키지 않는다고 해도 크게 상처를 받지 않게 됩니다. 동료교사와의 관계를 망치는 것 중 하나가 상대방에 대한 과도한 기대라는 것을 꼭 기억해 주세요. 그리고 그 과도한 기대는 동료교사를 공적인 관계가 아닌 사적인 관계로 인식하는 것에서부터 나온다는 것을 명심하세요.

신규쌤 ▶▶ 동료교사는 공적인 관계임을 인정하면 상대방에 대한 기대치를 낮출 수 있고, 동료교사의 사소한 도움에도 고마워할 줄 알고, 설령 서운하게 하더라도 크게 실망하지 않는다는 것이지요?

학희쌤 ▶▶ 역시 금방 이해하시네요. 본인의 성격 때문에 동료교사가 공적인 관계임을 인정하는 것이 조금 힘들다면 상대방에 대한 기대치라도 조금은 낮췄으면 좋겠어요. 모두가 자기 뜻대로 해줄 것이라는 기대는 이제 버릴 때가 되었다고 생각합니다. 제가 말한 원칙들 또한 제 생각일 뿐이니 선생님께서 잘 생각해보시고 선생님만의 원칙을 만드시길 바랍니다.

신규쌤 ▶▶ 네! 학교에서 만나는 학생들이나, 학부모들, 동료 선생님들과의 관계를 맺는 것에 대해서 어려움을 느끼고 있었는데 선생님께서 조언해주신 덕분에 조금이나마 어떻게 해야 할지에 대해서 정리할 수 있을 것 같아요.

학희쌤 ▶▶ 도움이 되었다니 다행이네요. 제가 선생님께 강조하고 싶은 것은 "세상에는 시험처럼 정답이 없고, 모두 각자의 모범답안을 가지고 살아가고 있다는 것입니다". 선생님만을 위한 선생님만의 모범답안을 찾는다면 적어도 선생님은 행복한 학교생활을 할 수 있을 것이라고 확신합니다. 꼭 행복하세요.

신규쌤 ▶▶ 네 선생님. 정말 감사합니다.

솔직히 저는 좋은 교사가 아닐 수 있습니다. 하지만 제가 행복함을 느끼면서 가르치고, 아이들이 학교에서 즐겁게 생활하고, 학부모님들이 어느 정도 만족하는 교육을 하고, 동료교사와의 관계도 괜찮은 것 같고. 꽤 괜찮은 교사라고 자부합니다.

제가 신규 선생님들께 강조하고 싶은 것은 좋은 교사가 되어야 한다는 말에 휘둘리지 마시고, 그 무엇보다도 선생님의 행복을 가장 먼저 챙기셔야 한다는 것입니다. 그 누구보다 선생님이 가장 먼저 행복해야 합니다. 그리고 선생님의 행복에서 파생되는 많은 것들을 학교에서 만나는 학생에게 나누어 주시면 됩니다. 저는 서로의 행복을 주고받는 교실이 좋은 교실이고, 행복한 교실의 모습이라고 생각합니다. 또한 좋은 교육이 이루어질 수 있는 최적의 환경이라고 생각합니다.

좋은 교육은 좋은 수업방법이나 상담기법 같은 이론적이고 스킬적인 요소만으로 이루어지는 것이 아닙니다. 이제부터라도 선생님의 행복에 관심을 갖고, 행복하기 위해서 최선을 다해 노력하십시오. 그것이 선생님이 되고 싶은 좋은 선생님이 되는 길입니다.

66 **우리는 교사이기 전에,** 99
행복할 권리가 있는 한 명의 소중한 사람입니다.

■■■

업무 관리부터 에듀파인,

나이스 사용 방법까지…

교사들이 꼭 알아두면 좋은 교직 실무의 모든 것

교직실무의
모든 것

제가 교직실무에 대해 잘 알아야 한다고 강조하는 이유는 우리가 하고 싶은 일을 하거나, 좋은 수업을 준비하는데 필요한 시간을 가장 많이 빼앗아가기 때문입니다.

　"학교 업무하느라 시간이 없어요."라는 말을 학교 현장에서 저는 정말 많이 들었습니다. 처리해야 할 학교 업무가 많다는 문제도 있지만, 학교 업무를 처리하는데 미숙하여 시간을 많이 들이고 있다는 문제도 있었습니다. 즉 업무에 대해 정확히 알고 있으면 업무를 빨리 처리할 수 있고 선생님의 소중한 시간을 많이 얻을 수 있습니다. 또한 업무 처리의 기본 원칙이나 절차를 정확히 알고 있다면 다른 업무를 처리할 때에도 활용할 수 있어 학교 업무에 대한 막연한 두려움을 줄일 수도 있습니다.

　좋은 수업 방법에 대한 전문성, 학생 생활지도의 전문성, 업무추진 능력 등 다른 모든 것들이 정말 중요하지만 좋은 수업을 준비하기 위해서라도 선생님이 처리해야 할 업무를 빨리 처리할 수 있는 능력을 기르는 것은 매우 중요합니다. 그 능력은 업무처리의 기본 원리를 정확히 이해하는 것에서 나온다고 생각합니다.

업무관리 시스템

■ 1. 학교 업무 파악하기 ■

학교마다 업무 분장을 다르게 하겠지만 일반적으로 학교에서 실시하고 있는 업무에 대해서 간단히 정리해 보았습니다. 학교마다 업무 내용이 다를 수 있으니 꼭 해당 학교의 업무분장표를 모두 살펴보세요.

순	업무명	업무 내용
1	과학	과학교육, 과학행사, 과학실 관리
2	교과서	교과서 수요조사 및 주문, 배부
3	교무	학교 교육 활동 전반, 교무에 관한 업무, 중간 관리자
4	교원평가	교원 평가 추진
5	교통	녹색어머니회 운영

6	기초학력	학생들의 기초학력진단 및 시스템 운영
7	나이스	나이스 인증서 및 나이스 정비 및 운영지원, 생활기록부 안내
8	다문화	다문화 교육
9	도서관	도서관 운영, 명예사서 운영
10	독서	독서교육 전반
11	돌봄	돌봄교실운영, 돌봄전담사 관리
12	동아리	학생 동아리 운영, 교사 동아리 운영
13	방과후	방과후 교육 전반, 방과후 강사 관리
14	방송	학교 방송시설 운영
15	복지	자유수강권 및 컴퓨터 지원
16	생활	학교폭력, 인성인권교육, 상담(Wee class)
17	안전	학생 안전 교육 기획 및 운영
18	야영	학생 야외 체험활동
19	연구	교육과정, 장학, 수업연구 등 교육과정운영에 관한 업무
20	연수	교사 동아리 운영 및 교원 연수
21	영어	영어교육, 영어캠프, 원어민 관리
22	영재	영재 추천 및 영재교육
23	예술	예술강사 관리, 문화예술교육
24	자치	전교어린이회장 선출, 전교 어린이회 운영
25	정보	정보화기기, 정보화교육, 컴퓨터실 관리, 홈페이지 관리
26	체육	수영교육
27	체육	체육교육, 체육실 관리, 토요스포츠, PAPS, 스포츠리그
28	친목	학교 친목회 운영
29	특수	특수교육 기획 및 운영

30	평가	학생 성장평가 기획 운영
31	학년부장	학년 교육과정 운영 전반
32	학부모회	학부모회 조직 관리, 학부모 연수
33	학습준비물	학습준비물 구입 및 배부
34	현장체험	학생 현장체험학습 기획 및 운영

■ 2. 나의 업무 파악하기 ■

처음 학교에 발령받은 신규 선생님이나, 새로운 학교에 전입한 선생님들께서는 새로운 학교 환경이 어색할 수 있습니다. 또한 학교에 따라 업무내용 및 처리과정이 조금씩 달라서 간단한 업무를 처리하는 것에도 어려움을 겪기도 합니다. 그렇기 때문에 우리 선생님께서는 가능한 빨리 발령받은 학교에서 이루어지고 있는 업무내용 및 업무 처리과정을 파악하셔야 합니다.

저도 그랬지만 지금까지도 학교의 업무 처리과정을 배울 때 기존에 근무하시는 선생님께 질문을 하는 방법을 통해 배웠습니다. 그러다 보니 업무처리의 기본적인 원칙을 정확히 배우기도 힘들었고, 업무를 처리했더라도 잘 했는지 스스로 파악하기도 어려웠습니다. 다른 선생님들께서는 처음에 배울 때부터 업무 처리의 기본 원칙을 잘 배우셔서 다른 학교에 가서도 자신감을 가지고 주도적으로 업무 처리를 하시길 바랍니다.

일단 우리가 업무를 처리하기 위해서는 먼저 업무포털 사이트에 들어가야 합니다. 나이스 인증서가 없다면 인증서 발급 신청서를 담당 선생님께 받을 수 있는데 직접 신청서를 다운 받아 작성할 수도 있습니다.

업무포털 사이트에 들어가면 ① 전자서명인증센터가 있습니다.

행정전자서명인증센터에서 ① 신청서 다운로드를 클릭합니다.

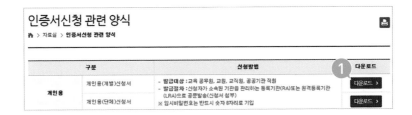

인증서 신청 관련 양식에서 **1** 개인용(개별)신청서를 다운받아서 작성하시면 됩니다. 신청서 양식은 다음페이지와 같이 생겼습니다.

　인증서 신청서를 출력한 후 서명을 한 후 신청서 원본을 나이스 인증서 담당 선생님께 드리면 담당 선생님께서는 전자문서를 통해 신청서를 교육청에 발송할 것입니다. 인증서가 발급이 되면 '발급알림' 문자가 신청서에 작성한 휴대전화번호로 오고 '발급안내' 메일이 신청서에 작성한 이메일로 옵니다. 도착한 메일의 첨부파일에 인증서 파일이 있으므로 PC나 USB에 저장을 하시면 됩니다. 교육부 인증서는 GPKI 폴더에 저장되는데 일반적인 GPKI의 저장위치는 다음과 같습니다.

- **관인용(기관마스터), 특수목적용:** C:\GPKI\Certificate\class1
- **개인용:** C:\GPKI\Certificate\class2
  ※ USB에 저장할 때에는 GPKI 폴더를 그대로 복사하는 것이 좋습니다.

교육행정전자서명 인증서 신청서 (개인용:개별신청용)

소속(기관명)	전주교육지원청 전주OO초등학교		
성명	김O희		
주민등록번호 (외국인등록번호)	OOOOOO-OOOOOOO	전화번호	OOO-OOO-OOOO
이메일	kimhh0904@naver.com	휴대전화번호	010-OOO-OOOO
신청구분	신청종류	☑신규 □재발급 □폐지 □효력정지 □효력회복	
	재발급 ·폐지 사유	□인증정보 노출 □소속기관 변경 □저장매체파손 또는 비밀번호 분실 □기타(　　　)	
활용업무시스템	☑나이스 □국민신문고 □행정정보공동이용 □위키시스템 □기타 시스템 (　　　　　　)		
임시비밀번호	OOOOOOOO * 반드시 8자리 숫자 기입(영문자 사용불가)		
개인정보의수집 ·이용 동의	가. 개인정보 수집·이용 목적 - 교육행정전자서명 인증서 신청·발급 등의 업무처리 - 행정정보공동이용, 정부24, 국민신문고 시스템 활용시 인증 나. 수집하려는 개인정보의 항목 - (필수) 소속(기관명), 성명, 주민등록번호(외국인등록번호), 이메일, 휴대전화번호, 임시비밀번호 - (선택) 전화번호 다. 개인정보의 보유 및 이용 기간: 10년 ※ 전자문서가 아닌 신청서(팩스, 등기 등) 보존기간: 교육행정전자서명 인증서 신청서 접수 후 인증서 등록 확인을 위해 1개월 보관 라. 귀하는 위와 같은 개인정보 수집·이용에 동의하지 않을 권리가 있으나, 동의를 거부할 경우 개인용 인증서 등록·발급이 불가합니다.		
	※ 개인정보보호법 제15조 1항(개인정보의 수집·이용)에 의거하여 본인의 개인정보 수집·이용에 ☑동의합니다. □동의하지 않습니다.		
상기와 같이 교육행정전자서명 인증서비스를 신청합니다. 교육행정전자서명 인증업무상준칙을 준수하며, 본 신청서 관련 정보의 개인정보 수집·이용 및 인증 업무 활용에 동의합니다. 신 청 자: 김O희 서명 또는 (인)			

위와 같이 교육행정전자서명 인증서 신청을 확인합니다.
 	
                                                년   월   일
          확인기관(부서)장: 서명 또는 (인)
 	
<div align="center">**교육부장관 귀하**</div>			

※ 공문서 붙임으로 본 신청서를 제출할 경우, 담당자 및 확인기관(부서)장 서명 또는 (인)은 생략 가능함.

인증서를 받은 후에는 사용자 등록을 하셔야 합니다. 사용자 등록을 하기 위해서는 나이스 인사(교원인사)에서 인사 정보 등록이 선행되어야 하는데 교감선생님께서 미리 처리하셨을 겁니다. 그럼 업무포털에서 사용자 등록을 클릭하셔서 등록을 해 봅니다.

① 사용자 등록을 클릭하면 주민등록번호를 입력한 후 인증서를 선택하는 창이 나옵니다.

주민등록번호를 입력한 후 인증서선택을 클릭하세요.

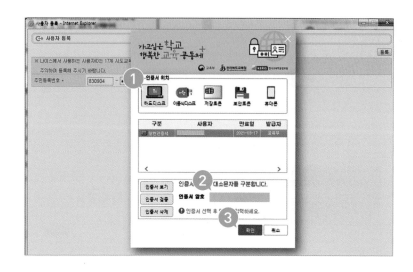

① 인증서를 선택한 후 ② 인증서 암호를 입력합니다. ③ 확인을 누르면 등록을 할 수 있습니다.

선생님의 아이디를 입력하고 중복체크를 한 후 사용버튼을 클릭하면 사용자 등록이 끝이 납니다.

제가 안내해 드린 작업을 인증서 등록 담당 선생님께서 해주실 수도 있지만 일단 선생님께서도 방법을 아는 것이 좋습니다. 이후에 권한 설정 등은 나이스 담당자 선생님께서 해주실 예정이니 기다리시면 됩니다.

교육부 인증서도 유효기간이 있고, 유효기간 만료 90일전부터 인증
서 갱신 안내를 합니다. 선생님의 인증서를 갱신하려면 ① 전자서명인
증센터에서 하면 됩니다.

① 갱신을 클릭하신 후 ② 인증서갱신을 클릭하시면 인증서를 갱신할
수 있습니다.

　지역교육청마다 업무포털 로그인화면이 다르지만 로그인 하는 방법
은 모두 같습니다. 아이디를 입력하고 로그인을 누르면, 컴퓨터의 인증
서가 표시되는데, 본인의 인증서를 선택한 후 인증서 암호를 입력하면
로그인을 할 수 있습니다.

　그럼 본격적으로 앞으로 계속 함께 할 업무포털 시스템을 알아보겠
습니다.

　로그인을 하면 볼 수 있는 업무포털의 메인 화면입니다. 일반적으
로 선생님은 ① 나이스, ② K-에듀파인에 대해서만 알아두셔도 됩니다.
2020년부터는 K-에듀파인으로 통합이 되었기 때문에 ③ 에듀파인(19
회계), ④ (구)업무관리, ⑤ (구)자료집계는 2019년까지 활용하였던 자료
를 조회하는데 활용할 수 있습니다. 하지만 K-에듀파인에서는 캡쳐를
할 수 없는 부분이 존재하고, 이전 방식과 큰 차이가 없기 때문에 이전

자료를 그대로 활용하여 업무 처리를 안내하는 부분도 있다는 점 양해 부탁드립니다.

이번에 우리가 배울 내용은 ❷ K-에듀파인 메뉴입니다. 이 메뉴는 교육공무원으로서 공문을 기안(작성)하고, 접수하고, 공람·처리하고, 품의를 올리고, 자료집계를 하기 위한 통합 메뉴입니다. 2020년 3월부터는 나이스와 K-에듀파인만 사용한다고 생각하셔도 됩니다.

업무관리 메뉴의 업무 내용은 신규 선생님들께서 처음 접하는 내용이라서 가장 힘들어하고, 정확한 매뉴얼을 잘 알지도 못한 채 일을 처리하는 경우가 많습니다. 하지만 수업을 중시하는 학교 현장 분위기 속에서 가장 경시되고 있으며, 업무 처리에 대한 일반적인 교육 시스템도 없는 것이 현실입니다. 이로 인해 신규 선생님들께서는 학교 현장에서 업무처리를 스스로 찾아서 해야 하는 막막함을 많이 느끼고 계셨을 것입니다.

그럼 업무 처리 방법을 배우기 전에 선생님이 해야 할 업무들을 파악해 봅시다. 2019년도 자료는 ❹ (구)업무관리에 있으므로 (구)업무관리에서 파악하겠습니다.

업무관리에 들어가면 다음과 같은 창을 볼 수 있습니다. 이 중에서 우리가 가장 먼저 체크해야 할 부분은 ❶ 문서관리의 ❷ 문서함 메뉴의 ❸ 문서등록대장 메뉴입니다. 문서등록대장은 학교에서 생산, 접수된 모든 공문을 볼 수 있는 대단히 중요한 메뉴입니다. 본인의 업무의 흐름을 알고 학교의 전반적인 업무 처리 흐름을 파악하는데 정말 큰 도움이 되는 필수적인 메뉴라고 할 수 있습니다.

그럼, 선생님의 올해 업무를 보겠습니다. 매년 업무분장표가 제작되어 선생님을 포함한 모든 선생님들의 업무를 확인할 수 있습니다. 일단 자신의 업무를 잘 파악하기 위해서는 올해 선생님의 업무분장과 작년 업무분장표를 비교해야 합니다. 올해 업무분장표는 선생님이 가지고 있으니 작년 업무분장표를 찾아보겠습니다.

문서등록대장에서 ❶ 제목을 "분장", ❷ 등록일자를 "작년 2월 1일~작년 3월 31일"까지 설정한 후에 조회를 합니다. 일반적으로 업무분장이라는 제목으로 기안을 올리고, 2월에서 3월 중에 처리하는 경우가 많기 때문에 작년 업무분장을 찾을 수 있을 겁니다. 작년 업무분장표와 올해 업무분장표와 비교해 보고, 전임자와 선생님의 업무가 같은 경우에는 전임자를 조회하면 되고 업무가 다를 경우에는 과제카드를 조회하면 됩니다.

전임자와 선생님의 업무가 똑같은 경우 (전임자 조회)	작년 업무 (전임: 김학희)	도서관 관리 및 도서구입, 명예사서
	올해 업무	도서관 관리 및 도서구입, 명예사서
전임자와 선생님의 업무가 다른 경우 (해당과제카드 조회)	작년 업무 (전임: 김학희)	도서관 관리 및 도서구입, 명예사서, 독서교육
	올해 업무	도서관 관리 및 도서구입, 명예사서, 학교평가

전임 선생님과 선생님의 업무가 똑같을 경우에는 전임 선생님을 조회하여 업무를 파악하면 좋고, 전임 선생님과 선생님의 업무가 다를 경우에는 해당 과제카드를 활용하여 업무를 파악하는 것이 좋습니다. 일단 업무가 똑같다고 가정하고 전임 선생님을 조회를 하겠습니다. 단 전임 선생님이 다른 학교로 전출 가셨다면 3월 2일 이후에는 조회를 할 수 없으니 업무파악은 2월 중에 하는 것이 좋습니다.

먼저 문서등록대장에 있는 조회옵션을 클릭해 봅니다. 조회옵션을 클릭하면 다음과 같이 다양한 조회옵션을 입력한 후 조회를 할 수 있습니다.

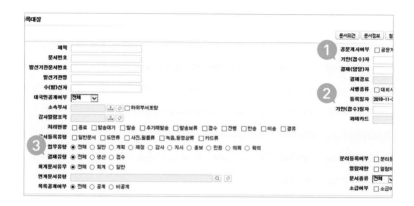

① 기안(접수)자와 ② 등록일자, ③ 결재유형을 변경한 후 조회를 하면 선생님이 올해 만들어야 할 업무들을 대략적으로 파악할 수 있습니다.

먼저 기안(접수)자 옆에 돋보기(🔍)를 클릭하면 사용자 검색이 나오는데, ① 이름에 선임자의 이름을 적고 ② 조회를 하면 아래에 아이디와 이름 등의 정보가 나옵니다. ③ 아이디 옆에 작은 원을 체크한 후 ④ 선

택을 클릭하면 전임자를 선택할 수 있습니다.

| 등록일자 | 2017-02-01 📅 ~ 2018-02-01 📅 | 개월 ∨ | 년도 ∨ | 결재유형 | ○ 전체 | ● 생산 | ○ 접수 |

등록일자는 최대 12개월을 조회할 수 있으니 작년 2월 1일부터 올해 2월 1일까지로 검색을 하는데, 그 이유는 2월 중에 처리해야 할 업무 관련 계획이나 신청서 등이 많기 때문입니다. 올해 2월 중 공문도 별도로 조회하면 좋습니다. 또한 결재유형은 생산으로 설정하는데, 우리가 알아야 할 것은 선생님이 생산해야(만들어야) 하는 공문이기 때문입니다. 모두 입력했다면 조회를 해 봅시다.

☐	📄🔗비	2679	2017학년도 리딩맘 및
☐	📄🔗공	2659	2017학년도 대정 도서
❶	📄🔗공	2106	2017학년도 학부모 참여

총 49건 | 페이지당 100 ∨

조회를 한 후에는 왼쪽 하단의 ❶ 페이지당 설정을 100으로 변경하면 많은 양의 공문을 한 페이지에 볼 수 있고, 나중에 업무 정리 작업을 할 때도 좋습니다.

조회된 내용을 우리가 파악하기 좋게 자료로 만들어 봅시다. 전체 내용을 드래그한 후 복사(Ctrl+C)를 하고 한글 프로그램에 원본 서식 유형으로 붙여넣기(Ctrl+V)를 합니다. 그리고 업무를 파악하는데 필요한 문서제목 및 날짜만 남기고, 나머지는 모두 삭제합니다. 또 문서 제목 중에 가끔 화살표가 나오는 경우가 있는데 모두 삭제합니다. 저는 공문서의 제목과 등록일자만 남겨 놓았지만, 선생님이 필요하다고 생각하는 내용이 있다면 지우지 말고 활용하셔도 됩니다.

정리된 한글자료는 정렬하기 힘들기 때문에, 엑셀을 활용하여 공문서를 등록일자의 순서에 따라 정리해 봅시다. 이 작업을 하면 선생님의 업무를 시간의 흐름에 따라 파악하기 쉽습니다. 그럼 한글에서 작업한 자료를 모두 복사해서 엑셀로 옮겨 봅시다.

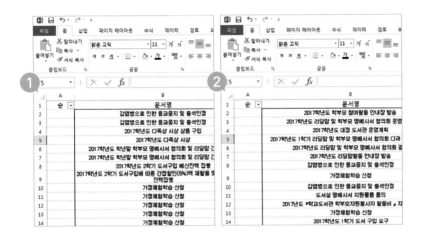

❶ 자료를 본인이 보기 좋게 정리한 후 엑셀 필터 기능을 활용하여 등록일자를 오름차순으로 정렬하면 ❷ 시간의 흐름에 따른 업무의 내용을 쉽게 파악할 수 있게 됩니다. 문서 중 가정체험학습 신청, 등교중지 및 출석인정 등 담임교사의 업무는 일단 삭제하셔도 좋습니다. 왜냐하면 담임교사의 업무는 시간의 흐름과 관련이 없는 경우가 많기 때문입니다.

선생님의 업무가 정리된 자료를 활용하여 업무의 흐름을 미리 파악하고, 잘 보이는 곳에 비치해 놓고 선생님이 해야 할 업무를 미리 예측

하고 있다면 어떤 업무를 하더라도 당황하지 않고 처리할 수 있습니다. 특히, 선생님의 업무를 정확히 파악했다면 자신감도 생기고, 업무처리에 있어서 주도적인 위치에서 업무를 처리할 수도 있습니다.

이젠 전임자와 선생님과 업무가 다를 경우를 가정하고, 해당과제카드를 활용한 방법을 알아보겠습니다.

① 등록일자는 작년 2월 1일에서 올해 2월 1일까지 12개월로 설정하고, ② 결재유형을 생산으로 변경합니다. 그리고 ③ 과제카드 옆에 있는 돋보기(ⓠ)를 클릭하여 해당과제카드를 선택하고 조회를 해봅시다. 이전에 알려준 방법과 동일하니 쉽게 할 수 있을 겁니다. 하지만 과제카드별로 조회되기 때문에 알고 싶은 과제카드를 모두 조회해야 합니다. 참고로, 돋보기(ⓠ) 오른쪽에 있는 부서카드조회를 체크하면 본인의 업무가 아닌 업무과제카드들도 모두 조회할 수 있습니다만 굳이 할 필요는 없습니다.

선생님의 업무를 파악을 해 보았으니 업무처리에 대한 조언을 드리고자 합니다.

선생님께서 앞으로도 수업 및 학생 생활지도, 학부모 상담에 대한 전문성도 키워야 하지만 학교의 실무와 관련된 매뉴얼이나 규정들을 한 번쯤은 공부하는 것도 좋습니다. 이전에 이루어지던 관행들은 일반적으로 규정에 근거하여 이루어졌을 가능성이 크지만, 규정이 변경되었을 경우에도 이전 관행대로 업무를 처리한다면 규정을 위반하는 것이 되기 때문입니다.

또한 관리자와 협의하여 융통성을 발휘되어 이루어졌던 관행을 기본원칙이라고 잘못 알고 계시는 경우도 많습니다. 이러한 경우 관리자가 바뀌었을 때 업무 내용 및 업무 처리 과정이 바뀌는 상황에서 주도적으로 업무 처리를 하지 못하고 쉽게 휘둘리게 됩니다. 그렇기 때문에 선생님께서 업무에 대한 기본 원칙을 정확히 알고, 함께 근무하는 선생님 및 관리자들과 협의를 하면서 업무를 주도적으로 처리하는 것이 중요하다고 생각합니다.

"아는 것은 힘입니다!"

지금까지 선생님의 업무를 파악하는 방법에 대해 알아보았습니다. 다음 장에는 선생님들이 사용하는 공문 용어들에 대해 간단히 알아보도록 하겠습니다.

▰ 3. 공문 용어의 기초 ▰

　우리는 공무원이기 때문에 기본적으로 업무 처리는 공문서를 통해 해야 합니다. 행정안전부에서 제공하는 행정업무운영편람을 공부를 한 다면 공문에 대한 기초 지식을 모두 배울 수 있겠지만 수업 준비를 하는 시간도 부족한 우리가 행정업무운영편람을 모두 공부하기는 어려울 것이라 생각됩니다. 하지만 일단 알고 있으면 좋으니 행정업무운영편람 자료를 다운 받을 수 있는 방법을 말씀드리겠습니다.

　행정안전부에 들어가시면 ❶ 정책자료 메뉴가 있습니다. 정책자료 안에 ❷ 간행물이 있는데 그 곳에서 "행정업무운영"을 검색하면 행정업무 운영 편람을 찾을 수 있습니다. 그 자료를 다운받아서 활용하면 공문서 와 관련된 모든 것을 알 수 있습니다. 하지만 우리는 수업도 해야 하고, 학생 생활지도도 해야 하느라 시간이 많이 부족하니 선생님으로서 꼭

알아야 할 것들만 간단히 알려드리겠습니다.

먼저 기안입니다. 학교에 가면 선생님에게 "늦지 않게 기안 올려주세요."라고 부탁을 하는 경우가 있습니다. 여기에서 기안이란 행정기관의 의사를 결정하기 위하여 '공문을 작성하는 것'을 말합니다. 즉, 공문서를 만들어서 업무관리시스템에 결재라인에 따라 공문을 올리라(상신하라)는 의미라고 생각하면 됩니다.

공문서는 행정기관이 공무상 작성 또는 시행되거나 행정기관이 접수한 모든 문서를 말합니다. 공무원은 모든 업무를 공문서를 통해 처리한다고 할 만큼 중요합니다. 공문서가 없이 업무처리를 하는 경우, 나중에 책임을 져야 할 수 있습니다. 즉, 우리 공무원은 공문서를 통해 업무를 기획하고 처리해야 한다고 생각하면 좋을 것 같습니다.

또 선생님께 "선생님, 품의 기안 빨리 올려주세요."라고 부탁을 할 때가 있는데 여기에서 품의란 사전적 뜻으로는 웃어른이나 상사에게 여쭈어 의논한다는 의미입니다. 보통 학교에서는 '업무 처리에 지출된 또는 지출 될 예정인 목록을 적어 결재를 필요로 하는 문서'를 말합니다. 즉, 업무를 처리하는 과정에서 예산과 관련된 내용을 결재받기 위해 올리는 문서라고 생각하면 쉬울 것 같습니다.

그리고 공문을 쓰다보면 대호를 입력해야 하고, 관리자 선생님께서 해당 업무와 관련된 근거 공문이 무엇이냐고 물어보는 경우가 있습니다. 여기서 대호는 품의·공문을 올리기 위한 근거 공문의 생산등록번호나 근거 법령을 말합니다. 품의나 공문을 작성할 때에는 근거 공문의 생산등록번호를 반드시 넣어야 합니다.

다음 예시를 보면 『1. 관련: 초등교육과-1004(2020.1.1)』로 작성된 부분이 대호라고 할 수 있습니다.

생산등록번호는 일반적으로 처리과명(처리과가 없는 행정기관은 10자 이내의 행정기관명 약칭)과 연도별 일련번호를 붙임표(-)로 이어 적는 것입니다. 예를 들면 『초등교육과-1023(2018.03.02.), 전주대정초등학교-1938(2018.3.7.)』등으로 공문 작성 시 가장 처음에 작성하는 내용입니다.

근거 법령은 공문 작성의 근거가 되는 법령을 의미하는데요, 예를 들면 『초·중등교육법 제 1조 1항.』 등의 법률을 작성하는 것입니다. 생산등록번호 대신 근거 법령으로 작성하는 경우도 있습니다.

다음은 성립전 예산이라는 단어를 알아봅시다. 성립전 예산이란, 사업용도가 지정되고 소요경비 전액이 교부된 경비(목적사업비)와 수익자 부담경비에 대하여 학교운영위원회의 예산 승인 전에 예산을 집행한 후 차기 추경예산에 반영하여(성립전 예산임을 명시) 승인절차를 거치는 것을 말합니다. 쉽게 말해 교육청에서 줄 예산이 아직은 학교에 오지 않았지만 미리 예산을 성립해서 사용하기 위하여 성립전 예산을 요구한다고 생각하면 됩니다. 학기 중에 오는 예산은 대부분 성립전 예산을 요구해서 처리합니다.

공문서의 종류를 살펴보면 다음과 같습니다.

구분		종류	의의
유통 대상 여부	유통 ×	내부결재문서	행정기관이 내부적으로 계획 수립, 처리방침 결정, 업무보고, 소관사항 검토 등을 하기 위하여 결재를 받는 문서
		대내문서	해당 기관 내부에서 보조기관 또는 보좌기관 상호간 협조를 하거나 보고 또는 통지를 위하여 수신·발신하는 문서
	유통 ○	대외문서	해당 기관 이외에 다른 행정기관(소속기관 포함)이나 국민, 단체 등에 수신·발신하는 문서
		발신자와 수신자가 같은 문서	행정기관의 장 또는 합의제 행정기관이 자신의 명의로 발신하고 자신의 명의로 수신하는 문서

일반적으로 학교 내부에서 결재를 받는 문서를 내부결재문서, 교육청 산하 기관(학교, 교육청 등)과 수신·발신하는 문서를 대내문서, 교육청 산하 기관 이외의 행정기관(경찰서, 소방서 등)과 수신·발신하는 문서를 대외문서라고 합니다.

이젠 결재라인에 대해서 말씀드리겠습니다, 공문은 결재를 받아야 하는데 학교전결규정에 따라 결재라인을 입력해야 합니다. 학교마다 전결 규정이 조금씩은 다르기는 하지만 일반적인 것만 설명하겠습니다. 먼저 일반 공문은 대부분 『교감-교장』이거나 『부장-교감-교장』인 경우가 많습니다. 예산과 관련된 품의 요구는 금액에 따라 달라지는데, 우리 학교를 예를 들면 30만원 초과일 경우에는 『협조(행정실장)-교감-교장』, 30만원 이하 일 경우에는 『협조(행정실장)-교감』으로 올리고 있습니다.

지금까지 공문의 기초에 대해서 간단히 설명하고자 노력했지만, 선생님께서 처음 듣는 내용이 많아서 아직은 모두 이해하기에는 어려울 것이라고 생각됩니다. 하지만 선생님께서 직접 업무를 처리하다보면 금방 이해할 내용들입니다.

마지막으로 공문과 관련된 업무처리에 관한 개인적인 조언을 간단히 말씀드린다면 업무처리는 정답이 있는 시험문제와는 다르고, 업무처리 결과가 나를 평가하는 결과가 아니라는 것입니다. 선생님의 기준에는 업무 계획서 및 공문 기안 모두가 완벽하다고 생각되었을지 몰라도 결재되는 과정 중에서 많이 바뀌기도 하고, 심지어 반려되는 경우도 있습니다. 그럴 때 너무 상처받지 마시고, 일과 선생님을 따로 분리하셔서 생각하시길 바랍니다.

그리고 업무를 처리하는 과정에서 혼자 고민하지 마시고, 선배 선생님들과 관리자들의 조언을 구하는 과정을 거친다면 좀 더 쉽게 업무를 처리할 수 있습니다. 우리가 학교 현장에서 처리해야 하는 업무들은 시험문제와는 달리 혼자서 해결해야 하는 것이 아니라 함께 해야 하는 것이기 때문입니다.

지금까지 우리가 알아야 할 공문의 기본 용어에 대해서 알아보았습니다. 다음 장에는 공문을 작성하는 방법을 알아보도록 하겠습니다.

■ 4. 공문 작성의 기초 ■

공문 용어의 기초를 어느 정도 알게 되었으니 이젠 공문 작성의 기초를 배워 보겠습니다. 일반적으로 이전의 공문을 참고하여 기안을 하는 경우가 많은데, 이전에 결재된 공문이라도 공문 작성법을 지키지 않은 경우도 있습니다. 그렇기 때문에 공문 작성의 기본 원칙을 알고 이전 자료를 활용하는 것이 좋다고 생각합니다.

먼저 공문 작성 시 표시위치 및 띄어쓰기에 대해서 알아보겠습니다. 다음은 2017년도에 개정된 행정정보업무편람의 내용입니다. 이처럼 공문 작성 방법도 변경될 수 있으니 새롭게 개정된 내용이 나올 때 관심을 가지고 공부하면 좋을 것 같습니다.

1. 첫째 항목기호는 왼쪽 처음부터 띄어쓰기 없이 바로 시작한다.
2. 둘째 항목부터는 상위 항목 위치에서 오른쪽으로 2타씩 옮겨 시작한다.
3. 항목이 한줄 이상인 경우에는 항목 내용의 첫 글자에 맞추어 정렬한다.
   Tip Shift + Tab 키 사용
4. 항목기호와 그 항목의 내용 사이에는 1타를 띄운다.
5. 항목이 하나만 있는 경우 항목기호를 부여하지 아니한다.

다음은 기안문 작성 방법과 관련된 규정을 알아보겠습니다.

1. 기안문의 내용을 작성할 때는 기안의 근거를 밝혀야 한다.

2. 근거를 작성하는 방법은 다음 3가지가 있다.

> 예1) '지방자치단체를 당사자로 하는 계약에 관한 법률' 제1조 1항에 따라…
> 예2) 초등교육과-1001(2018.01.01)에 따라…
> 예3) 1. 관련: 초등교육과-1001(2018.01.01)
>   2. 2018학년도 도서관 현대화 사업을…

3. 내용과 세부내용 사이의 '아래', '다음' 은 쓰지 않는다.

4. 쌍점의 왼쪽은 붙이고, 오른쪽은 한 칸 띄운다.

5. 강조할 내용은 글자체, 색, 크기, 밑줄 등을 변경할 수 있다.

> 1. 관련: 대정초등학교-1001(2018.03.04)
> 2. 2018학년도 도서관 캠프를 다음과 같이 계획하여 운영하고자 합니다.
>
>
>
> 가. 일시: 2018.04.18(수)
> 나. 장소: 도서관
> 다. 대상: 4-6학년 희망학생(학년당 4명 이내) ◀ 5

6. 숫자: 아라비아 숫자로 기재한다.

> 예시) 1, 2, 3, 4, 5 …. (O)   一, 二, 三, 四, 五 …. (X)

7. 날짜: 숫자로 표기, 연월일의 글자는 생략하고 온점으로 표시한다.

> 예시) 2015. 12. 12. (O)   2015년 12월 12일 (X)

8. 시간: 24시각제에 따라 숫자로 표기하되, 시, 분의 글자는 생략하고 사이에 쌍점(:)을 찍어 구분한다.

> 예시) 15:20 (O)   오후 3시 20분 (X)   3:20 (pm) (X)

9. 금액: 아라비아 숫자를 쓰되, 숫자 다음에 괄호를 하고 한글로 기재한다.

> 예시) 금113,560원(금일십일만삼천오백육십원) (O)
>   113,560원 (X)   일십일만삼천오백육십원 (X)

공문서에서 항목을 표시하는 방법을 살펴보겠습니다. 문서의 내용을 둘 이상의 항목으로 구분할 필요가 있을 경우, 아래와 같이 다음 구분에 따라 그 항목을 순서대로 표시하되, 필요한 경우에는 □, ○, · 등과 같은 특수한 기호로 표시할 수 있습니다.

구분	항목기호	비고
첫째 항목	1., 2., 3., 4., ...	
둘째 항목	가., 나., 다., 라., ...	
셋째 항목	1), 2), 3), 4), ...	
넷째 항목	가), 나), 다), 라), ...	둘째, 넷째, 여섯째, 여덟째 항목의 경우 하., 하), (하), ⓗ, 이상 계속될 때에는 거., 거), (거), ㉯, ...로 표시
다섯째 항목	(1), (2), (3), (4), ...	
여섯째 항목	(가), (나), (다), (라), ...	
일곱째 항목	①, ②, ③, ④, ...	
여덟째 항목	㉮, ㉯, ㉰, ㉱, ...	

항목을 표시하는 방법을 배웠으니 이젠 첨부물을 표시하는 방법을 알아보겠습니다. 첨부물이란 공문을 작성할 때 공문 내용에 모두 들어가지 못하는 계획서, 첨부 자료 등을 말합니다. 첨부물은 한글파일로 만

들어 전자문서로 처리하는 것이 좋습니다.

1. 문서에 첨부물이 있을 때에는 본문이 끝난 줄 다음에 "붙임"의 표시를 하고 첨부물의 명칭과 수량을 쓰되, 첨부물이 두 가지 이상인 때에는 항목을 구분하여 표시한다.
2. 붙임과 첨부물 명칭 사이는 2칸을 띄운다.

> 예시) 첨부물이 1개일 경우
>   (본문 내용) ·· 주시기 바랍니다.
>   붙임 vv○○○계획서 1부. vv끝
>
> 예시) 첨부물이 2개일 경우
>   (본문 내용) ·· 주시기 바랍니다.
>   붙임 vv1.v○○○계획서 1부.
>   2.v○○○계획서 1부. vv끝

공문서는 내용이 끝났을 때에는 "규칙 제4조 제5항"에 따라서 문서의 "끝"을 표시해야 합니다. "끝"을 표시하는 다양한 상황을 알아봅시다.

1. 본문 내용의 마지막 글자에서 한 글자(2타) 띄우고 "끝" 표시한다.

> 예시) ·············· 주시기 바랍니다. vv끝

2. 첨부물이 있으면 붙임 다음에 한 글자(2타) 띄우고 표시한다.

> 예시) ·············· 주시기 바랍니다.
>   붙임 vv1.v○○○계획서 1부.
>   2.v○○○계획서 1부. vv끝

3. 본문 또는 붙임 표시문이 오른쪽 한계선에서 끝났을 경우에는 그 다음 줄의
   왼쪽 한계선에서 한 글자(2타) 띄우고 "끝" 표시한다.

예시)   ············ 주시기 바랍니다.
     ∨∨끝

4. 본문이 표로 끝나는 경우에는 두 가지 상황에 따른 방법이 있다.
   • 표의 마지막 칸까지 작성되는 경우: 표 아래 왼쪽 한계선에서 한 글자(2타)
     띄우고 "끝" 표시

응시번호	성명	생년월일	주소
10	김○○	1900.01.01.	서울시 종로구 ○○로
21	박○○	2000.01.01.	전북 전주시 평화 ○길

∨∨끝

   • 표의 중간에서 기재사항이 끝나는 경우: "끝" 표시를 하지 않고 마지막으로
     작성된 칸의 다음 칸에 "이하 빈칸" 표시

응시번호	성명	생년월일	주소
10	김○○	1900.01.01.	서울시 종로구 ○○로
이하빈칸			

　공문서의 끝을 작성하는 하는 법을 사례를 통해서 공부해 보았습니다. 이제 하나만 더 알아보고 직접 기안을 해봅시다.

　우리가 알아야할 마지막 하나는 학교내부 결재 공문일 때와 발송되는 공문일 때 표기하는 용어가 다르다는 것입니다. 실제 공문을 살펴보면서 공부해 봅시다.

1. 학교 내부 결재일 땐 '~하고자 합니다.'로 표기한다

> 수신 내부결재
> 제목 도서관 캠프 운영 계획
>
> 1. 관련: 초등학교교육과-1001(2018.01.01)
> 2. 학생들의 독서능력 신장을 위한 도서관 캠프를 다음과 같이 실시하고자 합니다.

2. 발송 공문일 경우에는 '~제출합니다.'로 표기한다.

> 수신 전주교육지언청교육장(초등교육지원과정)
> 제목 2018 독서교육 연수 결과 제출
>
> 1. 관련: 초등학교교육과-1001(2018.01.01)
> 2. 2018 독서교교육 연수 결과를 붙임과 같이 제출합니다.

그럼 작년 공문을 참고하여 올해 도서관 운영계획을 기안해 보겠습니다. 2019년 자료이므로 (구)업무관리에 들어가셔서 조회해야 합니다.

다음과 같이 조회옵션에서 ❶ 제목을 "도서관"으로 쓰고, ❷ 등록일자를 작년 2월 1일에서 4월 30일까지 설정합니다. 일반적으로 연간 운영

계획들은 2월이나 3월 초에 등록하기 때문입니다. ❸ 결재유형을 생산을 누르고 조회를 누르면 작년 도서관 운영 계획 공문을 찾을 수 있습니다.

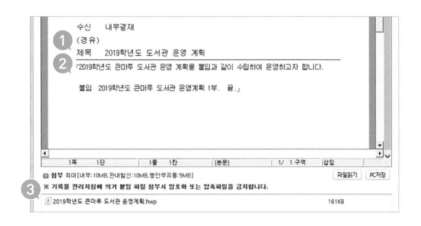

공문을 한번 파악해 봅시다. ❶ 제목을 보니 연도만 바꾸면 될 것 같습니다. ❷ 본문의 내용을 보니 대호가 없는 것 같아서 추가해야 할 것 같습니다. ❸ 첨부물을 PC저장하여 살펴보니 도서관 운영계획이 잘 세워져 있는 것 같아 크게 수정할 것은 없을 것 같습니다.

그럼 일단 첨부파일을 저장한 후 계획서를 수정해보도록 합시다.

계획서는 정답이 없으니 혼자 스트레스 받으면서 고민하지 마시고, 교감선생님과 협의하면 쉽게 처리하실 수 있을 겁니다. 또한 작년 운영 계획을 많이 하셔도 좋습니다. 연간 운영 계획서가 완료되었다면 기안을 올려봅시다.

아직은 K-에듀파인 문서등록대장에 기존 자료가 반영이 되어 있지 않았기 때문에 기존의 자료를 활용하여 재작성하기 힘들 수 있습니다. 그러므로 새로운 기안을 작성하는 방법을 통해 처리하도록 하겠습니다.

① 업무메뉴에서 ② 기안을 클릭한 후 ③ 공용서식을 클릭합니다. ④ 원하는 서식을 클릭하면 기안을 작성할 수 있습니다.

작년 기안문서를 출력하고, 참고하면서 기안 문서를 작성하시면 됩니다. 본문을 모두 작성하였다면 이젠 첨부파일을 추가합니다.

①　파일추가를 누르면 다음과 같은 화면이 나옵니다. ②　파일을 선택한 후 ③　열기를 클릭하면 첨부파일 추가가 완료됩니다. 파일추가까지 모두 완료되었다면 이젠 결재를 올리면 됩니다.

결재정보를 누르고, ❶ 결재경로지정을 클릭하면 결재라인을 선택할
수 있습니다. 결재라인에 따라 결재권자를 순차적으로 선택하면 됩니
다. 즉, 교감선생님을 먼저 클릭하고, 교장선생님을 나중에 클릭하면 결
재라인이 교감선생님-교장선생님으로 설정됩니다. 결재라인과 관련된
내용은 학교의 전결규정을 보면 알 수 있습니다.

나의 결재선을 미리 설정해 놓았다면 결재라인을 잘못 설정하는 실
수를 줄일 수 있습니다. 예전에 저도 가끔 결재 순서를 잘못 설정하고
결재를 올린 경우가 있었습니다.

나의결재선 설정은 메인 화면의 ❶ 개인환경설정에서 가능합니다.

개인환경설정을 클릭하면 ① 나의결재선관리가 있습니다. 이를 활용하면 나만의 결재선을 설정하여 결재라인 입력을 쉽게 할 수 있습니다. 나의 결재선 관리와 관련된 내용은 나중에 자세히 설명해 드리겠습니다.

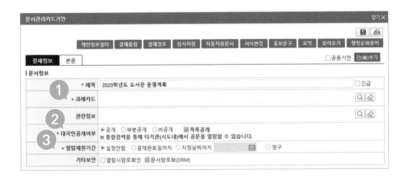

결재라인을 설정하였다면 이젠 ① 과제카드와 ② 대국민 공개여부, ③ 열람제한 기간을 선택해야 합니다. ① 과제카드는 공문과 관련된 본인의 단위과제카드를 선택하면 됩니다. ② 대국민공개여부에서는 공개를 체크하면 정보공개포털 사이트에 공개되어 누구나 공문을 볼 수 있게 됩니다. 부분공개는 거의 사용하지 않습니다. 비공개를 클릭하셨을

때에는 목록공개여부를 선택해야 합니다. 비공개(대국민)-공개(목록)는 개인정보가 들어가 있는 공문일 경우나 품의를 올릴 때 사용합니다. 비공개(대국민)-비공개(목록)는 거의 사용하지 않습니다. 그러므로 우리가 기안을 작성할 때 대국민공개여부는 『공개와 비공개(대국민)-공개(목록)』이 두 가지 경우만 잘 기억하면 됩니다.

비공개 선택을 하면 목록공개여부 아래에 호수가 1호에서 8호까지 있는데 우리는 2가지만 알아도 됩니다. 품의 기안은 5호, 개인정보가 포함된 공문 기안은 6호입니다.

❸ 열람제한기간은 일반적으로 설정안함을 체크합니다. 하지만 인사 관련 공문일 때에는 "영구"를 체크해주시면 됩니다. 나중에 인사 관련 공문을 작성하신다면 꼭 열람제한기간을 설정하십시오.

제가 말씀드린 것만 잘 확인하셨다면 결재를 위한 기안 작성은 거의 다 끝났습니다. 이제 ① 결재올림을 클릭만 하면 기안 올리는 과정은 모두 끝이 납니다. 처음 기안을 올릴 때에는 어렵고, 시간도 많이 걸리지만 경험이 쌓이면 작성 시간도 단축되고, 쉽게 할 수 있습니다. 마지막으로 결재 상신 후 회수하는 방법을 알아보겠습니다.

결재상신(올린) 후 문제를 발견하였을 때에는 ① 문서진행에서 진행 중인 나의 문서를 선택하여 ② 회수를 하면 됩니다. 회수의견은 "내용 정정"으로 넣으시면 됩니다.

기안(발송)부서	기안(담당)자	기안일시	처리상태
전주대정초등학교	김학희	2018-12-29 21:10	회수

회수를 하면 ① 처리상태가 회수로 변경되고, 결재 올린 것은 취소가 됩니다. 회수된 문서를 다시 재작성을 해서 결재를 올려보겠습니다.

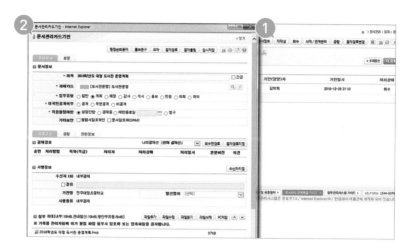

　해당 문서를 선택하고 ❶ 재작성을 클릭하여 ❷ 문서관리카드 기안에서 내용을 수정한 후에 다시 결재를 올려봅시다.

　지금까지 기안 상신하는 방법을 알아보았습니다. 지금까지 배운 내용을 다시 확인해 보면서 선생님의 것으로 만들어 놓으면 여러 가지 업무처리에도 도움이 될 겁니다.

　지금까지 업무 처리 과정과 업무처리의 기본 원칙·규정 등을 함께 설명하다보니 공부해야 할 내용이 정말 많았던 것 같습니다. 다음 장부터는 실제로 업무를 처리하는 과정만을 설명하도록 하겠습니다.

학교에서 근무를 하다보면 회의 결과를 기안을 하는 경우가 있습니다. 회의 구성원이 교직원으로만 구성되어 있을 경우에는 전자문서로 쉽게 처리를 할 수 있지만, 회의 구성원이 교직원이 아닌 학부모나 외부인이 있을 경우 회의록을 스캔하여 첨부물 분리등록을 해야 합니다. 그럼, 경우에 따른 회의록 기안 방법을 설명하겠습니다.

먼저 회의 구성원이 교직원으로만 이루어졌을 경우 병렬협조가 가능하므로 첨부파일을 한글파일로 등록하여 전자문서로 처리하면 됩니다.

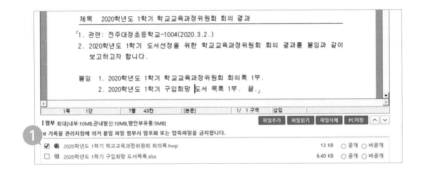

첨부파일이 ❶ 한글파일일 경우에는 전자문서로 처리가 되므로 이후에 추가 업무가 발생하지 않습니다.

순번	처리방법	직위(직급)	처리자	처리상태	처리일시	본문버전	의견
6	결재	교장		대기			
①	검토	교감		대기			
4	병렬협조	교사		대기			
3	병렬협조	교사		대기			
2	병렬협조	교사		대기			
1	기안	교사		대기		1.0	

반드시 ① 병렬협조를 해야 합니다. 일반협조는 순차적으로 결재가 진행되지만 병렬협조는 동시에 결재가 가능하므로 결재 시간을 크게 단축시킬 수 있습니다.

제목	학교 내 각종 위원회 회의록 작성 또는 간소화 대상 구분 알림

 1. 관련: 공공기록물 관리에 관한 법률 시행령 제18조
  총무과-1932(2017.2.8.)

 2. 회의록 간소화 대상 위원회 구분과 관련한 학교 현장에서의 어려움을 해소하고자 붙임과 같이 학교에서 운영되고 있는 각종 위원회 중 회의록 작성 또는 간소화 대상 위원회를 구분하여 알려드리니 업무에 혼선 없으시길 바랍니다.

 3. 위원회별 구분은 법률 검토와 도교육청 각 부서에서 취합된 의견을 종합하였으며, 간소화 대상 위원회도 안건의 중요도가 높거나 명확한 의결 과정이 기록될 필요가 있다고 판단되는 회의는 회의록을 작성할 수 있습니다.

 4. 아울러, 회의록 또는 회의결과문서(간소화 대상)를 비전자로 생산하였을 경우 업무관리시스템에 등록한 후 원본을 보관해야 함을 알려드립니다.

※ 참고사항
 ○ 회의록 작성 대상 위원회
  - 회의록 작성은 의무이며, 발언자별 발언내용을 작성(서식: 붙임3)
 ○ 회의록 간소화 대상 위원회

2017년에 개정된 공공기록물 관리에 관한 법률 시행령 제18에 의해서 회의록 작성이 다음과 같이 간소화 되었으니 참고하시면 됩니다.

회 의 명	○○초등학교 제1차 ○○자문위원회	
회의 일시	2017. 3. 14. 15:00~16:30	
회의 장소	회의실	
참석 대상	• 위원장: • 외부위원: • 내부위원:	• 간사:

회의 안건

1.

2.

회의 내용 및 결과 요약

1.

■

■

2.

■

■

　　회의 구성원이 교직원이 아닌 학부모나 외부인일 경우에는 병렬협조를 할 수 없으므로, 회의록에 서명을 받은 후 PDF로 스캔을 한 후 공문에 첨부해야 합니다. 첨부파일이 PDF인 경우에는 첨부물 분리등록을 해야 하는데, 스캔한 회의록 원본을 꼭 보관하고 있어야 합니다. 일반적으로 비전자문서 작업이나 첨부물 분리등록 작업을 연말에 하는 경향이 있는데, 업무처리 하는 과정에서 바로 처리하는 것이 좋습니다.

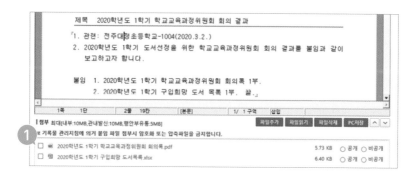

다음과 같이 첨부파일이 ❶ 한글파일이 아닌 경우에는 첨부물 분리
등록이라는 작업을 해야 합니다. 첨부물 분리등록에 대한 자세한 설명
은 다음에 하겠습니다.

◼◼ 6. 교외체험학습 기안 ◼

학기 초에 교외체험학습 관련 자료를 담당 선생님께서 안내해 주실
것입니다. 학교 및 학급 홈페이지에 관련 자료를 게시하고 학부모님에
게도 꼭 안내를 하여 출결업무를 명확히 처리해야 합니다. 지역 및 학교
마다 출석 인정 기간이 다르니 꼭 확인하세요.

먼저 해당 학교의 교외체험학습에 관한 계획 및 규정을 알아야 합니
다. 학교마다 약간의 차이가 있을 수 있으므로 꼭 확인하는 것이 좋습니
다. 일반적인 절차는 다음과 같습니다. 교외체험학습 신청서를 사전에

학부모님께 받고 명예교사 위촉장을 선생님이 만들어서 학부모님께 드리고, 체험학습 보고서를 사후에 받아 처리하면 됩니다. 그럼 이전에 결재된 교외체험학습 공문을 활용해 봅시다.

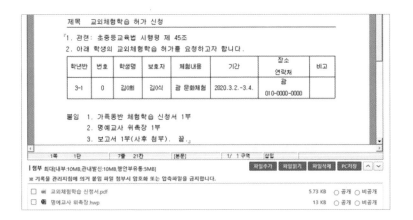

개인정보 보호를 위해 공문 내용 및 첨부파일명에 이름을 작성할 때 김O희, 김OO 등으로 작성해야 합니다. 그리고 교외체험학습 신청서는 반드시 비공개로 처리해야 합니다. 또한 매달 출결 관련 자료를 수합할 때 체험학습 보고서를 드려야하기 때문에 보고서는 꼭 학생에게 받아서 잘 보관하고 계셔야 합니다.

다음과 같이 가족동반 체험학습 기안문서와 같이 개인정보가 들어있는 공문을 기안할 때에는 반드시 비공개-공개(6호)로 설정해야 합니다.

■ 7. 성립전 예산 요청 기안 ■

일반적으로 3월 1일 이전에 학교 예산이 일괄 배부됩니다. 하지만 학기 중에 공모사업이나 새로운 지원 사업 등이 있을 경우, 성립전 예산을 요청해야 합니다. 즉, 교육청으로부터 예산을 받지는 못하여 예산 성립을 하지 못 했지만 미리 예산을 사용하기 위해 행정실에 예산 편성을 요청하는 업무입니다.

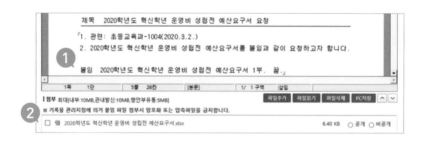

학교마다 성립전 예산요구서 요청 방법이 다를 수 있기 때문에 성립전 예산을 요청하는 방법을 행정실에 문의하는 것이 좋습니다. 행정실에 문의한 결과 우리 학교는 전자문서로 요청해도 된다고 하였습니다. 그리고 성립전 예산요구서 파일을 행정실로부터 제공받아서 기안을 하였습니다. 이처럼 성립전 예산요구서 요청 기안은 행정실과 협업하는 것이 중요합니다.

성립전 예산을 요청하면 에듀파인에서 ❶ 요청한 예산을 사용할 수 있게 됩니다.

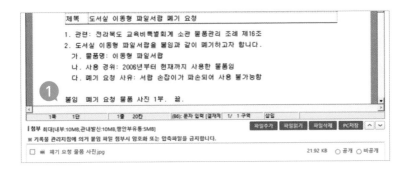

■ 8. 불용용품 폐기 요청 기안 ■

학교에서 근무하다 보면 사용연한이 지난 물품들이 학교 구석구석에 많이 쌓여 있는 경우가 있습니다. 하지만 일반적으로 내용연수가 지난 물품들은 폐기처리를 해야 하는 것이 원칙입니다. 불용용품 폐기 업무는 행정실과 협의를 하면서 처리하면 쉽게 할 수 있으므로 가능하면 행정실과 소통을 하는 것이 좋습니다.

이전에 결재된 공문을 참고하여 공문을 작성하면 쉽게 할 수 있을 겁니다. 그리고 ① 폐기할 물품을 사진 찍어서 첨부해야 하는데, 물품이 다수일 경우에는 한 곳에 모두 모아놓고 찍으면 됩니다. 다음은 폐기 공문에 첨부했던 예시 사진들입니다.

업무관리 시스템에서 우리가 가장 많이 처리하는 것이 공람문서 처리입니다. 업무담당 선생님이 다른 선생님도 알아야 할 필요가 있다고 생각하는 공문들을 공람처리를 하게 되면 공람문서로 접수됩니다. 공람문서를 확인하지 않고 일괄 처리할 경우 문제가 발생할 수도 있으니 가능하면 꼼꼼히 공람문서를 처리하는 것이 중요합니다.

일단 제가 공람문서를 처리하는 방법을 말씀드리겠습니다. 저의 경우, 일단 공람문서가 오면 제목을 살펴봅니다. 공람문서가 나의 관심분야, 학교운영과 관련된 것, 학급운영과 관련된 것, 포상 및 인사, 예산과 관련된 것들은 공문 내용을 확인한 후 처리합니다. 그 외의 공람문서들은 그냥 문서처리를 하는 편입니다. 선생님도 선생님만의 처리 원칙을 세워 공람문서를 처리하다보면 공람문서 처리를 쉽게 하실 수 있습니다.

☐	상태 ⓘ	문서종류	제목
☐		수신	2018년 수학클리닉 기초과정 직무연수 신청 안내
☐	❶	수신	2018년 전북e스쿨 토요교실 운영학급 공모 알림
☐	❶	수신	2018년 전북e스쿨 교육동영상 제작 동아리 공모 알림
☐		수신	2018 교사 수업전문성신장 선진국 국외연수 대상자 추천
☐		수신	2018년 학생정신건강의 이해 연수 안내
☐		수신	「학교보건법 시행규칙 일부개정령」 공포·시행 알림
☐	❷	수신	(대한적십자사) 사랑의 행나눔터 봉사활동 안내
☐		수신	2018년 제96회 어린이날 기념 모범어린이 전주시장 표창 추천 안내
☐		수신	생애주기별 감염병 예방 관리 및 환경소독 방법 안내
☐		수신	도교육청 홈페이지 [스승찾기] 코너 정보공개 설정방법 안내

예를 들면 다음과 같은 공람문서들이 있습니다. 일단 공문의 제목을 보면 내용을 어느 정도 파악할 수 있습니다. 먼저 ❶ 공람문서를 보니 학급운영과 관련된 내용인 것 같아 확인 후 처리하였습니다. ❷ 공람문서는 포상 관련 내용이라 확인하고 처리하였습니다. 나머지 공람문서들도 시간이 있으면 하나하나 확인하겠지만 시간이 없는 관계로 일괄로 문서를 처리하였습니다. 공람문서의 처리 원칙은 정답이 없으니 선생님만의 기준을 꼭 만드시길 바랍니다.

먼저 수신그룹관리는 우리가 공람을 할 때나 공문을 발송할 때 수신 그룹을 설정하여 쉽게 업무를 처리할 수 있도록 도와주는 기능이고, 결재라인 설정은 결재자 및 협조자를 하나하나 선택하면서 결재라인을 올리는 불편함을 벗어나게 해주고, 결재라인 실수를 최소화해주는 편리한 기능 중에 하나입니다. 그럼 K-에듀파인의 메인화면에서 오른쪽 상단의 개인환경설정(♠)을 클릭하여 설정하도록 하겠습니다.

K-에듀파인 메인화면의 오른쪽 상단을 보면 개인환경설정이 있습니다. ① 개인환경설정을 클릭하면 선생님이 원하는 다양한 설정을 할 수 있습니다.

❶ 개인수신 그룹관리와 ❷ 나의 결재선 관리가 우리가 이번에 설정할 메뉴입니다. 그 외의 메뉴도 시간이 되신다면 보셔도 됩니다. 개인수신 그룹 및 나의 결재선 등록 방법은 (구) 업무관리의 방법과 동일하므로 참고하셔서 처리하시면 됩니다.

먼저 ❶ 신규를 눌러 개인수신 그룹을 만들어 봅시다.

❶ 수신그룹명을 입력하고 ❷ 수신그룹유형을 설정합니다. 일반적으로 문서나 공람을 많이 설정합니다. 문서는 공문서 발송할 때 사용하는 수신그룹을 설정할 때 체크하고, 공람은 공문서를 공람할 때 사용하는 수신그룹을 설정할 때 체크합니다. ❸ 공람할 사용자를 체크한 후 ❹ 화살표를 눌러 ❺ 수신자 그룹에 등록하고 저장을 하면 됩니다. 저장 후에는 꼭 반영을 해야 선생님이 사용하실 수 있습니다.

❶ 그룹을 체크한 후 ❷ 반영을 누르셔야 선생님이 사용을 하실 수 있습니다.

수신그룹유형을 공람으로 선택한 경우에는 사용자명을 검색할 수 있고 ❶ 수신그룹유형을 문서로 선택하면 수신기관목록을 검색하여 등록할 수 있습니다. ❷ 하위조직포함여부를 체크한 후 ❸ 수신기관을 선택하고 ❹ 화살표를 누르면 ❺ 수신기관 하위조직이 모두 수신그룹에 등록되는 것을 볼 수 있습니다. 원하는 기관만 개별적으로 선택하여 수신그룹에 등록할 수도 있습니다.

❶ 수신그룹을 체크한 후 ❷ 반영을 누르면 사용할 수 있습니다. 나중에 사용할 일이 없어서 수신그룹을 삭제하거나, 수신그룹 목록을 수정할 경우에는 수신그룹 반영을 취소하고 삭제를 하거나 수정을 해야 합니다. 반영을 취소하는 방법은 ❶ 그룹을 체크한 후 ❸ 반영취소를 누르시면 됩니다. 그리고 수신그룹을 ❹ 공개하면 선생님이 만들어 놓으신 수신그룹을 다른 선생님들이 사용할 수도 있습니다. 그럼, 마지막으로 다른 선생님이 공개한 수신그룹을 사용하는 방법에 대해 알아보도록 하겠습니다.

개인수신 그룹관리에서 ❶ 조직사용자수신그룹 조회를 클릭합니다.

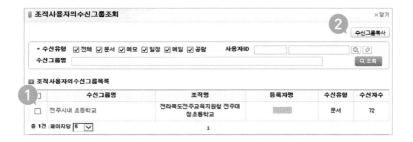

❶ 수신그룹을 체크한 후 ❷ 수신그룹 복사를 누르면 나의 수신자 그룹으로 복사하여 사용할 수 있습니다.

수신그룹 관리는 배웠으니 결재라인을 설정하는 방법을 알아보겠습니다.

❶ 나의 결재선 관리에서 ❷ 결재선 구분을 기안으로 설정한 후 ❸ 추가를 클릭하면 결재라인을 추가할 수 있습니다. 선생님에게 필요한 결재선을 만들어 봅시다.

추가를 클릭하면 나의 결재선 설정창이 다음과 같이 나옵니다. ❶ 결재선명을 입력하고 ❷ 결재선에 들어갈 사람을 더블클릭하면 ❸ 결재선에 순차적으로 등록이 됩니다. ❹ 처리방법을 협조나 병렬협조, 결재 등으로 설정한 후 ❺ 저장을 누르면 결재선이 등록이 됩니다. 등록된 결재선은 수신그룹과는 달리 자동으로 반영이 됩니다.

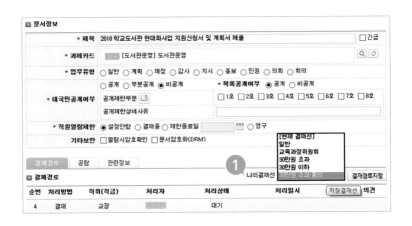

등록한 결재선은 다음과 같이 기안할 때 ❶ 나의결재선에서 쉽게 활용할 수 있습니다.

수신그룹관리 및 결재라인 설정 등의 기능은 업무처리를 하는데 실수를 줄여주고, 시간을 절약할 수 있는 좋은 기능입니다. 선생님이 꼭 활용하셨으면 합니다.

■ 11. 비전자 문서 등록 ■

업무를 처리하다보면 대부분 전자문서로 완료되는 경우가 많지만, 간혹 비전자 문서로 처리해야 하는 경우가 있습니다. 일단 내가 처리해야 할 비전자 문서가 어떤 것이 있는지 확인하고 싶다면 작년에 처리된 선생님의 업무와 관련된 비전자 업무를 참고하면 좋습니다.

문서등록대장의 조회옵션을 활용하여 비전자 문서를 조회해 봅시다. ① 등록일자는 작년 3월 1일부터 올해 2월 28일까지 설정하였습니다. ② 문서종류를 비전자로 수정한 후 조회를 누르면 작년에 등록된 모든 비전자 문서를 확인할 수 있습니다. 선생님의 과제카드를 입력한 후 조회를 하면 선생님의 업무와 관련된 비전자 문서만을 조회할 수 있습니다.

☐	✎ 비		1380	학급 사무인계인수서
☐	✎ 비		1379	교과별 반별 시수누계
☐	✎ 🖨		12347	2017년 보안점검부
☐	✎ 🖨		12346	2017년 하반기 당직근무일지
☐	✎ 🖨		12345	2017년 상반기 당직근무일지
☐	✎ 비		1209	2017년귀속 연말정산결과 세부내역(중간정산 포함)

작년에 처리된 비전자 문서를 전체 조회 해보았습니다. 이처럼 작년의 비전자 문서를 조회해보면 선생님이 등록해야 할 비전자 문서를 확인할 수 있습니다. 비전자 등록업무는 2가지로 구분할 수 있는데, 미등록 비전자기록물 등록업무와 등록 비전자기록물 등록(첨부물 분리 등록) 업무로 구분할 수 있습니다.

먼저 미등록 비전자기록물을 등록하는 업무를 알아봅시다. 주요 비전자기록물은 다음과 같습니다. 일반적으로 Fax로 접수된 공문, 회의록, 장부 등을 생각하면 됩니다.

비전자기록물

1. 대면 결재 문서
2. 외부 기관(단체) 접수 문서, 민원 서류
3. 회의록: 위원회 회의록 – 전자문서일 경우에는 제외
4. 시청각기록물: 중요 행사 시청각기록
5. 업무관련 각종 대장(장부)

그럼 업무관리 시스템에 비전자기록물을 등록해 봅시다.

[문서관리]-[문서함]-[문서등록대장]에서 비전자문서등록을 활용하여 비전자기록물을 등록할 수 있습니다. 올해 생성된 기록물일 경우에는 비전자문서등록을, 작년에 생성된 기록물일 경우에는 비전자소급등록을 활용하면 됩니다.

비전자 문서를 생산하여 등록하는 경우입니다. ●표시가 되어 있는 영역은 필수 입력을 해야 하는 영역입니다. 어떻게 작성해야 하는지 잘 모를 경우에는 작년에 등록된 비전자기록물을 열람하여 내용을 확인하면 쉽게 입력할 수 있을 것입니다.

역시 ●표시가 되어 있는 영역은 필수 입력을 해야 하는 영역입니다. 비전자 생산문서일 경우와 접수문서일 경우 입력양식이나 필수입력 영역이 다릅니다.

비전자기록물 등록번호 표시방법에 대해 알아봅시다. 기본 표기 원칙과 사례를 함께 보면서 공부해 봅시다.

1. 문서번호란이 표시되어 있는 기록물은 해당 문서번호 표시란에 표기
2. 접수인에 의하여 접수된 기록물은 접수번호란에 접수등록번호 및 일자 등 표기
3. 위 외의 문서는 문서 맨 앞장의 좌우측 상단에 아래와 같이 표기

〈생산문서〉 좌측상단

등록번호	대정초-1234
등록일자	2017.12.31.
처리과	교무실
공개여부	비공개(6호)

← 5cm →

3cm ↕

〈접수문서〉 우측상단

등록번호	대정초-1234
등록일자	2017.12.31.
처리과	교무실
공개여부	비공개(6호)

← 5cm →

▣ 12. 첨부물 분리 등록 ▣

다음은 첨부물 분리등록에 대해서 알아봅시다. 전자문서의 첨부파일
이 한글파일이 아닌 PDF파일일 경우 첨부물 분리등록을 해야 합니다.
즉, 기안문은 전자문서이나 기안문에 첨부된 자료의 원본이 비전자문서
일 경우, 기안문과 매체가 다른 비전자 첨부물이 등록 누락되었을 경우
에 첨부물 분리등록을 실시해야 합니다.

문서등록대장 또는 내 문서함의 기안한 문서에서 ❶ 첨부물 분리 등
록할 문서를 선택한 후 ❷ 첨부물분리등록을 클릭합니다. 내 문서함의
기안한 문서에서 첨부물 분리 등록하는 기능은 2018년도 12월에 생성
되었습니다.

❶ 분리등록제목에는 첨부물의 제목을 적는데, "2018 학교도서관 현대화사업 지원신청서"와 같이 첨부물의 명칭을 적으면 됩니다. ❷ 쪽수에는 첨부물 원본의 쪽수를 입력하고 저장을 누르면 첨부물 분리등록이 마무리 됩니다.

➤ 13. 비전자기록물 편철 ◀

업무관리 시스템에서 비전자기록물 및 첨부물 분리 등록이 마무리되면 연말에 비전자기록물을 편철하여 행정실에 제출하는 업무를 합니다. 연말에 등록 및 편철 업무를 하다보면 비전자문서를 분실했거나 훼손되는 경우가 많아서 업무 처리에 어려움을 겪기도 합니다. 그러므로 비전자기록물 및 첨부물 분리 등록과 편철을 업무 처리를 하는 중에 함께 하는 것이 가장 좋습니다. 비전자기록물을 편철하는 방법은 다음과 같습니다.

1. 진행문서파일에 관리 중인 비전자기록물은 업무관리시스템에서 출력한 색인목록 순서대로 정리한다. ※ 표지 및 색인은 반드시 업무관리시스템에서 출력한다.
2. 완료된 기록물은 진행문서파일에서 분리하여 업무관리시스템에서 출력한 기록물철 표지와 색인목록을 아래에 놓고 보존용 표지를 씌운 후 집게로 고정하여 관리한다.(편철 순서: 표지 – 색인목록 – 색인목록순서별 문서)
3. 종이문서는 100매 이내로 나누어 편철한다.

표지 및 색인을 업무관리시스템에서 출력하는 방법은 다음과 같습니다.

❶ 업무관리시스템의 과제관리에서 ❷ 나의과제를 선택하고 비전자기록물을 등록한 ❸ 과제카드명을 클릭하면 표지 및 색인을 출력할 수 있는 창이 나옵니다.

❶ 표지색인을 클릭하면 표지 및 색인목록을 출력할 수 있습니다.

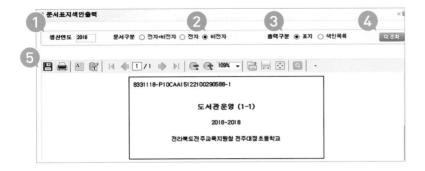

❶ 생산연도를 2018로 하고, ❷ 문서구분은 비전자로 체크합니다. ❸ 출력구분을 표지로 체크하고 ❹ 조회를 누른 후 ❺ 출력을 하면 표지를 출력할 수 있습니다.

❶ 생산연도를 2018로 하고, ❷ 문서구분은 비전자로 체크합니다. ❸ 출력구분을 색인목록으로 체크하고 ❹ 조회를 누른 후 ❺ 출력을 하면 표지를 출력할 수 있습니다.

에듀파인의 모든 것

■ 1. 예산의 기본 ■

일단 학교 예산의 종류에 대해서 간단히 설명해 드리겠습니다.

본예산이란 한 회계연도간의 단위학교 교육과정과 학교운영에 소요
되는 수요를 반영하여 편성되고 학교운영위원회의 심의를 거쳐 확정·
성립된 회계 연도의 최초의 예산을 말합니다.

수정예산이란 예산안을 학교운영위원회에 제출한 후 학교운영위원
회의 심의가 종료하기 전에 학교장이 다시 예산안 내용의 일부를 수정
하여 제출하는 예산으로 우리가 알 필요는 없습니다.

추가경정예산이란 예산 성립 후에 생긴 사유로 인하여 필요한 경비
의 과부족이 생길 때 본예산에 추가 또는 변경을 가한 예산을 말하는데
일반적으로 추경이라고 합니다.

성립전 예산이란 사용용도가 지정되고 소요경비 전액이 교부된 경비(목적사업비)와 수익자부담경비에 대하여 학교운영위원회의 예산 승인 전에 예산을 집행한 후 차기 추경예산에 반영하여(성립전예산임을 명시) 승인 절차를 거치는 예산으로 3월 이후에 교육청에서 공모사업 등 사유로 배부된 예산을 사용할 수 있도록 편성하는데 그 때 성립전 예산을 요청하라는 말을 합니다.

일단 우리는 해당 학년도의 본예산과 학기 말에 예산을 변경하는 추가경정예산(추경), 그리고 교육청에서 본예산과 별도의 예산을 지원해 줄 때 요청하는 성립전 예산만 알면 될 것 같습니다. 본예산을 잘 분석 하신다면 학교가 어떻게 돌아가는지, 예산이 어떻게 편성되었는지를 확인할 수 있어 학교를 파악하는데 도움이 됩니다. 또한 우리 선생님들을 지원하는 예산(자율연수비, 급당경비, 교사동아리지원비) 등도 파악할 수 있어서 선생님의 전문성 신장을 위한 지원 여부를 알 수 있습니다.

그럼 이젠 예산의 세입의 종류 중 우리가 알아야 할 것들만 간단히 설명하고, 자치단체에서 주는 보조금이나 학교발전기금에 대한 설명은 생략하도록 하겠습니다.

학교운영비는 목적의 지정 없이 총액 교부하는 학교기본 운영경비를 말하며 학교기본운영경비는 기본운영비(교당경비+급당경비+학생당경비)와 기타운영비로 구성되어 있습니다. 즉 학급수와 학생 수에 따라 예산이 달라진다고 생각하시면 되고, 다른 용도로 변경할 수 있는(추경) 예산이라 조금 편하게 활용할 수 있는 예산입니다.

목적사업비(교육비특별회계 전입금)는 단위학교의 목적사업 수행을 위해 교부하는 경비로 다른 용도로 사용할 수 없으며, 모두 사용하기를 권장하는 예산이므로 우리에게는 조금 까다로운 예산이라고 볼 수 있습니다.

그럼 이젠 예산의 세출의 종류 중 우리가 알면 좋을 것들을 설명하도록 하겠습니다.

일반운영비는 학교 기관 및 부서 운영에 소요되는 사업비를 말하며 일반수용비(사무용품, 소모성 물품 구입비, 비품 수선비, 시설장비 유지비 등)와 운영수당(학교 운영 과정에서 교직원이나 강사 등에게 지급하는 각종 수당), 여비(운임·일비·숙박비·식비·이전비·가족여비 및 준비금) 등으로 이루어져 있습니다. 일반적으로 우리는 운영수당(강사 섭외 할 때 수당 기준) 및 여비(출장 갈 때 받을 수 있는 예산과 신규 발령 및 전보 시 이사를 간다면 받을 수 있는 예산)에 대해서 알아두면 좋습니다. 또한 특근 매식비라고 정규근무 시간 개시 2시간 전에 출근하여 근무하거나 근무 종료 후 2시간 이상 근무하는 자에게 식사를 제공하기 위한 예산도 있다는 것을 알면 좋습니다.

특히 여비 중에서 이전비와 가족여비를 잘 모르는 경우가 많은데, 이전비는 전임지에서 신임지(다른 시·군)로 거주지와 이사화물을 이전한 공무원에게 지급하는 여비입니다. 또한 가족여비는 이전할 때 가족(배우자, 본인 및 배우자의 직계존속·직계비속으로서 생계를 같이 하는 사람)을 동반하거나 이전 후에 가족을 불러 오는 공무원에게 지급하는 여비입니다. 신규 발령으로 인해 이사를 가시거나, 다른 시·군으로 전보 발령 시 이사를 할 경우 행정실에 신청하여 지원을 받을 수 있습니다.

교육운영비는 학생 교과활동 지원을 위해 소요되는 각종 경비로 교구·기자재 구입 및 유지 보수비, 교육용 재료비, 교육활동 숙박비·식비·차량 임차료·교통비, 학생 여비, 학교행사비, 학생대회 출전비, 도서관 운영비, 학급 행사비, 학급 용품(환경미화 용품, 청소용품 등) 구입비, 학급 단체 활동 등 학급 단위 교육활동 소요경비 등 우리가 교육과 관련된 예산이라고 생각하시면 되고, 우리가 가장 많이 품의하는 예산입니다.

직책 업무추진비는 교장선생님에게 월정액으로 지급하는 경비로 기관 간 섭외, 내부 직원의 격려, 기타 직무관련 소규모 지출 등 직책 수행을 위한 소요를 충당하기 위해 사용되어야 하는 예산입니다.

일반 업무추진비는 교직원 간담회, 학교운영위원회 운영, 학부모회 운영, 교수·학습력 제고, 교육행정 업무추진, 기관운영경비, 기관장 격려비 및 경조사비 및 기타 학교 운영에 필요한 경비, 학교 교육계획에 의한 주요 행사 및 각종 교육사업 등 원활한 사업 추진을 위해 소요되는 경비로 사용되는 예산입니다.

시설비는 학교 시설에 필요한 설계비, 시설비, 감리비, 시설부대비, 자산의 변동을 가져오는 대규모 수선 등에 사용되는 예산으로 우리의 업무와는 크게 상관이 없습니다.

비품구입비는 자산의 변동을 가져오는 물품 구입비로 책·걸상, 사무기기, 교육 기자재, 도서 등을 구입할 때 사용되는 예산입니다. 주요 물품의 정수와 소요 기준을 정하여 취득해야 하고, 내용연수가 정해져 있는 물품은 불가피한 경우 이외에는 내용연수 경과 이전에 교체하기 힘듭니다. 또한 학교장터 및 나라장터 활용을 권장하는 등 제한이 좀 많은 예산이라고 볼 수 있습니다.

세입부분에서는 목적사업비가 제한이 많기 때문에 조금 신경 쓸 필요가 있습니다. 세출 부분에서는 운영수당 및 여비, 제한이 많은 비품구입비에 대해서 잘 알면 좋습니다. 우리가 예산 전문가가 될 필요는 없지만 예산에 대한 기본적인 내용들을 알고 있으면 행정실과의 협업을 하는데 많은 도움이 됩니다. 또한 예산과 관련된 규정을 잘 알면 주도적으로 업무를 추진할 수 있으니 알아두시면 좋습니다.

교육강사 수당 및 원고료 예시

강사수당 (단위: 천원)

구분		항목기호		2017년
		공공 분야	민간 분야	
특별 강사	1	• 해당분야의 권위자로 기관장이 인정하는 자 * 교육운영상 기관장이 특별히 인정하는 경우, 시간당 50만원 이내에 지급 가능		1시간 300 초과시간당 200
	2	• 전·현직 장·차관, 전·현직 국회의원 • 전·현직 교육감	• 전·현직 대학총장(급) • 대기업 총수(회장), 국영기업체장, 정부출연 연구기관장 • 인간문화재, 유명 예술인	1시간 200 초과시간당 150
일반 강사	1	• 전 4급 과장 (담당관)직위 이상의 공무원 • 과장(담당관)이상 직위의 장학관 (교육연구관) • 유·초·중등학교장 • 박사학위를 소지한 4급, 5급 공무원 및 장학관(교육연구관)	• 대학 전임강사 이상 • 대(중소)기업· 국영기업·공사의 임원(이사급 이상) • 판·검사, 변호사, 변리사, 의사, 공인회계사, 기술사 등 자격(면허)증 소지자 • 정부 출연 연구기관 연구원 • 문화·예술 등 특별분야의 전문강사	1시간 160 초과시간당 90
		• 해당분야 전문가로 특별 및 일반 2-3급, 보조강사, 다수 인강사 이외의 강사		

			1시간 100 초과시간당 50
2	• 4급 · 5급 공무원, 장학관(교육연구관), 교감, 장학사 (교육연구사) • 박사학위를 소지한 6급 이하 공무원 및 교육공무원	• 대학 시간강사 • (중소)기업 · 국영기업 · 공사의 직원으로 1급에 해당하지 않는 자	1시간 100 초과시간당 50
3	• 외국인(원어민)강사		
3	• 6급 이하 공무원 및 교육공무원(제1,2등급에 해당하지 않는 자)		1시간 70 초과시간당 40
3	• 외국어 · 체육 · 전산강사 등 강사		1시간 50 초과시간당 20
보조 강사	• 각종 실기실습 보조자(전산보조 제외) • 전산 실기실습 보조자		1시간 40 초과시간당 10
다수인 (그룹) 강사	• 현대 · 전통 음악 및 무용, 연극 등 예술활동으로 다수인이 공동 참여하는 교육		4인 ,2시간 미만 500 초과시간· 사람당 50
분임지도	• 분임지도 및 분임평가 수당		시간당 30, 초과 20
원어민(영어) 보조교사	• 각종 실기실습 보조자에 준함		시간당 40, 초과 10
원격연수 응답 (튜터)	• 재사용 컨텐츠의 교과내용에 대한 질의응답 수당		시간당 30, 초과 10

※ 위 지급 단가로는 강사 초빙이 곤란하다고 인정되는 경우 예산의 범위 내에서 기관별 별도의 자체기준으로 강사료를 정하되 중앙공무원교육원 또는 지방행정연수원 강사수당 지급기준액의 20% 범위 내에서 추가 할 수 있음

※ 원고료, 교통비, 식비, 숙박비는 예산의 범위 내에서 별도로 지급할 수 있음

※ 외부강의 등 사례금 상한액 적용: 부정청탁 및 금품 등 수수의 금지에 관한 법률 제10조 제1항 및 동법 시행령 제25조, 전라북도교육청 공무원

※ 국내이전비 지급 기준표 및 지급신청서 예시

이전비 지급 기준표(제20조 관련)

구분	지급 기준	지급액
국내 이전비	1. 5톤 이하의 이사화물	해당 이사화물 이전비의 실비 (사다리차 등 이용료 포함)
	2.5톤을 초과하는 이사화물 (이사화물이 7.5톤을 넘는 경우에 는 7.5톤을 상한으로 한다)	5톤의 이사화물에 해당하는 이전비의 실비(사나리차 등 이용료 포함)에 5톤 초과 7.5톤 이하의 이사화물에 해당하는 이전비의 실비(사다리차 등 이용료 포함)의 50퍼센트를 더한 금액

소속		직급 (직위)		성명	
임용					

이전	일시	부임		년 월 일	이전비용	원
		이사		년 월 일		
	화물량	☐ 2.5t 이하 ☐ 2.5t 초과 5t이하 ☐ 5t 초과 7.5t 이하 ☐ 7.5t 초과				
구임지 소재지	근무지	기관명: 소재지: (시, 군)				
	거주지	주 소:				
신임지 소재지	근무지	기관명: 소재지: (시, 군)				
	거주지	주 소:				
이전 가족	관계	성명		생년월일		이전일시

「공무원여비규정」 제8조, 제20조제2항, 제21조제4항에 의하여 관계서류를 첨부하여 위와 같이 국내여비(부임여비, 가족여비, 이전비)를 신청합니다.

첨부: 1. 주민등록등본 등 1부
2. 이사화물 운송경비 영수증 1부
3. 운임과 숙박비의 신용카드매출전표 등 1부

년 월 일

신 청 자: (인)

- 이전비용과 화물량은 이전비 신청시, 이전가족은 가족여비 신청시 기재
- 주민등록등본은 이전비·가족여비 신청시에 첨부
- 이사화물 운송경비 영수증은 이전비 신청시에 첨부
- 운임과 숙박비의 신용카드매출전표는 가족여비 신청시에 첨부

■ 2. 학교 물품의 구분 ■

학교 물품은 크게 비소모품과 소모품으로 구분할 수 있습니다.

구분	비소모품
분류	품질현상이 변하지 않고 비교적 장기간 사용할 수 있는 물품
품종 구분 기준	1. 내용연수가 1년 이상의 물품으로서 소모성 물품에 속하지 아니하는 물품 2. 내용연수가 1년 미만일지라도 취득단가가 20만원 이상의 물품 3. 기타 지방자치단체장이 지정한 물품

구분	소모품
분류	그 성질이 사용함으로써 소모되거나 파손되기 쉬운 물품과 공작물 기타의 구성부분이 되는 것
품종 구분 기준	1. 한번 사용하면 원래의 목적에 다시 사용할 수 없는 물품(예 : 약품, 유류, 수선용 재료 등) 2. 내용연수가 1년 미만으로서 사용에 비례하여 소모되거나 파손되기 쉬운 물품(예 : 시험용품, 사무용품, 공구 등) 3. 다른 물품의 수리, 완성제작(생산)하거나 시설공사에 투입 사용됨으로서 그 본성을 상실하는 물품(예 : 수리용 부속품, 생산원료, 재료 등) 4. 내용연수가 1년 이상으로 취득단가 5만원 이하의 물품으로서 사용에 비례 소모·파손되기 쉬운 물품

비소모품 중에는 정수물품이라는 것이 있는데 정수란 조직의 목적을 수행하는데 필요한 최소한의 비소모품 수량을 의미합니다. 즉 정수물품의 개수는 책정되어 있으므로 정수책정물품은 사전 취득승인을 받은 후 구입하여야 합니다. 가끔 행정실에서 물품을 요구해도 사주지 않는 경우가 있는데, 예산이 없어서가 아니라 정수물품의 정수만큼 물품이 있기 때문에 폐기를 한 후에 구입을 해야 하기 때문인 경우가 많습니다.

학교의 물품을 폐기하기 위해서는 이전에 보았던 불용결정 기안을 해야 합니다.

소모품 중에서 우리가 주의해야 할 것은 학습준비물입니다. 학습 준비물로 구입할 수 없는 물품들이 있기 때문에 학습준비물 지원할 때 신경써야 합니다. 2018학년도 전라북도 학습준비물 지원지침을 한번 살펴보겠습니다. 각 교육청마다 학습준비물 지원 지침이 내려오기 때문에 꼭 확인하세요.

2018학년도 전북 초등학교 학생 학습준비물 지원 지침

학습준비물이란
- 수업시간에 활용되는 물품 중 학생들이 개별적으로 준비해야하는 물품

목적
- 학부모의 경제적·시간적 부담 경감 및 학생들의 학습 결손 해소

학습준비물 지원 지침 개선 사항
- 아래 품목을 제외하고 학교가 자율적으로 결정

학습준비물 지원 제외 대상 물품
가. 기본 학용품(연필, 공책, 지우개, 자 등)
　　예외) – 학교 인근에 문구점이 없는 농어촌지역 학교의 학생에게는 지원 가능
　　　　 – 저소득층 학생에게는 지원 가능
나. 개인위생 물품(입에 대고 사용하는 리코더와 같은 악기류)
　　예외) 개인별 지급일 경우 지원 가능
다. 사무용품, 비품, 교구 등
※ 전라북도공립학교회계규칙 제17조 예산의 목적 외 사용 금지

- 학습준비물 선정위원회 폐지: 교사 간 자율적 협의에 의해 품목 선정
- 단가 40,000원 초과 물품 구입 제한 폐지

■ 3. 품의 기안 및 회수 ■

2020년 3월부터 K-에듀파인을 통하여 예산관련 업무를 처리하게
되었습니다. 에듀파인은 학교 업무와 관련된 예산 관련 업무를 하기 위
한 곳입니다. 에듀파인 업무를 원활하게 하기 위해서는 행정실과의 협
업이 정말 중요합니다. 특히, 행정관련 업무처리는 행정실 선생님들이
전문가이므로 행정실의 의견도 존중해야 합니다. 참고로 선생님께서 행
정실과 협업을 하는데 주도적인 위치에서 업무를 처리하고 싶으시다면
행정 처리와 관련된 규정과 지식을 많이 알고 계시면 좋습니다.

그럼 일단 우리가 기본적으로 알아야 하는 품의 기안 및 회수 방법을
알아봅시다.

K-에듀파인 메인화면에서 ❶ 학교회계를 선택한 후 ❷ 사업관리를
클릭하면, 예산을 사용하기 위하여 품의를 기안할 수 있습니다.

품의등록에서는 모든 내용을 선생님께서 직접 작성해야 하기 때문에 저는 별로 추천하지 않습니다. 하지만 선생님의 부서에서 품의가 한 번도 올라오지 않았을 경우 품의 목록에서 조회를 할 수 없으므로 품의등록에서 작성해야만 합니다. 그럴 경우에는 이전 품의된 기안을 참고하셔서 작성하면 됩니다.

품의목록에서는 선생님의 담당부서에서 상신한 모든 품의 내역을 검색할 수 있습니다. ❶ 품의를 체크하여 ❷ 품의복사를 하면 기존에 작성했던 품의 내용을 복사할 수 있어서 품의를 작성을 쉽게 할 수 있습니다.

품의복사를 하였더니 품의번호(00081)의 내용이 품의번호(00102)로 복사가 되었고 상태는 품의저장으로 표시되어 있고 삭제도 가능합니다. ① 제목을 클릭하면 복사한 품의내용이 포함되어 있는 품의작성으로 이동되어 쉽게 품의를 작성할 수 있습니다.

① 제목 및 개요 내용 등을 수정하고, ② 예산 선택을 눌러서 해당 예산을 선택한 후 기존의 예산을 행삭제 버튼을 통해 삭제하여 예산을 수정합니다. ③ 품목 내역을 수정하고 ④ 저장한 후 ⑤ 결재 요청을 누르면 상신할 수 있습니다. 참고로 품목 내역이 많을 경우에는 두 가지 방법으로 품의하는 방법이 있는데 행정실에 문의를 한 후 가능한 방법을 활용하시면 좋을 것 같습니다.

첫 번째 방법은 첨부파일을 활용하는 방법으로 ① 품목 내역을 간단히 1개 작성하신 후 ② 파일 업로드로 파일을 첨부하면 됩니다.

① 첨부파일추가를 클릭하여 파일을 추가하신 후 ② 첨부파일저장을 하셔야 반영이 됩니다. 반영된 후에는 확인을 클릭하면 됩니다.

① 품의서식 파일이 첨부되었습니다. 품목내역을 바로 볼 수 없는 단점이 있지만 도서 구입할 때와 같은 경우처럼 품목 개수가 많은 경우 활용하는 방법입니다.

두 번째 방법은 엑셀업로드를 활용하는 방법입니다.

❶ 파일업로드를 클릭하신 후 ❷ 엑셀서식을 다운받습니다.

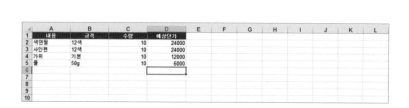

엑셀 서식에 품목 자료를 입력·저장한 후 파일업로드를 하면 됩니다.

❶ 파일업로드를 통해 엑셀 파일을 업로드하면 자료가 자동으로 입력됩니다.

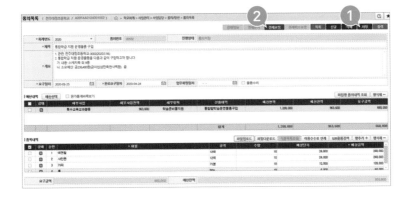

❶ 저장 후 ❷ 결재 요청을 하면 됩니다. 품목 내역이 많을 때 엑셀로 작업을 쉽게 하여 자료를 올리는 방법으로 첫 번째 방법보다 조금은 귀찮지만 품목의 개수가 애매할 때 자주 사용하는 방법입니다.

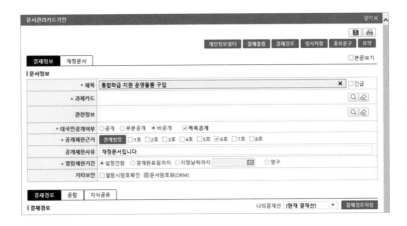

상신하는 방법은 이전에 자세히 배웠으니 설명을 생략하도록 하겠습니다. 학교 전결 규정에 의하여 품의 금액에 따라 결재라인이 달라지니 주의해야 합니다.

　品의 기안을 올리다가 중간에 취소를 한 경우 에듀파인에서는 ① 품
의결재요청 상태로 보입니다. 이 경우에는 문서관리의 재정기안에서 작
업을 해야 합니다.

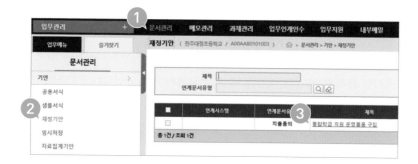

　진행 중인 품의 관련 기안문서는 문서진행이 아닌 재정기안에서 조
회할 수 있습니다. ① 문서관리 메뉴에서 ② 재정기안을 조회하면 기안
대기 중인 품의 관련 공문을 조회할 수 있습니다. ③ 문서의 제목을 클
릭하면 기안을 올릴 수 있습니다.

만약에 연계 기안에 있는 품의를 취소하고 싶으시면 ❶ 공문을 체크한 후 ❷ 반송을 누르면 재정기안에 있는 품의 내용이 함께 삭제됩니다. 품의목록에는 품의저장이 되어 있습니다.

기안을 올린 후에 결재가 아직 이루어지지 않은 상태일 때 회수하고 싶으시면 ❶ 문서진행을 클릭하고 ❷ 해당문서를 체크한 후 ❸ 회수를 클릭하면 공문을 회수를 할 수 있습니다. 회수의견에는 "품의취소"라고 간단히 작성하면 됩니다.

회수된 문서를 다시 ❶ 선택한 후 ❷ 삭제/연계반려 버튼을 누르면 문서관리에서 삭제할 수 있습니다. 삭제의견은 "품의취소"라고 입력하면 됩니다. 단 품의목록에는 품의저장이 되어 있습니다.

품의목록에 품의저장되어 있는 문서를 삭제하기 위해서는 품의목록에 있는 ❶ 문서제목을 클릭해야 합니다.

❶ 삭제를 클릭하시면 품의 중인 문서를 완전 삭제할 수 있습니다.

지금까지 에듀파인에서 품의서를 작성해보고, 기안을 올리고 회수하는 방법에 대해서 배웠는데요. 예산 사용 관련 업무는 행정실과의 협업이 정말 중요하다는 사실을 다시 한 번 말씀드리고 싶습니다.

▰ 4. 결재된 품의 공문 취소 ▰

품의 기안을 올리고 결재가 완료된 상태에서 결재된 품의 공문을 취소해야 하는 일이 가끔 있습니다. 예산을 사용하는 교육 활동이 취소되었거나, 품의한 예산이 집행되는 예산보다 부족해서 다시 품의 기안을 올려야 할 때와 같은 경우에 결재된 품의 공문을 취소해야 합니다.

그래서 한 가지 노하우를 말씀드린다면 품의를 올릴 때 예산을 정확한 금액을 입력하는 것보다, 예상 금액보다 조금 더 많이 입력하는 것이 좋습니다. 품의 예산이 집행 예산보다 많을 때에는 큰 문제가 되지 않지만, 품의 예산이 집행 예산보다 적을 때에는 결재된 공문을 취소하고 다시 기안을 올려야 하기 때문입니다.

품의 공문이 결재 완료가 된 경우에는 에듀파인의 상태에 ① 품의결재완료라고 떠 있습니다. 아직 예산집행을 하지 않은 상태로, 결재를 취소를 할 수 있습니다. 품의 공문을 취소를 해야 한다면 가능한 빨리 취소 요청을 하는 것이 좋습니다. ② 취소할 문서의 제목을 클릭합니다.

문서 제목을 클릭하면 문서내용이 나오는데 ① 결재취소요청 버튼을 클릭합니다.

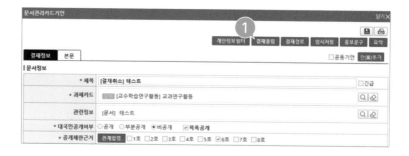

제목에 [결재취소]가 추가하여 입력합니다. 취소할 품의 공문의 결재
라인과 똑같이 결재라인을 설정한 후 ❶ 결재 올림을 클릭하면 결재취
소 요청 기안이 완료됩니다.

결재취소 요청 기안이 결재가 나면 에듀파인에서 해당 문서의 상태
가 품의결재완료에서 ❶ 품의저장으로 변경됩니다. ❷ 문서 제목을 클
릭하여 삭제합시다.

❶ 삭제를 클릭하면 품의 목록에서도 삭제할 수 있습니다.

결재취소를 할 때 대부분 선생님들께서는 자신의 실수에 대해 스트레스를 받고 계시는데 관리자님께 솔직히 말씀드리면 대부분 흔쾌히 취소기안을 빨리 올리라고 하십니다. 그러니 결재취소에 대한 부담은 갖지 마시고 관리자님께 말씀하시고 취소기안을 올리시면 됩니다.

가끔 결재가 완료된 잘못된 품의 기안을 취소하지 않고, 새로운 품의 기안을 별도로 작성하여 올리는 경우를 본 적이 있습니다. 이는 당연히 잘못된 방법으로 기존의 결재 완료된 품의 기안은 취소요청을 하고 삭제를 한 후, 새로운 품의 기안을 다시 올려야 합니다. 우리가 행정업무의 기본 규정이나 절차를 잘 알고 지켜야 행정실과의 협업에서 주도적인 위치에 설 수 있다는 사실을 꼭 기억해야 합니다.

▣ 5. 학급경비 개산급 정산 ▣

학교마다 학급경비를 처리하는 방법이 다를 수 있지만 일반적으로 행정실에서 선생님의 계좌에 학급경비를 학기 초에 입금하고, 학기 말에 개산급 정산을 통해 처리하는 경우가 많습니다. 가끔 하는 업무라서 저도 할 때마다 어려움을 겪습니다.

학교회계에서 ➊ 사업관리, ➋ 개산급정산등록을 클릭합니다.

➊ 일시를 학기 초로 설정하고 ➋ 조회를 하면 개산급 내역을 조회할
수 있습니다.

➊ 제목을 클릭 후 ➋ 행추가를 하면서 정산 내역을 입력합니다. 모든
내역을 입력을 하였다면 ➌ 저장을 누르고 ➍ 정산서제출을 클릭합니

다. 마지막으로 ❺ 출력을 하여 정산서를 출력해 봅시다.

정산 내역을 입력할 때 주의할 사항이 있습니다. 개산급 수령 금액이 20만원이고, 영수증에 근거한 실제 정산 금액이 21만원이라면 정산 내역을 작성할 때 20만원으로 딱 맞춰서 입력해야 합니다. 즉, 정산 내역 중에서 1만원을 줄여야 한다는 것입니다.

일반적으로 정산 금액이 수령 금액보다 많은 경우가 일 처리하기 좋으며, 정산 내역에서는 실제 정산 금액과는 상관없이 수령 금액인 20만원으로 맞추어야 합니다. 참고로 저는 5월 11일 교보문고 영수증 금액이 원래 27,940원이었으나 20만원으로 맞추기 위해 2만원을 제외한 7,940원으로 작성하여 처리하였습니다.

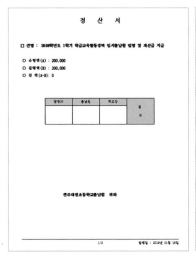

정산서의 수령액과 집행액은 동일해야 하고, 잔액은 당연히 0이 되어야 합니다. 첫 번째 장의 담당자 사인은 행정실에서 처리하는 것으로 우리 선생님들과는 관련이 없습니다. 두 번째 장의 선생님 이름 옆의 (인)에는 선생님의 사인을 해야 합니다. 세 번째는 명세서가 나오는데, 우리가 작성했던 정산 내역이 나옵니다. 이렇게 총 3장의 정산서 출력물과, 정산내역과 관련된 영수증을 첨부하여 행정실에 제출하면 학급경비 개산급 정산 업무 처리는 끝납니다.

과

나이스의 모든 것

■ 1. 학적 처리 ■

학기 초 학교 교육과정 운영에 필요한 모든 업무들을 처리하느라 정신없이 바쁜 와중에도 우리는 학생들과 관련된 내용들을 나이스에 입력해야 합니다. 복무와 연수신청 등의 선생님의 인사 업무와 학생들의 학교생활기록부와 관련된 모든 업무를 처리하는 나이스는 교사로서 정말 중요한 업무를 하는 곳이라고 할 수 있습니다.

업무포털의 메인 화면입니다. 이번에 우리가 배울 내용은 ❶ 나이스 메뉴로, 선생님의 인사 관련 업무 처리와 학교생활기록부 자료를 입력하기 위한 메뉴입니다.

① 학적에서 ② 기본신상관리를 들어가면 학생과 관련된 신상정보를 입력할 수 있습니다. 가장 먼저 ③ 기본신상을 클릭하면 이름, 주민등록번호, 성별, 생년월일, 주소, 사진 등을 입력하거나 수정할 수 있습니다.

① 누가 주소는 학생이 이사를 간 경우나, 전학을 온 경우 등 학생의 주소가 변경되었을 때 변경된 새 주소를 입력하는 메뉴입니다. ② 등록을 통해 누가 주소를 등록할 수 있습니다. 특히, 전학생이 온 경우에는 잊지 말고 누가 주소를 등록해야 합니다. 주의해야 할 점은 누가 주소이기 때문에 이전 주소를 삭제하면 안 된다는 것입니다.

❶ 가족상황은 해당학생의 가족상황을 입력하는 메뉴인데, 일반적으로 1학년 입학 시 등본을 보고 입력하고 6학년 때에 마무리 점검을 합니다. ❷ 특기사항은 학부모의 동의를 받아야 입력을 할 수 있기 때문에 입력은 하지 않는 경우가 많습니다.

❶ 가족상황은 해당학생의 가족상황을 입력하는 메뉴인데, 일반적으로 1학년 입학 시 등본을 보고 입력하고 6학년 때에 마무리 점검을 합니다. ❷ 특기사항은 학부모의 동의를 받아야 입력을 할 수 있기 때문에 입력은 하지 않는 경우가 많습니다.

❶ 사진 일괄 입력은 학생의 사진을 한 번에 등록할 때 사용하는 메뉴입니다. 사진 파일명은 꼭 성명(번호)로 해야 합니다. 예로 김학희(1),

김학희(12) 등으로 사진 파일명을 변경해야 일괄입력을 할 수 있습니다. 사진을 일괄로 변환할 수 있는 사진 일괄 변환 버튼과 사진을 일괄로 등록하는 버튼을 활용하면 학생들의 사진을 한 번에 쉽게 올릴 수 있습니다.

❶ 사진 일괄 변환을 클릭하고 ❷ 사진을 선택한 후 필요한 경우 회전 각도를 활용하여 사진을 회전하면 됩니다. ❸ 나이스에 등록할 사진을 모두 체크한 후 ❹ 저장 경로를 설정하고 ❺ 사진 변환 시작 버튼을 누르면 나이스에 등록할 수 있는 사진으로 모두 변환됩니다.

❶ 사진일괄 올리기를 누르고 ❷ 변환된 사진을 모두 선택한 후 ❸ 열기를 누르면 사진이 일괄 등록됩니다. 전에 말씀드렸듯이 사진 파일명은 형식에 맞게 수정해야 합니다.

❶ 학급별 명렬표 출력은 나이스에 등록된 자료를 활용하여 명렬표를 출력할 수 있는 메뉴로 ❷ 명렬표 내용선택 버튼을 누르면 ❸ 선생님이 원하는 내용을 선택할 수 있어 다양한 명렬표를 출력할 수 있습니다. 참고로 선생님이 제작한 명렬표를 엑셀 파일로도 다운받을 수 있습니다.

학급별 명렬표 출력 메뉴 아래에 있는 메뉴인 ❹ 전체 명렬표 출력 메뉴부터 조기 진급 부적응자 관리 메뉴까지는 담임선생님께서 일반적으로 신경 쓰지 않아도 되는 메뉴입니다. 그래도 간단히 설명해 드리겠습니다.

- **전체 명렬표 출력**: 나이스에 등록된 전교생의 명렬표를 출력·저장
- **학적 현황 조회**: 전교생의 학적 상황을 조회, 기간 내 학적 변동 현황을 조회
- **학생 이동부**: 기간 내 진급 및 전입학 현황을 구체적으로 조회
- **반 변경**: 학생의 반을 변경할 경우 사용
- **조기 진급 부적응자 관리 메뉴**: 조기 진급 부적응자 관리

이상으로 기본 학적 관리에 대해서 알아보았습니다. 기본 학적 업무는 학생의 기본 정보를 입력하고, 조회를 하는 업무로서 선생님께서 맡은 학생을 파악해야 하는 학기 초에 하는 것이 가장 좋습니다.

■ 2. 반별시간표 처리 ■

　나이스의 반별시간표는 학급의 교육과정 운영계획이 반영된 시간표를 작성하는 것이며, 결보강 업무를 하기 위해서라도 최대한 빨리 마무리해야 합니다. 또한 교육과정을 운영하는 중에 변동사항이 있을 경우에는 반드시 변동사항을 수정하여 반영해야 합니다.

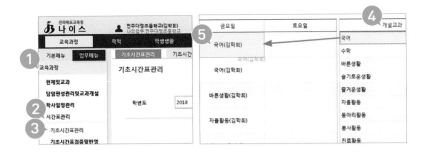

　먼저 나이스의 ① 교육과정에서 ② 시간표관리를 클릭한 후 ③ 기초시간표를 작성해야 합니다. ④ 개설교과를 선택한 후 드래그 앤 드롭 방식으로 ⑤ 원하는 시간에 입력할 수 있습니다. 1학기 시간표는 직접 입력을 해야 하지만 2학기에는 1학기 시간표를 반영할 수 있으니 쉽게 기초시간표를 입력할 수 있습니다.

2학기 시간표는 1학기 시간표를 가져올 수 있습니다. ① 가져오기를 클릭한 후 ② 원본과 대상을 설정합니다. ③ 조회를 한 후 ④ 시간표를 점검한 후 저장하면 됩니다.

기초시간표를 저장한 후에는 ① 기초시간표 검증 및 반영을 클릭하고 ② 검증을 실시합니다. ③ 검증 결과가 전체 확인결과 이상이 없음으로 나오면 반영을 합니다.

① 반영을 클릭하면 기초시간표가 반영이 됩니다. 반영시작 날짜는 나이스 담당 선생님께서 미리 설정한 학기 첫 날이니 신경 쓰지 않으셔도 됩니다. ② 주의사항을 보시면 기초시간표 반영을 하면 기존 시간표 내용이 삭제된다는 것을 알 수 있고, 결보강 내역이 존재하면 시간표를

반영할 수 없다고 나와 있습니다. 또한 반별 시간표가 반영된 상태에서 결보강 내역이 있으면 시간표를 수정할 수도 없습니다. 그렇기 때문에 학기 초에 반별 시간표 업무를 마무리하는 것이 좋습니다.

❶ 반별 시간표를 조회해보니 기초 시간표가 모두 반영이 된 것을 알 수 있습니다. 반영된 자료를 보면 학급 교육과정의 연간 시간표와 다르게 입력되어 있음을 알 수 있습니다. 그러므로 이제부터 학급 교육과정의 연간 시간표를 참고하여 나이스 반별 시간표를 수정하는 작업을 해보겠습니다.

			연간 시간표 양식																									

주	기간	수업일수	월						화						수						목						금						비 고
			1	2	3	4	5	6	1	2	3	4	5	6	1	2	3	4	5	6	1	2	3	4	5	6	1	2	3	4	5	6	
1	9.9~9.13	3	영	국	국	국	봉		자	수	국	체	과		국	과	사	체	수		추석연휴						추석						9.10(화) 학교폭력추방의날 9.12(목) 추석연휴 9.13(금) 추석

반별 시간표를 작성하기 위해서 반드시 필요한 자료는 학급 교육과정의 연간 시간표입니다. 연간 시간표는 학급 교육과정에 반영되어 있는데, 연간 시간표의 1주차의 내용과 나이스의 1주차의 반별 시간표를 일치시키는 작업을 하는 것이 학급 교육과정 계획을 나이스에 반영하는 작업이라고 할 수 있습니다.

※ 행사활동(학사일정)의 시수는 학생부특별활동이 자율활동 또는 진로활동으로 설정된 행사를 시간표에 등록했을 때 확인됩니다.

시간표 내역

	2019.09.09 (월)	2019.09.10 (화)	2019.09.11 (수)
1교시	영어(백	자율활동(김학회)	국어(김학회)
2교시	국어(김학회)	국어(김학회) 수학(김학회)	과학(김학회)
3교시	국어(김학회) 수업 : 국어	사회(김학회)	사회(김학회)
4교시	국어(김학회)	도덕(김학회) 과학(김학회)	체육(김학회)
5교시	봉사활동(김학회)	체육(박 체육(김학회)	수학(김학회)

❶ 수정할 시간을 우클릭하면, 선택할 수 있는 과목이 나와 원하는 과목으로 변경을 할 수 있습니다. 과목을 변경하면 위의 시수 내역도 자동 변경되기 때문에 주간 시수까지 조정할 수 있습니다.

이러한 방법을 통해 연간 시간표의 내용과 나이스의 반별 시간표의 내용을 일치시켰다면 반별 시간표 업무 처리는 모두 끝났다고 볼 수 있습니다.

■ 3. 학교스포츠클럽 처리 ■

학교스포츠클럽은 학교체육진흥법에 따라 체육 활동에 취미를 가진 같은 학교의 학생으로 구성되어 학교가 운영하는 스포츠클럽으로, 교육 청에서 예산을 지원할 때 나이스에 등록된 내용을 근거로 지원하기 때문에 학기 초에 나이스 작업을 해야 한다면서 담당 선생님께서 나이스에 등록을 해달라고 부탁할 것입니다.

그럼 학교스포츠클럽 업무를 처리하는 방법을 알아보겠습니다.

❶ 체육 메뉴의 ❷ 학교스포츠클럽 관리를 클릭하면 ❸ 클럽을 등록할 수 있습니다.

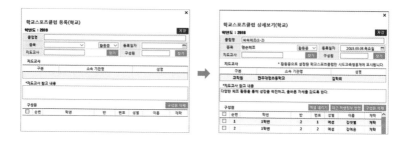

연간 학교스포츠클럽 계획서를 담당 선생님께 받거나 업무관리시스템에서 작년 학교스포츠클럽 계획을 조회해서 참고하면 됩니다. 클럽명, 종목, 등록일자, 지도교사, 구성원, 참고내용까지 모두 작성한 후 저장을 합니다. 등록이 끝난 후에는 활동내역을 관리해야 합니다. 계획서에 있는 활동내역을 학기 초에 모두 등록한 후 운영 중에 수정하는 방법과 운영 중에 실시간으로 활동내역을 등록을 하는 방법 중 선생님에게 맞는 방법을 선택하면 됩니다.

❶ 활동내역 관리에 들어가서 ❷ 학교스포츠클럽명을 클릭한 후 ❸ 등록을 누르면 활동내역을 등록할 수 있습니다.

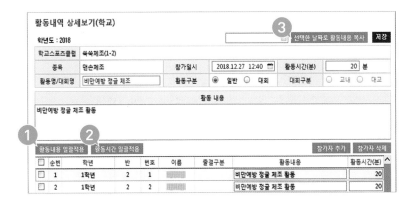

내용 작성 및 참가자를 모두 추가했다면 ① 활동내용 일괄적용과 ②
활동시간 일괄적용을 통해 적용하면 모든 참가자들의 활동내역을 일괄
로 등록할 수 있습니다. 활동내용이 같을 경우에는 ③ 선택한 날짜로 활
동내용을 복사하여 활용할 수 있습니다.

학교스포츠클럽 특기사항 처리는 학생부에 반영될 자료이므로 담당
선생님의 연수를 듣고 하는 것이 좋습니다.

■ 4. 출결 처리 ■

학생들 출석관리는 실시간으로 처리하는 것이 가장 좋습니다. 특히, 결석이나 교외체험학습, 조퇴 등의 사유가 발생하였을 때 바로 처리하지 않으면 잊어버릴 수도 있으니 바로 처리하는 것이 좋습니다. 또한 교외체험학습 업무 및 출석부 마감 업무는 학교마다 조금씩 다를 수 있으니 담당선생님의 말씀을 잘 듣고 처리하셔야 합니다.

그럼 출결업무를 처리해 보겠습니다.

먼저 학적의 ① 출결관리에 들어가면 출결업무를 할 수 있습니다. ② 종류를 선택하고 ③ 구분을 선택한 후 학생의 옆에 있는 해당 날짜의 빈칸을 클릭하면 출결내용이 기호로 반영이 됩니다. 반영이 되었다면 저장을 눌러 봅시다.

출결 내용을 모두 반영하고 **①** 저장을 누르면 출결 비고 입력 창이 열립니다. 이는 **②** 비고 등록을 눌러도 나오는 창으로 출결과 관련된 구체적인 내용을 비고란에 작성하는 곳입니다. 비고란에 감기, 교외체험학습 등의 내용을 작성하면 됩니다. 비고 내용은 출결 특기 사항을 작성하는데 참고가 될 수 있으므로 꼭 작성해야 합니다.

① 출결 특기 사항은 학교생활기록부에 반영이 되므로 중요합니다. 이전에 작성한 비고 내용이 자동으로 반영되는 것이 아니므로 꼭 확인해야 합니다. **②** 비고 가져오기를 통해 비고 내용을 특기사항에 기록할 수 있으며, 개근한 학생들을 선택한 후 **③** 개근 일괄입력을 통해 일괄적으로 개근내용을 입력할 수도 있습니다.

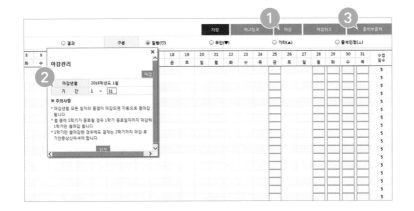

❶ 마감관리는 월말에 ❷ 해당월 마지막 일까지 기간을 설정한 후 마감을 하면 됩니다. 예를 들어 1월은 31일까지 있으니 반드시 1월 31일까지로 설정하고 마감을 해야 합니다. 일반적으로 출결 마감이 완료되면, 출석부를 출력하고 사인한 후 출결과 관련된 서류와 함께 출석부 담당 선생님께 제출하면 됩니다.

출결 업무 자료는 학생의 소재를 파악하고 학생이 진급을 하는데 참고가 되는 자료이기 때문에 꼼꼼하게 처리하는 것이 좋습니다.

그럼 아래의 학교생활기록 작성 및 관리지침(교육부훈령 제243호, 2018. 1. 31., 일부개정) 별지 제8호 출결상황 관리를 참고하시면서 출결 업무 처리를 진행해 보겠습니다.

출결상황 관리

1. 수업일수

가. 수업일수는 초·중등교육법시행령 제45조의 규정에 의하여 학교장이 정한 학년별 학생이 연간 총 출석해야 할 일수를 말한다.

나. 학적변동(면제·유예·휴학·제적·자퇴·퇴학·전출 등) 당일까지를 수업일수에 산입한다.

다. 학적 변동 전·후에 중복 일수가 있는 경우 새로 학적을 부여받은(재입학·재취학·편입학·전입학·복학 등) 일수만 수업일수로 계산한다.

라. 학적을 새로 부여받은 자의 당해 학년 수업일수는 원적교의 당해 학년 수업일수와 합산하되, 중복되는 기간의 수업일수는 제외한다.

마. 재입학·전입학·복학한 학생의 수업일수는 다른 학생의 수업일수와 같지 않을 수 있으나, 그 수업일수가 당해 학교 당해 학년 수업일수의 3분의 2 미만이 될 경우에는 각 학년 과정의 수료에 필요한 수업일수 부족으로 수료 또는 졸업 인정이 되지 않아 원칙적으로 당해 학년도 재입학·전입학·복학이 불가능하다(초·중등교육법 제50조 제2항 참조).

2. 결석

가. 결석일수의 산정

(1) 학칙에 의거, 출석하여야 할 날짜에 출석하지 않았을 때에는 결석으로 처리한다.

(2) 학적을 새로 부여받은 자의 당해 학년 결석일수는 원적교의 당해 학년 결석일수와 합산하되, 중복되는 기간의 결석일수는 제외한다.

나. 다음의 경우에는 출석으로 처리한다.

(1) 지진, 폭우, 폭설, 폭풍, 해일 등의 천재지변 또는 법정 감염병 등(학교 내 확산 방지를 위해 학교장이 필요하다고 인정하는 비법정 감염병을 포함)으로 출석하지 못한 경우

(2) 병역관계 등 공적의무 또는 공권력의 행사로 인하여 출석하지 못한 경우

(3) 학교장의 허가를 받은 "학교·시도교육청·국가를 대표한 경기, 경연대회 참가, 산업체 실습과정(현장실습), 훈련 참가, 교환학습, 현장(체험)학습, 「학교보건법」제8조에 따른 등교중지 등" 출석하지 못한 경우

(4) 초·중등교육법시행령 제31조(학생의 징계 등) 제1항의 규정에 의한 학교 내의 봉사, 사회봉사, 특별교육이수 기간

(5) 초·중등교육법시행령 제54조(학생부진아 등에 대한 교육 및 시책) 제5항의 규정에 의한 상담, 진로 프로그램 등 숙려제 참여 인정 기간

(6) 다음 경조사로 인하여 출석하지 못한 경우(교원휴가업무처리요령(예규 제44호, 12.2.20.)를 근거로 함)

〈주 5일제 전면 실시 학교〉

구분	대상	일수
결혼	• 형제, 자매	1
입양	• 본인	20
사망	• 부모 및 부모의 부모	5
	• 부모의 조부모·외조부모 • 형제·자매 및 그의 배우자	2
	• 부모의 형제·자매	1

〈주 5일제 전면 미실시 학교〉

구분	대상	일수
결혼	• 형제, 자매, 삼촌, 외삼촌, 고모, 이모	1
입양	• 본인	20
회갑	• 부모 및 부모의 직계존속	
사망	• 부모 및 부모의 부모	5
	• 부모의 조부모·외조부모·증조부모·외증조부모	5
	• 부모의 형제·자매 및 그의 배우자 • 형제·자매 및 그의 배우자 • 조부모·외조부모의 형제·자매와 그의 배우자	3
탈상	• 부모 및 부모의 부모	2
	• 부모의 조부모·외조부모·증조부모·외증조부모 • 부모의 형제·자매와 그의 배우자	1

〈경조사 휴가와 공휴일〉

– 주5일제 전면 실시 학교인 경우 휴무토요일 및 공휴일은 경조사 일수에 산입하지 않음

– 주5일제 전면 미실시 학교인 경우 휴무토요일 또는 공휴일은 경조사 일수에 산입함. 단, '결혼(형제, 자매)', '입양(본인)' 및 '사망(형제·자매 및 그의 배우자)'에 한하여는 휴무토요일 및 공휴일은 경조사 일수에 산입하지 않음

   (7) 기타 부득이한 사유로 학교장의 허가를 받아 결석하는 경우

다. 질병으로 인한 결석

   (1) 결석한 날부터 5일 이내에 의사의 진단서 또는 의견서(의사 소견서, 진료 확인서 등으로 병명, 진료기간 등이 기록된 증빙서류)를 첨부한 결석계를 제출하여 학교장의 승인을 받은 경우

   (2) 다만, 상습적이지 않은 2일 이내의 결석은 질병으로 인한 결석임을 증명할 수 있는 자료(학부모 의견서, 처방전, 담임교사 확인서 등)가 첨부된 결석계

를 5일 이내에 제출하여 학교장의 승인을 받은 경우

　(3) 병원학교 및 원격수업 등 정보통신매체를 이용하여 수업 받는 건강장애학
　　생이 결석한 경우

라. 무단결석

　(1) 합당하지 않은 사유나 고의로 결석한 경우(태만, 가출, 고의적 출석 거부, 범
　　법행위로 관련기관 연행·도피 등)

　(2) 초·중등교육법시행령 제31조(학생의 징계 등) 제6항의 가정학습 기간

마. 기타 결석

　(1) 부모·가족 봉양, 가사 조력, 간병 등 부득이한 개인사정에 의한 결석임을 학
　　교장이 인정하는 경우

　(2) 공납금 미납을 사유로 결석한 경우

　(3) 기타 합당한 사유에 의한 결석임을 학교장이 인정하는 경우

3. 지각·조퇴·결과

가. 지각: 학교장이 정한 등교시각까지 출석하지 않은 경우

나. 조퇴: 학교장이 정한 하교시각 이전에 하교한 경우

다. 결과: 수업시간에 불참하거나 교육활동을 고의적으로 방해한 경우

라. 출석인정결석의 각 항에 해당되는 사유로 인한 지각, 조퇴, 결과는 각각의 횟수
　에 포함하지 않는다.

마. 지각, 조퇴, 결과의 사유는 각각 결석 사유와 동일하게 질병, 무단, 기타로 처리
　한다.

바. 같은 날짜에 지각, 조퇴, 결과가 발생된 경우에는 학교장이 판단하여 어느 한
　가지 경우로만 처리한다.

사. 같은 날짜에 결과가 1회 이상이라도 1회로 처리한다.

아. 학적을 새로 부여받은 자의 당해 학년 지각·조퇴·결과 횟수는 원적교의 당해
　학년 각 횟수와 합산하되, 중복되는 기간의 각 횟수는 제외한다.

▨ 5. 학생평가 처리 ▨

교과평가와 관련된 평가 기준 및 내용은 학교 평가 계획을 참고하면 확인할 수 있습니다. 교과평가를 위한 선행 작업이 이루어져 있다고 생각하고 평가하는 방법을 알아보겠습니다.

❶ 성적의 ❷ 교과평가를 클릭한 후 영역별 평가에서 ❸ 교과와 ❹ 영역을 선택하고 조회를 하면 학습목표 내용을 볼 수 있습니다. 학생들을 ❺ 모두 선택한 후에 ❻ 영역별 평가 일괄적용을 합니다. 이후 개별적으로 평가 내용을 수정을 하고, 저장을 하면 편합니다. 모든 교과와 교과별 모든 영역을 작성했다면 교과평가 업무는 끝났습니다.

저는 ❶ 교과별 평가를 교과별 모든 영역이 입력이 되었는지 확인할 때 사용합니다. ❷ 교과를 선택하고 조회를 하면 ❸ 모든 영역의 평가 결과가 조회되기 때문에 교과별 모든 영역의 평가 입력 여부를 체크하는데 좋습니다. 다음은 학기말 종합의견을 작성하는 방법을 알아보겠습니다.

교과 평가 입력이 끝난 후에는 교과별 학기말 종합의견을 작성해야 합니다. 학기말 종합의견은 학생의 수업 참여의 태도와 노력, 교과별 성취기준에 따른 학습목표 성취를 위한 자기주도적 학습에 의한 변화와 성장 정도를 중심으로 기재하며, 방과후학교 활동 내용은 교과담당 또는 담임교사가 강좌명(주요내용)과 이수시간만을 기재하도록 되어 있습니다. ❶ 학기말 종합의견을 클릭한 후 ❷ 교과를 선택하고, ❸ 학기말 종합의견란에 입력을 하면 됩니다. 특히, 주의해야 할 것은 초등학교 1, 2학년 '바른 생활', '슬기로운 생활', '즐거운 생활' 교과는 세 교과의 성취기준을 바탕으로 하여 학생의 성취수준에 따른 특성을 종합하여 기록해야 합니다. 즉, 종합하여 기재한 결과에서 특정 교과가 누락되지 않도록 유의해야 한다는 것입니다.

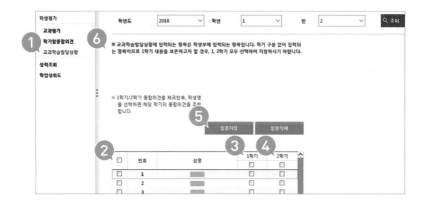

지금까지 입력한 내용을 학교생활기록부에 반영시켜 봅시다. ① 교과
학습발달상황을 클릭한 후 ② 학생을 전체 선택합니다. ③ 1학기와 ④ 2
학기 중 학생부에 반영하고 싶은 학기를 선택한 후 ⑤ 일괄저장을 하면
학교생활기록부에 반영이 됩니다. 여기서 ⑥ 유의사항을 살펴보면 2학
기만 선택하여 저장할 경우 1학기 내용이 모두 삭제되기 때문에 신중
히 반영하길 바랍니다.

■ 6. 창의적 체험활동 처리 ■

창의적 체험활동 나이스 업무를 하기 위해서는 학급 교육과정을 참
고해야 합니다. 자율활동, 동아리활동, 봉사활동, 진로활동 등의 영역을
모두 작성해야 하는 창의적 체험활동 업무는 대표적인 학기 말 나이스
업무 중의 하나입니다.

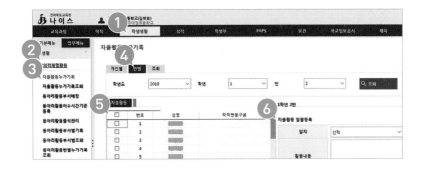

❶ 학생생활의 ❷ 창의적 체험활동에 들어가서 ❸ 자율활동 누가기록부터 처리합니다. 입력할 때 개인별 기록보다는 ❹ 반별 기록을 많이 활용하는데, 모든 학생을 일괄 입력할 수 있는 장점이 있기 때문입니다. ❺ 학생을 모두 체크한 후 ❻ 자율활동 일괄등록에서 일자, 이수시간, 활동내용을 학급 교육과정의 창의적 체험활동 계획을 참고하여 작성합니다. 같은 일자에 이수시간을 나누어서 여러 번 입력을 할 수도 있습니다. 학생을 모두 선택했더라도 출결에 결석 처리된 학생은 자동으로 제외되니 출결에 따른 입력여부를 걱정할 필요는 없습니다.

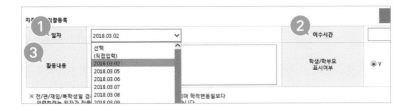

❶ 일자는 나이스의 반별 시간표에 자율활동 시간이 들어있는 날짜가 자동으로 등록되어 있습니다. ❷ 이수시간 및 ❸ 활동내용은 학급 교

육과정에 있는 창의적 체험활동 연간 계획을 참고하여 작성하면 됩니다.

활동내용을 잘못 입력한 경우에는 ❶ 잘못 입력된 날짜를 선택한 후
❷ 학생을 전체 선택 하고 ❸ 삭제를 누르면 잘못 입력된 내용을 모두
삭제할 수 있습니다. 같은 일자에 2개의 내용이 입력되었을 경우에는
개별선택을 한 후 삭제하셔도 됩니다. 자율활동 입력이 끝났으니 동아
리활동을 입력해 봅시다.

먼저 ❶ 동아리 활동 부서를 배정합니다. 일반적으로 초등학교는 학
급 단위로 동아리를 운영하기 때문에 우리 반 학생들을 ❷ 전체 선택하
고 ❸ 동아리 부서를 체크한 후 저장을 누르면 동아리를 배정할 수 있습
니다.

　　다음은 ① 동아리 활동 이수시간 기준을 등록하도록 하겠습니다. ②
조회를 하면 반별 시간표에 동아리 시간이 있는 날짜를 볼 수 있습니다.
③ 해당 날짜를 체크하고 ④ 저장을 누르면 선생님의 이름이 등록된 것
을 알 수 있습니다.

　　이제는 동아리 활동 부서별 기록을 해야 합니다. 자율활동과 마찬가
지로 동아리 활동도 학급 교육과정에 있는 창의적 체험활동 연간 계획
을 보면서 작성하면 됩니다.

　　① 동아리 활동 부서별 기록에 들어가서 ② 부서별 조회를 클릭합니
다. 학급단위로 활동이 이루어지기 때문에 개인별보다 부서별 입력이
효율적입니다. ③ 학생 전체 선택 후에 ④ 동아리활동 일괄등록의 내용
을 창의적 체험활동 계획을 보면서 작성하면 됩니다. 일자는 반별 시간
표에 동아리가 있는 일자가 자동으로 등록되어 있으니 선택하면 됩니
다. 모든 내용을 입력했다면 저장을 눌러 줍니다. 이젠 봉사활동을 입력
해 봅시다.

❶ 봉사활동 누가기록에서 ❷ 반별 조회를 하고 ❸ 학생을 전체 선택 후 ❹ 봉사활동 내용을 작성하면 됩니다. 종료일자는 시작일자와 동일할 경우, 즉, 당일 봉사활동일 경우에는 생략합니다. 초등학교 봉사활동은 일반적으로 ❺ 학교/개인 구분에서 학교를 선택하면 됩니다. 마지막으로 진로활동을 입력해 봅시다.

❶ 진로활동 누가기록에 들어가서 ❷ 반별 선택, ❸ 학생 전체 선택 후 ❹ 진로활동 일괄등록을 하면 진로활동 입력도 끝입니다.

선생님이 입력해야 할 창의적 체험활동의 모든 내용은 학급 교육과정의 창의적 체험활동 연간 계획에 있으니 잘 확인하시면서 입력하시면 됩니다.

■ 7. 행동특성 및 종합의견 처리 ■

　행동특성 및 종합의견은 수시로 관찰하여 누가 기록된 행동특성을 바탕으로 총체적으로 학생을 이해할 수 있는 종합의견을 담임교사가 문장으로 입력하도록 되어 있습니다. 또한 행동특성 중 학교폭력과 관련된 사항은 「학교폭력 예방 및 대책에 관한 법률」 제17조에 규정된 가해학생에 대한 조치사항을 입력하게 되어 있습니다.

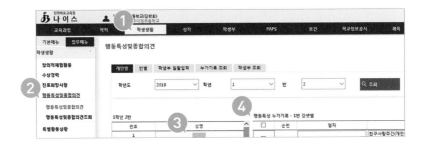

　먼저 행동특성 누가기록을 작성을 하는 것이 좋습니다. ① 학생 생활에서 ② 행동특성 및 종합의견으로 들어가신 후 ③ 학생을 클릭한 후 ④ 행동특성 누가기록을 작성하고 저장을 하면 됩니다. 나이스 행동특성 및 종합의견을 작성하는 것 자체가 누가기록을 바탕으로 하는 것이므로 학기당 2~3회 정도로 작성하는 것을 권장합니다.

행동특성 및 종합의견을 입력하려면 ❶ 학생부 일괄입력을 선택한 후 ❷ 내용을 작성하고 ❸ 저장을 누르시면 됩니다. 저는 저장을 자주 하는 습관이 있는데, 잦은 오류로 열심히 입력한 자료가 사라지는 경험을 몇 번 해보니 이러한 습관이 생겼습니다.

◾ 8. 학교생활기록부 처리 ◾

초·중등교육법 제25조(학교생활기록)의 내용은 다음과 같습니다.

> 1. 학교의 장은 학생의 학업성취도와 인성(人性) 등을 종합적으로 관찰·평가하여 학생지도 및 상급학교(「고등교육법」 제2조 각 호에 따른 학교를 포함한다. 이하 같다)의 학생 선발에 활용할 수 있는 다음 각 호의 자료를 교육부령으로 정하는 기준에 따라 작성·관리하여야 한다.
>   1. 인적사항
>   2. 학적사항
>   3. 출결상황
>   4. 자격증 및 인증 취득상황
>   5. 교과학습 발달상황
>   6. 행동특성 및 종합의견
>   7. 교육목적에 필요한 범위에서 교육부령으로 정하는 사항
> 2. 학교의 장은 제1항에 따른 자료를 제30조의4에 따른 교육정보시스템으로 작성·관리하여야 한다.
> 3. 학교의 장은 소속 학교의 학생이 전출하면 제1항에 따른 자료를 그 학생이 전입한 학교의 장에게 넘겨주어야 한다.

즉, 우리가 지금까지 처리했던 모든 나이스 업무는 학교생활기록부를 작성하기 위한 기초자료를 작성한 것이라고 볼 수 있습니다.

❶ 학생부 메뉴의 학교생활기록부 ❷ 자료반영에서 ❸ 전체 반영을 클릭합니다.

자료반영을 한 후에는 ❶ 자료검증에 들어가서 ❷ 전체 항목을 선택하고 ❸ 검증을 눌러 반영된 자료에 오류가 없는지 확인해 봅니다.

확인필요가 있는 부분은 오류가 있는 항목이기 때문에 ① 확인필요
를 클릭하여 ② 오류 내용을 확인하여 수정합니다. 자료를 수정한 이후
에는 반드시 자료반영을 해야 합니다. 제가 처음에 자료만 수정하고 자
료반영을 하지 않아서 학교생활기록부에 수정된 내용이 반영되지 않아
당황한 적이 있었습니다.

자료반영 및 자료검증을 모두 마쳤다면 학교생활기록부 업무는 거의
다 끝났다고 볼 수 있습니다.

지금까지 제가 설명한 내용을 간단히 정리하여 학기 말 작업을 위한
학교생활기록부 처리 단계를 순서대로 안내해 보겠습니다.

가장 먼저 ❶ 학적에서 ❷ 기본학적관리를 점검합니다. 가장 최신의 자료가 반영되어 있는 것이 좋으므로, 주소가 변경되었을 경우 누가주소를 등록하고, 사진 등을 최신화 하는 것이 좋습니다.

다음은 ❶ 학적에서 ❷ 출결관리를 점검합니다. 전입생이 있을 경우 학적 처리 후 마감을 해야 합니다.

다음은 ❶ 체육에서 ❷ 학교스포츠클럽 활동내역관리를 점검합니다.

그리고 수상내역이 있을 경우에는 ❶ 학생생활에서 ❷ 수상경력을 점
검합니다.

5~6학년은 ❶ 학생생활에서 (❷ 진로희망사항기록은 2019년부터 삭제되
었습니다.)

❶ 학생생활에서 ❷ 행동특성 및 종합의견 누가기록을 입력했는지 체
크합니다.

1 성적에서 **2** 교과평가를 모두 입력했는지 체크합니다.

1 학생생활의 창의적 체험활동에서 **2** 자율활동 누가기록을 입력했는지 확인합니다.

1 학생생활의 창의적 체험활동에서 **2** 동아리활동 부서별 기록을 점검합니다. 특히 동아리활동 특기사항 가져오기 기능이 있으므로 **3** 학생부 반영기록에서 이수시간 반영 및 특기사항 입력을 꼭 하셔야 합니다.

❶ 학생생활의 창의적 체험활동에서 ❷ 봉사활동 누가기록을 점검합
니다.

❶ 학생생활의 창의적 체험활동에서 ❷ 진로활동 누가기록을 점검합
니다.

❶ 학생생활의 창의적 체험활동에서 ❷ 안전한 생활 학생부 자료 기록을 확인합니다.

❶ 학생생활의 창의적 체험활동에서 ❷ 학생부 자료기록 입력을 확인합니다. ❸ 이수시간 반영은 학기종료일을 기준으로 하고, ❹ 동아리 특기사항을 가져올 수도 있습니다. 이 자료가 학생부에 반영되는 내용이니 잘 확인하시는 것이 좋습니다.

❶ 학생생활의 ❷ 학교스포츠클럽 관리에서 학교스포츠클럽 학생부 자료 기록을 점검합니다. ❸ 스포츠클럽의 정보를 가져올 수 있으며 학생부에 반영되는 내용이니 잘 확인하는 것이 좋습니다.

①학생생활의 ②행동특성 및 종합의견에서 ③학생부 일괄입력을
점검합니다.

①성적의 학생평가에서 ②학기말 종합의견을 확인합니다. 교과별로
입력이 모두 되어 있는지 확인해야 합니다.

　여기까지 왔다면 학기말 나이스 업무처리에 필요한 자료는 모두 입
력되었다고 보시면 됩니다. 지금부터는 선생님께서 입력한 자료를 학교
생활기록부에 반영하고, 반영된 내용이 오류가 있는지, 오타가 있는지
점검하는 과정을 안내하도록 하겠습니다.

먼저 성적을 반영하도록 하겠습니다. ① 성적의 학생평가에서 ② 교
과학습발달상황을 클릭합니다. 모두 체크를 한 후 ③ 일괄저장을 클릭
하면 성적과 관련된 내용이 학교생활기록부에 반영됩니다

① 학생부의 학교생활기록부에서 ② 자료반영을 클릭합니다. ③ 전체
반영을 클릭하면 선생님이 입력한 모든 자료가 학교생활기록부에 반영
됩니다.

❶ 학생부의 학교생활기록부에서 ❷ 자료검증을 클릭합니다. 모든 자료를 체크한 후 ❸ 검증을 클릭하면 자료의 오류를 쉽게 찾을 수 있습니다.

같은 화면에서 ❶ 철자검증을 클릭한 후 모든 자료를 체크한 후 ❷ 철자검증을 실시합니다. 검증결과를 통해 교과학습발달상황, 창의적 체험활동, 행동특성 및 종합의견의 내용을 한 번에 확인할 수 있으며 한글 파일로 저장할 수 있습니다. 맞춤법 등을 수정하기 위하여 ❸ 한글 파일로 변환합니다.

F8키를 활용하여 ❶ 맞춤법 검사를 하면서, 출력물에 띄어쓰기 및 맞춤법 오류 등을 체크합니다. 마지막까지 체크한 후 오류를 수정하면 됩니다.

발견된 오류를 수정해야 하는 영역으로 돌아가서 자료를 수정합니다. 모든 오류를 수정하였다면 다시 학생부에 반영하는 과정을 거친 후 검증을 다시 실시합니다. 이와 같은 방법을 몇 번 반복하면 학생부 내용을 입력할 때 잘못 입력하는 실수를 많이 줄일 수 있습니다.

마지막으로 학교생활기록부의 내용을 조회하여 점검해 봅시다.

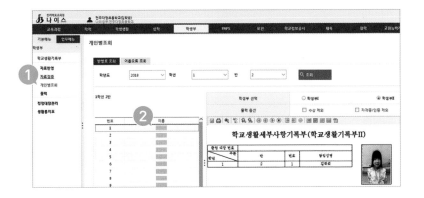

❶ 개인별 조회에 들어가서 ❷ 학생의 이름을 클릭하면 학교생활기록부를 조회할 수 있습니다. 제가 가상으로 만든 학교생활기록부를 보면서 학교생활기록부를 점검하는 방법을 연습해 봅시다.

졸업대장번호			
구분 학년	반	번호	담임성명
1	1	1	○○○
1	2	31	○○○

사진
3.5×4.5cm

1. 인적사항

학생		성명: ○○○ 성별: ○ 주민등록번호: ○○○－○○○ 주소: ○○○도 ○○○시 ○○○로 4681
가족 상황	부	성명: ○○○ 생년월일: ○○○년 ○○월 ○○일
	모	성명: ○○○ 생년월일: ○○○년 ○○월 ○○일

2. 학적사항

2010년 03월 02일 ◇◇초등학교 제1학년 입학(2010년 08월 27일 전출)
2010년 08월 28일 ☆☆초등학교 제1학년 전입학

　1학년인데 반, 번호가 2개인 것으로 보아 1학년 때 전입학을 온 학생이란 것을 알 수 있습니다. 사진은 학생의 사진이 맞는지 확인합니다. 인적사항은 학적 메뉴에서 입력한 내용인데, 오류가 있는지 체크해 봅니다. 학적사항 또한 학적 메뉴에서 확인할 수 있는 내용인데, 8월에 전입학을 한 것을 알 수 있습니다.
　선생님이 가르치는 학생이 학기 중에 전학을 간다면 전출 전까지의 학교생활기록부 내용을 입력한 후 전출 자료를 보내야 합니다.

3. 출결상황

학년	수업 일수	결석일수			지각			조퇴			결과			특기사항
		질병	무단	기타	질병	무단	기타	질병	무단	기타	질병	무단	기타	
1	193													개근

4. 수상경력

수상명	등급(위)	수상연월일	수여기관	참가대상
그림일기쓰기대회	금상(1위)	2010.09.29.	☆☆초등학교장	1학년(119명)
동요부르기대회	우수(2위)	2010.10.20.	☆☆초등학교장	1학년 중 참가자(34명)

5. 진로희망사항

학년	진로희망	희망사유

출결사항을 점검할 때에는 특기사항을 유의해서 점검하면 좋습니다. 수상경력 작성요령을 잘 지켰는지 체크합니다. 나중에 정정대장 작성하려면 나이스 담당 선생님도, 선생님도 모두 힘들기 때문에 수상경력 작성요령을 잘 지켜서 입력하는 것이 중요합니다. (진로희망사항 기록은 2019 년도부터 삭제되었습니다.)

6. 창의적 체험활동상황

학년			창의적 체험활동상황
	영역	시간	특기사항
1	자율활동	132	입학초기 적응활동(36시간), 친구와 협동하기 위해 노력하고 친구를 돕는 모습을 보여줌. 독서토론(14시간)활동을 통해 자신의 생각을 논리적이며 적극적으로 표현함. 깨끗한 교실 환경을 위해 쓰레기 분리수거를 책임감 있게 함. 나의 꿈 그리기 활동을 통해 자신의 모습인 축구선수를 잘 표현함.
	동아리활동	14	
	봉사활동		
	진로활동	20	
	안전한 생활	34	도구의 안전한 사용법을 잘 알고 운동장에서 지켜야 할 안전 수칙을 지키기 위해 노력함. 횡단보도를 건너는 방법을 잘 알고 실천하고 있으며, 교통 표지판의 의미를 잘 파악하고 있음. 지진 발생 시 자신의 몸을 지키는 방법을 잘 알고 있으며, 안 전하게 생활하는 방법을 익혀 생활에서 실천함.

창의적 체험활동은 시간 및 오타, 내용만 철저히 체크하면 됩니다.

학년	봉사활동실적				
	일자 또는 기간	장소 또는 주관기관명	활동내용	시간	누계시간
1	2010.03.09.	(학교)☆☆초등학교	교내 환경정화	1	1
	2010.06.04.	(학교)☆☆초등학교	교내 환경정화	2	3
	2010.12.05.	(학교)☆☆초등학교	학교주변 환경정화	3	6

봉사활동 실적도 잘 반영되어 있는지 확인합니다.

7. 교과학습발달상황

학년	과목	세부능력 및 특기사항
1	국어	문장부호를 잘 구분하여 사용할 수 있으며, 띄어 읽기를 잘함. 고운 말을 사용해야 하는 이유를 잘 알고 있으며 생활 속에서 고운 말을 사용하는 습관을 가지고 있음.
	수학	1에서 10까지의 수를 정확히 셀 수 있으며, 합이 10이하인 덧셈 계산을 능숙하게 잘함. 다양한 모양을 생활 속에서 잘 찾아낼 수 있으며 구체물을 조작하여 수를 계산하는 방법에 자신감을 가짐. 규칙을 찾아내는 활동을 하면서 규칙을 발견하는 활동에 굉장한 흥미를 보임.
	바른 생활, 슬기로운 생활, 즐거운 생활	학교생활에 필요한 규칙을 잘 지키고 학교 시설을 바르게 사용하는 모습을 보임. 가을 날씨의 특징과 생활 모습을 알고, 화재를 예방하는 방법을 찾는데 적극적으로 참여함. 놀이터나 식당 등에서 만난 이웃의 모습을 그림으로 잘 표현하고 이웃 간에 지켜야 할 예절을 친구들에게 효과적으로 발표함.

교과학습 발달상황을 보면 우리가 작성했던 교과별 학기말 종합의견에 작성한 내용이 반영되어 있는 것을 알 수 있습니다. 일반적으로 큰 변화는 없으나, 가끔 학기말 종합의견을 기재하는 방식이 달라질 수 있습니다. 그러므로 학교생활기록부 기재요령 연수 시 변동된 사항이 있으면 입력할 때 반드시 반영을 해야 합니다.

2017학년도 기재요령에는 바른생활, 슬기로운 생활, 즐거운 생활 예시 안에는 (학교)...(봄)... 이렇게 작성되어 있었지만 2018학년도 기재요령에는 괄호를 통해 교과서를 구분해서 작성하는 내용은 사라지고, 내용만 작성하도록 되어 있는 것을 확인할 수 있습니다.

교과학습발달상황을 작성할 때 내용이 많아서 오타나 띄어쓰기를 잘못하는 경우가 많습니다. 아이들의 생활기록부에 반영되기 때문에 여러 번 점검을 하면 좋습니다.

8. 행동특성 및 종합의견

학년	행동특성 및 종합의견
1	친구가 발표할 때 집중하여 듣는 태도가 좋으며 자신의 생각을 적극적으로 발표함. 책 읽기에 흥미와 관심을 가지고 아침 독서 활동에 적극적으로 참여함. 평소 친구들을 잘 도와주고 배려하여 교유관계가 원만함. 학습 활동이 느린 친구를 잘 도와주고 다른 사람의 의견을 존중하여 의사결정을 함. 그림 그리는 활동 및 만들기 활동을 좋아하며, 자신의 생각을 창의적으로 잘 표현함.

마지막으로 행동특성 및 종합의견을 확인할 수 있습니다. 여기까지 점검을 했는데 오류가 없다면 생활기록부 작성 업무는 모두 끝이 난 것입니다. 이젠 출력하는 일만 남았습니다.

■ 9. 종합일람표 및 통지표 처리 ■

일반적으로 학기 말에 종합일람표를 부장님 및 교감 선생님께 점검을 받은 후 통과가 되면 통지표를 학생들에게 배부를 합니다.

① 종합일람표를 클릭한 후 조회를 통해 ② 종합일람표 내용을 체크합니다. 조회된 내용에 문제가 없을 경우 ③ 출력을 하여 출력물을 담당 선생님에게 받은 종합일람표 표지와 함께 부장님이나 교감 선생님께 제출하면 됩니다. 수정해야 할 사항이 있을 경우 내용을 수정하고 반영한 후 다시 출력하여 결재를 받습니다.

종합일람표 결재를 받으면 통지표를 출력하여 학생들에게 배부하면 됩니다.

먼저 ❶ 학생부에서 ❷ 통지표 등록을 하여 통지표 자료 반영 및 마감, 출력 업무를 하도록 합시다

통지표 내용을 입력한 후 ❶ 표시형식과 ❷ 통지표에 반영될 항목을 선택한 후 저장하면 통지표 등록이 마무리 됩니다.

통지표 등록이 끝났으면 ❶ 통지표 자료 반영 및 반 마감 관리에 들어가서 ❷ 학생을 전체 선택한 후 ❸ 전체 반영을 누르면 모든 학생의 자료가 통지표에 반영이 됩니다. 반영된 후에는 ❹ 반별 마감을 눌러 마감 처리를 합니다.

반별 마감 후 ❶ 통지표 마감 관리에 들어가서 ❷ 해당 학급 체크 후
❸ 마감을 누르면 통지표 마감 처리가 완료됩니다.

통지표를 출력하는 방법입니다. ❶ 통지표 출력에 들어가서 ❷ 학생
을 전체 선택하고 ❸ 출력과 관련된 항목을 점검한 후 ❹ 출력을 누르면
학생들에게 배부할 통지표가 출력됩니다. 출력된 통지표를 학생들에게
배부하면 됩니다.

통지표 작성 및 배부에 대한 구체적인 사안은 학교마다 다를 수 있으
니 담당 선생님의 연수를 잘 듣고 처리하는 것이 좋습니다. 미리 업무를
처리했다가 다시 해야 하는 일을 예방하도록 합시다.

■ 10. 복무 및 외부강의 처리 ■

우리가 학교에 근무를 하다보면 다양한 복무를 신청하는 경우가 많습니다. 일단 우리가 자주 사용하는 복무에 대해서 알아보도록 합시다. 복무규정은 개정되는 경우가 있으니 꼭 개정된 사항에 대해 관심을 가지고 알아 두시는 것이 좋습니다.

연가 정신적·신체적 휴식을 취함으로써 근무능률을 유지하고 개인 생활의 편의를 위하여 사용하는 휴가(학기 중 지양 권장)

병가 질병 또는 부상으로 직무를 수행할 수 없는 경우 또는 감염병에 걸려 다른 공무원의 건강에 영향을 미칠 우려가 있을 때 부여받는 휴가 (독감 등)

공가 공무원이 일반국민의 자격으로 국가기관의 업무수행에 협조하거나 법령상 의무의 이행이 필요한 경우에 부여받는 휴가 (예비군, 외국어시험, 전보 이사, 헌혈 등 공적인 사유)

특별휴가 사회통념 및 관례상 특별한 사유가 있는 경우 부여받는 휴가 (경조사, 출산휴가, 여성보건휴가, 교권침해 등)

근무지내 출장 소속 지역교육청이 있는 지역 내 출장일 경우

출장 소속 지역교육청 이외의 출장일 경우

육아시간 5세 이하의 자녀가 있는 교원은 24개월 내에서 1일 2시간의 육아시간을 받을 수 있으며, 허가대상 여부는 주민등록등본으로 최초 확인

조퇴 기타 사유에 의하여 퇴근시간 전에 퇴근하는 것

병조퇴 질병 사유에 의하여 퇴근 시간 전에 퇴근하는 것

외출 근무시간 중 개인용무를 위하여 학교 외부로 나간 후 퇴근시간 전에 돌아오는 것

병외출 근무시간 중 질병 치료를 위하여 학교 외부로 나간 후 퇴근시간 전에 돌아

오는 것

모성보호시간 임신 중인 여성공무원은 1일 2시간의 범위에서 휴식이나 병원 진료 등을 위한 모성보호시간을 받을 수 있다.

자녀돌봄휴가 어린이집, 유치원, 초중고학교에서 공식적으로 주최하는 행사 또는 교사와의 상담에 참여할 경우 연간 2일(자녀가 셋 이상일 경우에는 3일)의 범위에서 받을 수 있는 휴가 (알림장, 통신문 첨부)

41조연수 수업에 지장을 주지 아니하는 범위에서 소속 기관의 장의 승인을 받아 연수기관이나 근무 장소 이외의 시설 또는 장소에서 받는 연수

출장(연수) 공무수행을 위한 출장이 아니며 본인의 의사결정에 의한 자율연수 출장일 경우 (대학원 등 [주간 대학원은 연가 사용])

특히 신규 선생님께서 알고 계시면 좋은 것들을 간단히 정리해 보겠습니다. 교원휴가에 관한 예규와 국가공무원 복무규정의 내용 중에서 필요한 부분을 발췌하였습니다.

• 연가

1. 학교의 장은 다음 각 호의 어느 하나에 해당한다고 판단할 경우에는 수업일 중 소속 교원의 연가를 승인한다.
   ① 본인 또는 배우자 직계존속의 생신·기일, 본인 또는 배우자 직계존비속 또는 형제·자매의 질병, 부상 등으로 일시적인 간호 또는 위로가 필요하다고 인정되는 경우
   ② 병가를 모두 사용한 후에도 직무를 수행할 수 없거나 계속 요양을 할 필요가 있는 경우

③ 한국방송통신대학교 출석 수업 및 일반대학원 시험에 참석하는 경우

④ 기타 상당한 이유가 있다고 소속 학교의 장이 인정하는 경우

2. 근무상황부 종별 중 연가(반일연가를 포함한다)를 신청할 때에는 교육정보시스템(나이스. 근무상황부 또는 근무상황카드를 포함한다)의 「사유 또는 용무」란에 사유를 기재하지 않고, 지각(지참)·조퇴·외출을 신청할 때에는 사유를 기재한 후 학교의 장의 승인을 받아야 한다.

3. 연도 중 결근·휴직·정직·강등 및 직위 해제된 사실이 없는 교원으로 다음 각 호의 어느 하나에 해당하는 공무원에 대해서는 재직기간별 연가일수에 각각 1일(총 2일 이내)을 가산한다.

① 병가일수가 1일 미만인 교원

② 연가실시일수가 3일 미만인 교원

4. 교원(연도 중 퇴직예정자 제외)에게 연가 일수가 없는 경우 또는 당해 재직기간의 잔여 연가 일수를 초과하는 휴가사유가 발생한 경우에는 그 다음 재직기간의 연가 일수를 다음 표에 따라 미리 사용하게 할 수 있음

재직기간	미리 사용하게 할 수 있는 최대 연가 일수
6월 미만	3일
6월 이상 1년 미만	4일
1년 이상 2년 미만	6일
2년 이상 3년 미만	7일
3년 이상 4년 미만	8일
4년 이상	10일

• 연가와 관련하여 알면 좋은 내용

1. 연가는 1월 1일부터 12월 31일까지 1년 단위로 계산함.

2. 휴가실시의 원칙
 ① 학교의 장은 휴가를 승인함에 있어 소속 교원이 원하는 시기에 법정휴가일수를 사용할 수 있도록 보장하되, 연가는 수업 및 교육활동 등을 고려하여 특별한 사유가 없는 한 수업일을 제외하여 실시하도록 한다. (학기 중 사용 지양하라는 의미)
 ② 학교의 장은 휴가로 인한 수업 결손 등이 발생하지 않도록 필요한 조치를 취하여야 한다.

3. 제15조(연가 일수) ① 공무원의 재직기간별 연가 일수는 다음과 같다. 다만, 법제28조 제2항 제2호·제3호 및 제10호에 따라 임용된 경력직공무원 및 특수경력직공무원의 재직기간이 2년 미만이면서 인사혁신처장이 정하는 공무원 경력 외의 유사경력이 있는 경우에는 2년 미만의 재직기간별 연가 일수에 각각 2일을 더한다.

개정 전

재직기간	연가 일수
3월 이상 6월 미만	3일
6월 이상 1년 미만	6일
1년 이상 2년 미만	9일
2년 이상 3년 미만	12일
3년 이상 4년 미만	14일
4년 이상 5년 미만	17일
5년 이상 6년 미만	20일
6년 이상	21일

개정 후

재직기간	연가 일수
1개월 이상 1년 미만	11일
1년 이상 2년 미만	12일
2년 이상 3년 미만	14일
3년 이상 4년 미만	15일
4년 이상 5년 미만	17일
5년 이상 6년 미만	20일
6년 이상	21일

4. 위의 규정을 보았을 때 신규 선생님이 기간제 교사(유사경력)를 하셨다면 기본 연가일수에 2일을 더하시면 됩니다.

5. 이전에 우리 선생님의 휴가와 관련된 "교원휴가업무처리요령"이 2018년도에 전면 개정되어 "교원휴가에 관한 예규"로 변경되었습니다. 관리자 분들은 "교원휴가업무처리요령"에 근거하여 말씀하실 수 있으니 꼭 새로 개정된 "교원 휴가에 관한 예규"를 참고하시길 바랍니다.

선생님들의 휴가에 대해 더 자세한 내용을 알고 싶으시면 "교원휴가에 관한 예규", "국가공무원 복무규정" "교육공무원법" 등을 공부하셔서 선생님들의 삶의 질과 연관된 휴가를 잘 사용하시길 바랍니다.

• 공가

행정기관의 장은 소속 공무원이 다음 각 호의 어느 하나에 해당하는 경우에는 이에 직접 필요한 기간을 공가로 승인하여야 한다.

1. 「병역법」이나 그 밖의 다른 법령에 따른 병역판정검사·소집·검열점호 등에 응하거나 동원 또는 훈련에 참가할 때
2. 누락
3. 법률에 따라 투표에 참가할 때
4. 승진시험·전직시험에 응시할 때
5. 원격지(遠隔地)로 전보(轉補) 발령을 받고 부임할 때 (전보 이사)
6. 「산업안전보건법」 제43조에 따른 건강진단, 「국민건강보험법」 제52조에 따른 건강검진 또는 「결핵예방법」 제11조제1항에 따른 결핵검진 등을 받을 때

7. 「혈액관리법」에 따라 헌혈에 참가할 때
8. 「공무원 인재개발법 시행령」 제32조제5호에 따른 외국어능력에 관한 시험에 응시할 때
9. 올림픽, 전국체전 등 국가적인 행사에 참가할 때
10. 천재지변, 교통 차단 또는 그 밖의 사유로 출근이 불가능할 때

※ 선생님들 전보 발령으로 인해 이사를 가신다면 공가 활용하세요.

• 특별휴가

1. 학교의 장은 「교원의 지위 향상 및 교육활동 보호를 위한 특별법」 제15조에 따른 교육활동 침해의 피해를 받은 교원에 대해서는 피해 교원의 회복을 지원하기 위해 5일의 범위에서 특별휴가를 부여할 수 있다. (교권침해로 인한 특별휴가 가능)
2. 교육감은 교육활동 및 인력운영상황 등에 대한 고려와 소속 교원의 의견 수렴을 통해 육아시간 활용에 대한 자체기준을 만들어 적용할 수 있다.
3. 제1항, 제2항 외의 교원의 특별휴가에 대해서는 「국가공무원 복무규정」 및 「국가공무원 복무·징계 관련 예규」에 따른다.

국가공무원 복무규정
1. 행정기관의 장은 소속 공무원이 결혼하거나 그 밖의 경조사가 있는 경우에는 해당 공무원의 신청에 따라 별표 2의 기준에 따른 경조사휴가를 주어야 한다.

[별표 2] 경조사별 휴가 일수표(제20조제1항 관련) 〈개정 2018. 7. 2.〉

구분	대상	일수
결혼	본인	5
	자녀	1
출산	배우자	10
입양	본인	20
사망	배우자, 본인 및 배우자의 부모	5
	본인 및 배우자의 조부모 · 외조부모	3
	자녀와 그 자녀의 배우자	3
	본인 및 배우자의 형제자매	1

※ 비고: 입양은 「입양촉진 및 절차에 관한 특례법」에 따른 입양으로 한정하며, 입양 외의 경조사휴가를 실시할 때 원격지일 경우에는 실제 왕복에 필요한 일수를 더할 수 있다.

② 행정기관의 장은 임신 중인 공무원에게 출산 전과 출산 후를 통하여 90일(한 번에 둘 이상의 자녀를 임신한 경우에는 120일)의 출산휴가를 승인하되, 출산 후의 휴가기간이 45일(한 번에 둘 이상의 자녀를 임신한 경우에는 60일) 이상이 되게 하여야 한다. 다만, 행정기관의 장은 임신 중인 공무원이 다음 각 호의 어느 하나에 해당하는 사유로 출산휴가를 신청하는 경우에는 출산 전 어느 때라도 최장 44일(한 번에 둘 이상의 자녀를 임신한 경우에는 59일)의 범위에서 출산휴가를 나누어 사용할 수 있도록 하여야 한다.

(1) 임신 중인 공무원이 유산(「모자보건법」 제14조제1항에 따라 허용되는 경우 외의 인공임신중절에 의한 유산은 제외한다. 이하 제3호를 제외하고 같다)·

사산의 경험이 있는 경우

(2) 임신 중인 공무원이 출산휴가를 신청할 당시 연령이 만 40세 이상인 경우

(3) 임신 중인 공무원이 유산·사산의 위험이 있다는 의료기관의 진단서를 제출한 경우

③ 여성공무원은 생리기간 중 휴식과 임신한 경우의 검진을 위하여 매월 1일의 여성보건휴가를 받을 수 있다. 다만, 생리기간 중 휴식을 위한 여성보건휴가는 무급으로 한다.

④ 임신 중인 여성공무원은 1일 2시간의 범위에서 휴식이나 병원 진료 등을 위한 모성보호시간을 받을 수 있다. 이 경우 모성보호시간의 사용 기준 및 절차 등에 관하여 필요한 사항은 인사혁신처장이 정한다.

⑤ 5세 이하의 자녀가 있는 공무원은 자녀를 돌보기 위하여 24개월의 범위에서 1일 최대 2시간의 육아시간을 받을 수 있다. 이 경우 육아시간의 사용 기준 및 절차 등에 관하여 필요한 사항은 인사혁신처장이 정한다.

⑩ 행정기관의 장은 소속 여성공무원이 유산하거나 사산한 경우 해당 공무원이 신청하면 다음의 기준에 따라 유산휴가 또는 사산휴가를 주어야 한다.

(1) 임신기간이 11주 이내인 경우: 유산하거나 사산한 날부터 5일까지

(2) 임신기간이 12주 이상 15주 이내인 경우: 유산하거나 사산한 날부터 10일까지

(3) 임신기간이 16주 이상 21주 이내인 경우: 유산하거나 사산한 날부터 30일까지

(4) 임신기간이 22주 이상 27주 이내인 경우: 유산하거나 사산한 날부터 60일까지

(5) 임신기간이 28주 이상인 경우: 유산하거나 사산한 날부터 90일까지

⑪ 인공수정 또는 체외수정 등 난임치료 시술을 받는 공무원은 시술 당일에 1일의 휴가를 받을 수 있다. 다만, 체외수정 시술의 경우 여성공무원은 난자 채취일에 1일의 휴가를 추가로 받을 수 있다.

⑫ 자녀가 있는 공무원은 다음 각 호의 어느 하나에 해당하는 경우 연간 2일(자녀

가 3명 이상인 경우에는 3일)의 범위에서 자녀돌봄휴가를 받을 수 있다.

(1) 「영유아보육법」에 따른 어린이집, 「유아교육법」에 따른 유치원 및 「초·중등 교육법」 제2조 각 호의 학교(이하 이 항에서 "어린이집등"이라 한다)의 공식 행사에 참여하는 경우

(2) 어린이집등 교사와의 상담에 참여하는 경우

(3) 자녀의 병원 진료(「국민건강보험법」 제52조에 따른 건강검진 또는 「감염병 의 예방 및 관리에 관한 법률」 제24조 및 제25조에 따른 예방접종을 포함한 다)에 동행하는 경우

• 공무외 국외여행

1. 2018년 11월 이후부터는 공무외 국외여행과 관련된 "교원휴가업무처리요 령"이 폐기되어 국가공무원 복무규정을 따라야 합니다.
① 공무원은 휴가기간의 범위에서 공무 외의 목적으로 국외여행을 할 수 있다.
② 즉 연가를 통해 공무외 국외여행을 가는 것이 가장 깔끔합니다.

2. 하지만 우리에게는 "교육공무원법" 제41조가 있습니다.

"교원휴가에 관한 예규"의 휴가실시의 원칙을 보면 "교육공무원법" 제41조에 따른 공무외 국외여행은 "국가공무원 복무규정"에 의한 휴가 와 별도로 실시할 수 있으며, 인정범위 및 절차 등은 교육감(국립은 총장 또는 교장)이 정하도록 할 수 있다고 되어 있으니 관리자와 잘 협의하셔 서 활용하시면 됩니다.

• 연수

1. 제41조(연수기관 및 근무장소 외에서의 연수) 교원은 수업에 지장을 주지 아
   니하는 범위에서 소속 기관의 장의 승인을 받아 연수기관이나 근무장소 외의
   시설 또는 장소에서 연수를 받을 수 있다.
   ① '수업의 지장을 주지 않는 범위'의 의미
      – 학생들이 등교하지 않아 수업이 이루어지지 않는 '휴업일'을 말하며, 학교
        현장에서는 방학 또는 재량휴업일을 의미
   ② 학교장에게 승인(결재)을 받아야 사용할 수 있습니다.
      – 학교장 허가 사안임을 의미
   ③ '연수기관이나 근무장소 외의 시설 또는 장소'의 의미
      – '연수기관 외의 시설·장소' 또는 '학교(근무장소) 외의 시설·장소'를 의미
      – 시·도교육연수기관 등 교과부장관의 인가를 받거나, 특수분야 연수기관 등
        교육감의 지정을 받은 연수기관은 해당하지 아니 함.

"교육공무원법 제41조에 따른 근무지외 연수의 업무처리요령"에 근
거하였습니다.

복무에 대해서 간단히 알아보았으니 나이스를 활용하여 복무신청을
해 봅시다.

나이스의 ① 기본메뉴에서 ② 복무를 클릭하면 복무신청을 할 수 있습니다.

일반적인 복무는 대부분 ① 개인근무 상황 신청에서 할 수 있습니다. ② 신청을 누르면 근무상황을 신청할 수 있습니다. 같은 내용의 복무를 다시 신청할 때에는 ③ 결재된 해당 근무상황을 체크한 후 ④ 복사하여 활용하셔도 됩니다. 대학원 수강 시에는 출장(연수)로 신청을 하는데 주간 대학원은 연가를 사용해야 하므로 조퇴를 쓰셔야 합니다. 여비부지급 근무지내 출장도 출장비가 지급되지 않습니다. 여비부지급 근무지내 출장을 사용하는 경우에는 일반적으로 출장비 및 강의비를 지원받는 출장일 경우나, 학급 운영에 필요한 물품을 구입하러 갈 때 등이 있습니다. 가장 중요한 것은 복무에 관한 내용은 항상 교감선생님과 소통하고 협의하시는 것이 가장 좋습니다.

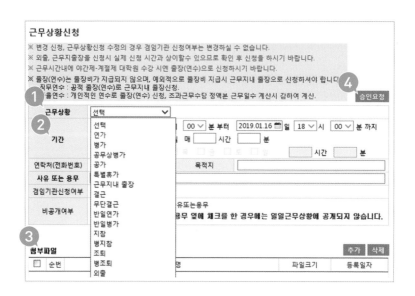

신청을 누르면 다음과 같은 창이 열립니다. ❶ 근무상황을 선택한 후 ❷ 시간 및 연락처, 목적지, 사유 등의 내용을 작성합니다. ❸ 관련 자료가 필요한 경우 파일을 첨부하고, ❹ 승인 요청을 하면 됩니다. 그리고 근무지내 출장(복수)신청도 가능합니다. 또한 육아시간, 모성보호시간 등을 최초 신청할 때에는 등본 스캔 파일을 첨부파일에 추가하고 원본은 교감선생님께 드리면 됩니다.

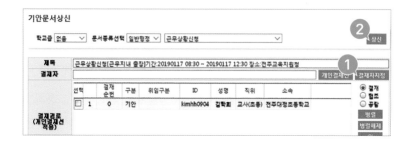

승인요청을 하면 기안문서 상신을 할 수 있습니다. 일반적으로 복무는 교감선생님까지 결재를 올리면 됩니다. ❶ 결재자를 지정하고 ❷ 상신을 올리면 복무 신청은 끝납니다. 복무와 관련된 결재라인은 학교의 전결규정을 확인하면 되고, 교감 선생님께 문의하셔도 쉽게 알 수 있습니다.

❶ 일일근무상황 조회는 ❷ 선택한 일자의 전교직원들의 복무를 확인할 수 있는 메뉴입니다. 회의록 작성 등의 업무 처리에 유용하니 기억해놓으면 좋습니다.

퇴근 시간 이후에도 근무를 해야 한다면 반드시 신청해야 하는 초과근무입니다. 초과근무는 사전 결재가 기본 원칙이지만 사후 결재도 가능하기는 합니다. 학교마다 초과근무에 대한 내용이 다를 수 있으니 교감 선생님께 문의하셔서 신청하는 것이 좋습니다. ❶ 개인초과근무 신청을 클릭하신 후 ❷ 등록을 하면 신청할 수 있습니다.

우리 선생님들은 시간외 근무수당만 있고, 야간·휴일 근무 수당 자체가 없습니다. 그러므로 ❶ 초과근무종별은 시간외 근무만 선택해야 합니다. 휴일에 근무할 때에는 ❷ 휴일을 체크합니다.

시간외 근무수당 시간은 평일에는 초과근무시간에서 1시간이 제외된 시간만 인정되고, 휴일을 체크한 경우에는 초과근무시간 모두 인정됩니다. 그리고 하루 동안 인정되는 초과근무 최대시간은 4시간이며 월 최대 57시간까지 인정됩니다.

일반적으로 시간외 근무를 신청하는 경우는 평일에 초과근무를 할 때, 1박 2일 수학여행을 갈 때(계획서에 관련 내용이 있어야 함), 주말에 학교에 출근할 때, 주말에 대회를 인솔할 때 등이 있습니다.

❶ 개인출장 관리는 일반적으로 국내출장(관외)을 신청하기 위한 메뉴입니다. 국내출장(관외)은 소속된 지역 교육청이 위치한 행정구역 이

외의 장소로 출장을 가는 경우를 말합니다. 예를 들면 제가 소속된 지역 교육청이 위치한 행정구역이 전주라고 한다면 전주 이외의 지역으로 출장을 가는 경우에 국내출장(관외)을 신청해야 합니다.

① 출장종류와 내용을 입력하고 ② 동행자가 있을 경우 추가한 후 ③ 승인요청을 하고 기안 상신을 하면 됩니다. 청소년 단체 출장일 경우에는 반드시 ④ 청소년 단체 출장을 체크하셔야 청소년 단체 활동 시간 합에 반영되므로 꼭 체크해야 합니다.

외부강의를 등록을 해야 하는 경우를 살펴보면, 『도교육청 산하(학교 포함), 지자체 산하 등 공공기관이 아닌 외부에서 강의요청이 들어왔을 때에는 외부강의를 등록을 하고 결재를 받아야 한다.』라고 되어 있습니다. 외부강의와 관련하여 감사를 받는 경우가 있으니 외부강의를 하실 경우 꼭 등록을 하고 결재를 받으셔야 합니다. 도교육청 산하(학교 포함), 지자체 산하 등 공공기관에서 외부강의를 할 때에는 외부강의 신고는 할 필요가 없습니다.

복무에서 아래로 쭉 내려오면 ❶ 외부강의 등록이 있습니다. ❷ 등록을 클릭합니다.

외부강의 신고서를 작성하신 후 ❶ 저장을 하고 ❷ 승인을 클릭하면 됩니다.

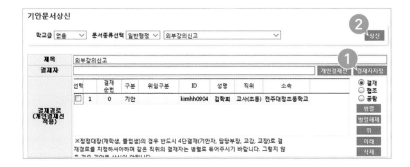

❶ 결재자를 지정하고 ❷ 상신을 올리면 외부강의 등록이 끝납니다.

◼ 11. 방학 중 복무 관리 ◼

　방학 중 복무 처리는 근무하는 학교의 교무 선생님께서 알려주는 내용을 잘 확인하시면 좋습니다. 즉 방학 중 복무처리는 관리자의 재량권이 상당히 많이 작용되어 학교마다 다르게 운영될 수 있습니다. 방학 중 복무 관리는 간단히 3가지로 요약할 수 있는데 41조 연수 신청과 연가를 활용한 공무외 국외여행 신청, 41조에 따른 공무외 국외여행 신청으로 요약할 수 있습니다. 출장 및 계절제 대학원과 관련된 출장(연수)도 있습니다.

　41조 연수 신청을 하기 위해서는 일단 선생님의 일정을 체크해야 합니다. 하나의 예시를 통해 신청하는 방법을 알아보겠습니다.

방학기간	2018.12.29.-2019.1.24.	
41조	2018.12.31.-2019.1.4. (4일간)	1.1일 제외하여 4일간
출근	2019.1.7. (예비소집)	08:30-16:30 근무
41조	2019.1.8.-1.24 (12일간)	토요일, 일요일 제외하여 12일간
출근	2019.1.25. (전직원 출근)	08:30-16:30 근무

방학 기간 중 출근이나 출장, 출장(연수), 주말, 공휴일 등을 제외한 날에는 41조 연수를 신청해야 합니다. 예전에는 주 단위로 신청을 많이 하였지만 요즘은 통으로 신청하는 학교도 많습니다. 통으로 신청할 경우 수동으로 기간을 수정하시면 됩니다.

❶ 기간을 수동으로 4일로 변경하였습니다. 출근 시간 및 퇴근시간, 목적지 입력 내용 등은 학교마다 다를 수 있습니다. 근무하시는 교무선생님께서 주시는 자료를 잘 참고하셔서 신청하시면 큰 문제는 없을 것입니다.

연가를 활용한 공무 외 국외여행 신청방법은 다음과 같습니다.

❶ 기간은 역시 공휴일을 제외하여 수동으로 수정하셔야 합니다. ❷
사유 또는 용무는 공무외 국외여행이라고 입력하시면 됩니다.

41조에 따른 공무외 국외여행을 신청하는 방법은 다음과 같습니다.

❶ 기간은 역시 공휴일을 제외하여 수동으로 수정하셔야 합니다. ❷
사유 또는 용무는 41조에 따른 공무외 국외여행이라고 입력하시면 됩
니다.

방학 중 복무와 관련된 내용은 학교장의 재량에 따라 결정되도록 법
령으로 명시하고 있기 때문에 학교장에 따라 많이 다를 수 있습니다. 방
학 중 복무에 대해서 우리 선생님들께서 쉬는 시간, 자유 시간이라고 생
각하시는데 바람직한 생각은 아닙니다. 엄연히 법령에 의거하여 41조

연수를 신청하여 실시하는 것이므로 연수를 위한 시간임을 기억하시고, 방학 중 소중한 시간을 잘 활용하시기 바랍니다.

제가 강조하고 싶은 것은 우리가 방학 중 여유 시간을 연수를 위한 시간임을 알고, 잘 활용한다면 방학 중 복무에 대해서 그 누구도 비난을 할 수 없을 것이라고 생각합니다. 또한 방학 중 여행 계획을 세웠다면 교무 선생님께는 미리 안내를 하여 방학 중 출근일을 선생님의 여행 일자와 겹치지 않게 조정할 수 있도록 하는 것이 좋습니다. 그렇게 하지 않으면 나중에 선생님의 여행 일자와 학교 교육운영을 위한 날짜가 겹치게 되어 난감할 수 있습니다.

그럼 선생님들 모두 보람차고 행복한 방학 보내시길 기원합니다.

■ 12. 기결문서 취소 ■

우리도 사람인지라 업무 처리를 하다보면 실수를 하는 경우가 있습니다. 이번 시간에는 이미 결재가 끝난 나이스 관련 업무 문서를 취소하는 방법을 알아보겠습니다.

❶ 승인사항에서 ❷ 상신함을 클릭하면 선생님이 기안했던 문서들을 조회할 수 있습니다. ❸ 이미 결재가 완결되었지만 ❹ 취소할 문서 제목을 클릭하면 상신함 상세보기창이 열리는데, 여기에서 기결문서를 취소할 수 있습니다.

상신함 상세보기를 보니 근무지내 출장 기안을 9월 11일 14시 09분에 상신하였고, 9월 12일 8시 28분에 결재된 것을 알 수 있습니다. ❶ 기결문서 취소를 누르면 기결문서를 취소하기 위한 기안문서 상신함이 열립니다.

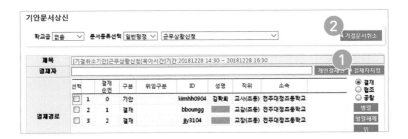

❶ 결재자를 지정하고 ❷ 기결문서취소를 클릭하면 취소 기안이 상신됩니다. 기결문서 취소기안이 결재되면 완료된 문서 상황이 취소로 변

경됩니다. 문서 상황이 취소로 변경된 기결문서는 삭제할 수 있습니다.

■ 13. 연수지명 신청 ■

이전에는 교무실에 연수지명명부를 비치하여 연수지명번호를 수기로 작성하는 방법을 많이 사용하였지만 2019년부터 연수지명 개선으로 인해 나이스 자료집계시스템이나 전자문서로 추천하지 못하고 이메일, FAX를 통해 집합연수 신청할 때에만 연수지명을 신청하게 되어 있습니다.

❶ 연수의 연수지명 신청을 클릭한 후 ❷ 신청을 해 봅시다.

❶ 연수구분을 직무연수로 한 후 연수과정명, 연수기관명, 연수기간, 연수시간, 연락처, 지명사유 등을 입력한 후 ❷ 승인요청을 클릭하면 됩니다.

❶ 결재자를 교감 선생님까지로 지정하고 ❷ 상신을 올리면 연수지명을 신청할 수 있습니다. 학교마다 전결규정에 따라 결재라인은 다를 수 있습니다.

선택	연수과정명	연수기관	연수시간	지명사유	결재상태
☐	환경 교육	전라북도 환경교육 연구원	15	환경 교육 직무 연수	상신(진행)

연수지명 신청 기안 결재가 완료되면 지명번호가 자동으로 생성되어 연수지명번호를 입력할 때 활용할 수 있습니다.

소소한 팁을 말씀드리자면 지명번호가 생성된 후 연수를 신청해도 되지만 인기가 많거나 신청날짜가 거의 끝나가는 연수일 경우에는 먼저 지명번호를 임의로 입력하고 신청을 한 후 나중에 생성된 지명번호로 수정해서도 됩니다. 결재를 기다리다 신청을 못하는 상황은 예방합시다.

▥ 14. 학교정보공시 처리 ▥

선생님이 맡은 업무와 관련된 정보공시 자료를 입력하는 업무를 처리해 봅시다.

정보공시 입력기간에 ① 학교정보공시에 들어가서 자료 검증 및 취합을 하신 후 ② 자료 등록을 클릭하여 ③ 조회를 하면 ④ 선생님이 작성할 공시항목이 표시됩니다. 공시항목을 클릭하면 자료를 등록할 수 있습니다

❶ 내용을 입력하고 ❷ 반드시 입력근거자료도 입력해야 합니다. 이번 정보공시 자료는 교육통계자료와 연계되는 것으로 등록 작업이 다 되어 있었습니다.

공시자료 관리에서 입력 및 검증이 끝났다면 작성자 마감을 해야 합니다.

❶ 공시자료 마감에서 조회를 한 후 ❷ 입력한 공시항목을 체크하고 ❸ 마감을 누르면 작성자 마감이 됩니다. 확인자 마감은 선생님이 하실 업무는 아니기 때문에 신경 쓰지 않으셔도 됩니다.

정보공시 입력시기가 오면 담당 선생님에게 연락이 오기 때문에 공시자료 입력 시기를 쉽게 알 수 있습니다. 또한 입력할 때에도 이전 자료를 확인할 수 있으므로 부담 없이 처리할 수 있는 업무입니다.

나이스에서 제공하는 우리의 월급명세서를 분석해 봅시다.

나의 메뉴에서 ① 급여의 지급명세서를 클릭합니다. ② 조회를 원하는 달을 선택한 후 ③ 조회를 클릭하면 급여명세서를 확인할 수 있습니다.

[세부내역]

급여내역		세금내역		공제내역	
본봉	3,084,200	소득세	0	연말정산소득세	588,900
정근수당	43,050	주민세	0	연말정산주민세	58,890
정근수당가산금	60,000			일반기여금	359,020
정액급식비	130,000			건강보험	132,630
명절휴가비	1,798,860			노인장기요양보험	9,780
교직수당	250,000			교직원공제회비	445,780
교직수당(가산금2)	70,000			교원연합회비	11,500
가족수당(배우자)	40,000				
가족수당(자녀)	20,000				
시간외근무수당(정액분)	15,780				
교원연구비(유.초등보직)	60,000				
급여총액	5,571,890	세금총액		공제총액	1,606,500
실수령액		3,965,390			

1. 본봉: 호봉에 따른 봉급 지급

2. 정근수당: 매년 1월, 7월에 근무연수에 따라 지급.

근무연수	지급액	근무연수	지급액
1년 미만	미지급	7년 미만	월봉급액의 30%
2년 미만	월봉급액의 5%	8년 미만	월봉급액의 35%
3년 미만	월봉급액의 10%	9년 미만	월봉급액의 40%
4년 미만	월봉급액의 15%	10년 미만	월봉급액의 45%
5년 미만	월봉급액의 20%	1년 이상	월봉급액의 50%
6년 미만	월봉급액의 25%		

3. 정근수당가산금: 정근수당을 받는 사람에게 매월 지급

근무연수	월지급액	
	전 공무원(군인 제외)	(추가 가산금)
20년 이상	100,000원	
15년 이상 20년 미만	80,000원	• 20년 이상 25년 미만인 사람 월 10,000원을 가산
10년 이상 15년 미만	60,000원	
7년 이상 10년 미만	50,000원	• 25년 이상인 사람 월 30,000원을 가산
5년 이상 7년 미만		
5년 미만		

4. 정액급식비: 공무원 점심값 13만원

5. 명절휴가비: 설날 및 추석날에는 예산의 범위에서 명절휴가비를

지급

6. 교직수당: 교원, 교육장, 장학관(사), 연구관(사) 25만원 지급

7. 교직수당(가산금1): 원료교사 수당

8. 교직수당(가산금2): 보직교사 수당

9. 교직수당(가산금3): 교원특별 수당(특수학급)

10. 교직수당(가산금4): 담임 수당

11. 교직수당(가산금6): 보건교사 수당

12. 교직수당(가산금8): 영양교사 수당

13. 가족수당(배우자): 배우자를 부양할 때 지급 (공무원 중 1명만 지급)

14. 가족수당(자녀): 자녀를 부양할 때 지급 (공무원 중 1명만 지급)

15. 시간외근무수당(정액분)

   - 근무일수가 15일 이상인 경우 인자에 대해 별도의 초과근무명
     령이나 승인 없이 월 10시간분의 시간외수당을 정액분으로 지
     급, 실제 출근일수가 월 15일 미만인 경우에는 매 1일마다 15
     분의 1에 해당하는 금액을 감액하여 지급

16. 시간외근무수당(초과분)

   - 초과근무명령을 신청하고 승인 받은 경우 지급, 1일 최대 4일,
     월 57시간 이내 지급, 단 근무명령시간 상한은 1일 4시간, 월
     67시간 이내(정액 10시간 포함)

17. 교원연구비(유,초등 5년이상): 교사에게 연구비로 지급

18. 소득세 및 주민세: 매달 내는 세금

19. 일반기여금: 공무원 연금 기여금

20. 건강보험: 국민건강보험료

교원연구비 지급단가(제3조 관련)

구 분		유·초등 교원	중등교원	비고
교장		75,000	60,000	
교감		65,000	60,000	
수석교사		60,000	60,000	
보직교사		60,000	60,000	
교사	5년 이상	55,000	60,000	
	5년 미만	70,000	75,000 (78,000)*	* 도서벽지 3천원 가산

21. 노인장기요양보험: 노인장기요양보험료

22. 교직원공제회비: 교직원공제회에 지급

23. 교원연합회비: 교총회비

24. 전교조회비: 전교조회비

더 자세한 내용이 궁금하시면 "공무원수당 등에 관한 규정"을 살펴보시면 좋습니다.

▣ 16. 나이스 연말정산 처리 ▣

　1월이 되면 연말정산 시즌이 됩니다. 연말정산이 가능한 기간이 정해져 있고, 관련 내용에 대해서는 행정실에서 방학 전에 자세히 안내를 해 줄 것입니다. 가장 기본적인 내용만 알아도 연말정산을 하는데 어려움은 없을 것입니다. 연말정산 간소화 서비스 이용절차는 간단히 다음과 같습니다.

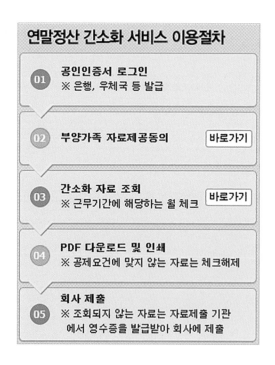

① 공인인증서 로그인하기

　연말정산 간소화 서비스를 하기 위해서 은행, 증권, 학교 인증서를 등록하여 로그인을 할 수 있습니다. 먼저 인증서를 등록해야 로그인을 할 수 있으므로 인증서를 등록한 후 로그인을 하는 방법을 알아보도록 하겠습니다.

국세청 홈택스 홈페이지에서 ❶ 로그인을 클릭합니다.

❶ 공인인증서 등록을 클릭합니다.

공인인증서 등록

- 공인인증서는 인터넷을 이용하여 국세청 홈택스 시스템의 세금신고, 전자고지, 세금납부, 증명발급, 세금계산서 발급 등 다양한 국세업무를 하기 위해 필요합니다.
- 공인인증서로 인증을 통하여 회원가입한 사용자는 자동으로 공인인증서가 등록됩니다.
- 주민등록번호로 회원 가입하였을 경우 주민등록번호로 발급한 개인용 공인인증서, 사업자등록번호로 가입하였을 경우 사업자 등록번호로 발급한 사업자(전자세금용) 공인인증서를 등록하여야 합니다.

◎ 개인	◎ 사업자(개인·법인·세무대리인)
❶ 주민등록번호 [　　] - [　　　　]	사업자등록번호 [　　] - [　] - [　　]
❷ 등록하기	등록하기

※ 주민등록법 제 37조(벌칙)의 규정에 따라 다른 사람의 주민등록번호를 부정하게 사용한 자는 3년 이하의 징역 또는 1천 만원 이하의 벌금에 부과될 수 있습니다.

❶ 주민등록번호를 입력한 후 ❷ 등록하기를 클릭하면 인증서를 선택할 수 있습니다.

❶ 인증서를 선택하고 ❷ 비밀번호를 입력한 후 ❸ 확인을 누르면 로그인을 위한 인증서 등록이 완료됩니다.

② 자료동의제공 신청하기

배우자나 자녀, 부양가족 등의 자료를 자동으로 연계시키기 위해서는 자료동의제공 신청을 해야 합니다. 즉 제 이름으로 배우자, 자녀, 부양가족 등의 자료를 등록하기 위해서 하는 작업입니다. 연말정산 간소화 서비스가 제공되기 전에 미리 하는 것이 접속오류도 적고, 빠르게 할수 있으니 연말정산 간소화 서비스 전에 미리 신청하세요.

연말정산 간소화 서비스에 들어가서 ❶ 연말정산을 클릭합니다.

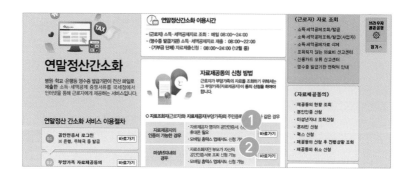

❶ 인증이 가능한 경우와, ❷ 미성년자 자녀인 경우 따로 신청할 수
있습니다.

❶ 자료 조회자는 연말정산을 실시할 근로소득자의 자료를 입력하고,
❷ 자료 제공자는 근로소득자의 부양가족의 자료를 입력합니다. ❸ 동

의 신청 후 ④ 신청하기를 클릭하면 인증서를 선택하여 인증을 하면 신청이 완료됩니다.

❶ 제공동의 현황 조회를 클릭하면 자료제공동의 현황을 조회할 수 있습니다.

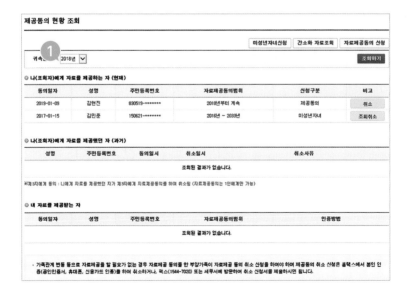

❶ 귀속연도를 선택 후 ❷ 조회하기를 누르면 자료제공을 동의한 사람 정보를 확인할 수 있습니다. 저는 배우자와 자녀가 등록이 되어 있다는 것을 알 수 있습니다. 즉 배우자와 자녀의 자료를 국세청에서 자동으로 받아서 반영할 수 있다는 것입니다.

이제 연말정산 간소화 서비스를 실시하는 날을 기다리면 됩니다. 처음 실시하는 날에는 사람들이 몰려서 접속이 어렵거나 오류가 날 수 있으므로 2~3일 정도 후에 접속하여 처리하는 것이 편합니다.

연말정산을 할 때 사람들이 많이 몰려 접속이 힘들고, 국세청 자료가 바로 넘어오지 않기 때문에 다시 해야 하는 경우가 있습니다. 그러므로 연말신청이 가능한 첫 날 연말정산 업무를 처리하는 것보다는 4~5일 이후에 처리하는 것이 좋습니다.

먼저 연말정산 간소화 서비스에 들어가서 연말정산 자료를 받아보겠습니다.

➊ 연말정산 간소화 서비스로 바로가기를 클릭합니다.

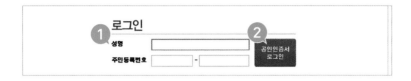

➊ 이름과 주민등록번호를 입력한 후 ➋ 공인인증서로 로그인을 합니다. 업무포털 인증서를 통해서도 로그인이 가능합니다.

➊ 인증서를 선택한 후 ➋ 비밀번호를 입력하고 ➌ 확인을 누르면 로그인을 할 수 있습니다.

❶ 건강보험에서부터 기부금까지 하나씩 모두 클릭을 하면 관련 내역을 조회할 수 있으며 조회한 내역은 ❷ 한번에 내려받기를 할 수 있습니다. 나이스에서 연말정산 자료를 업로드 할 때에 한번에 내려 받은 자료를 활용하기 때문에 반드시 한번에 내려받기를 해주시기 바랍니다.

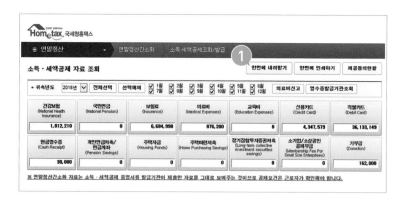

모든 자료를 조회한 후에는 ❶ 한번에 내려받기를 클릭하여 PDF로 저장합니다. 국세청 자료를 PDF로 저장한 후에는 나이스에 들어가서 연말정산 처리를 해야 합니다.

내역이 있는 자료는 자동으로 체크가 되어 내려받기를 할 수 있습니다. ❶ 비밀번호를 설정하면 나이스에서도 비밀번호를 입력해야 합니다. ❷ 내려받기를 클릭합시다.

나의 메뉴에서 ❶ 연말정산을 클릭하면 다양한 메뉴를 볼 수 있습니다. 근로소득확인에서부터 정산공제자료등록, 의료비지급명세서 등록 등 다양한 업무를 처리할 수 있는데 저는 국세청 자료 및 보육료 납입 증명성 개별입력을 하도록 하겠습니다. 국세청에 등록되지 않는 자료가 있다면 정산공제자료등록 아래에 있는 의료비지급명세서등록이나 기부금명세서등록 등에서 별도로 입력하셔야 합니다.

❶ 정산공제자료 등록을 통해 국세청에서 다운받은 연말정산 자료를 등록하겠습니다.

❶ 기본사항에서 ❷ 세대주 내역을 설정한 후 ❸ 저장을 클릭합니다.

❶ 인적공제에서 ❷ 인적현황을 추가 및 삭제한 후 ❸ 저장을 클릭합니다. 보험료 및 소득공제 항목은 PDF 파일을 첨부하면 자동으로 입력이 됩니다.

❶ PDF업로드를 통해 ❷ 국세청에서 다운받은 PDF를 찾아 ❸ 등록합니다.

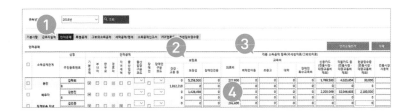

❶ 인적공제를 다시 클릭하면 ❷ 보험료와 ❸ 각종 소득공제 항목이 자동으로 입력된 것을 알 수 있습니다. 어린이집을 통해 받은 보육료 납입증명서를 참고하여 ❹ 취학전 아동 교육비를 별도로 입력을 하겠습니다. 국세청 자료에 반영이 되지 않은 내역은 선생님께서 개별적으로 자료를 받아 입력하시면 됩니다.

❶ 취학전아동 교육비 90만원을 아래쪽에 입력한 후 ❷ 저장을 클릭합니다. 선생님들께서도 개별적으로 입력해야 할 것들을 꼼꼼히 확인하여 입력하시고, 행정실에 관련 자료를 제출하시면 됩니다.

국세청 자료에 반영되지 않은 개별 입력할 내역들은 ❶ 의료비지급명세서 및 월세명세서등록 메뉴에서 입력하시면 됩니다.

❶ 의료비지급명세서 등록을 클릭하여 국세청 자료에 반영되지 않은 내역을 ❷ 등록하고 관련 영수증을 정리하여 행정실에 제출하면 됩니다. 입력시 개별 건수별로 입력해야 하는데 1인 30건 일 때는 30줄로 작성해야 하며, 묶어서 한 줄로 입력을 해서는 안 됩니다.

❶ 기부금명세서 등록을 클릭하여 국세청 자료에 반영되지 않은 내역을 ❷ 추가하여 ❸ 저장해야 합니다. 기부금 서류를 제출시 반드시 관련 단체 직인을 받아야 하며, 등록시 오타, 띄어쓰기가 잘못되면 국세청에 자료를 제출할 때 오류가 발생므로 입력할 때 신중하게 처리해야 합니다.

● 연금저축공제 등록을 클릭하여 국세청 자료에 반영되지 않은 내역을 ❷ 추가하여 ❸ 저장합시다. 개인연금저축, 청약저축, 연금저축 등이 입력 대상입니다.

월세를 납부하고 계신다면 ● 월세명세서 등록을 통해 ❷ 추가하여 ❸ 저장하면 됩니다. 또한 주택임차자금차입금 원리금상환액 공제는 12월 31일 현재 무주택 세대의 세대주인 근로자 또는 세대주가 주택자금공제를 받지 않은 경우에는 세대원인 근로자가 받을 수 있는 것으로 해당이 되신다면 ❹ 거주자간 주택임차자금차입금 원리금상환액을 클릭하여서 추가 등록을 하시면 됩니다.

그리고 주의해야 할 것이 신규교사 및 기간제교사 중 종전근무지 소득이 있을 경우에는 종전근무지의 원천징수영수증과 같이 제출하여 소득을 합산하여 연말정산을 해야 합니다.

입력을 다 했다면 관련 자료 출력물을 행정실에 제출해야 합니다. 근로소득공제신고서와 주민등록등본(3개월 이내발급) 또는 가족관계증명서(부양가족이 주거를 함께 하지 않는 경우), 국세청 제공 자료 및 기타 증빙서류 등을 제출하시면 됩니다. 개별적으로 의료비공제, 기부금공제, 연금저축공제, 월세명세서 등록을 하셨다면 나이스 출력물을 함께 제출해야 합니다.

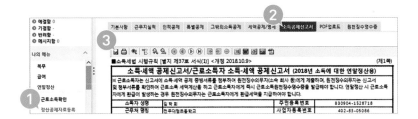

근로소득공제 신고서는 ❶ 정산공제자료등록에서 ❷ 소득공제신고서를 클릭하여 ❸ 출력하면 됩니다.

그리고 정부24에서 연말정산과 관련된 서류를 쉽게 출력할 수 있습니다. 연말정산 간소화 페이지에서는 연말정산에 필요한 주민등록표등본과 재학증명서, 장애인증명서, 국민기초생활수급자증명서, 외국인등록사실증명서, 가족관계등록원부 등의 증빙서를 바로 신청·발급받을 수 있습니다. 또한 연말정산 시 자주 이용하는 개별(공동)주택가격확인서, 교육비납입증명서도 정부24 홈페이지에서 조회하여 발급할 수 있습니다.

정부24에서도 업무포털 인증서를 등록하여 로그인할 수 있고, 무료로 증빙서를 출력할 수 있습니다.

사소한 팁을 말씀드린다면 현금영수증을 휴대전화로 발급 받았는데, 현금영수증 내역에 없다면 국세청의 현금영수증 발급수단에서 휴대전화번호를 등록해야 합니다.

국세청 홈페이지에서 ❶ 조회/발급을 클릭합니다.

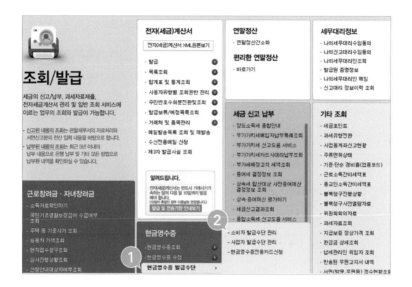

❶ 현금영수증 발급수단을 클릭하고 ❷ 소비자 발급수단 관리를 클릭
합니다.

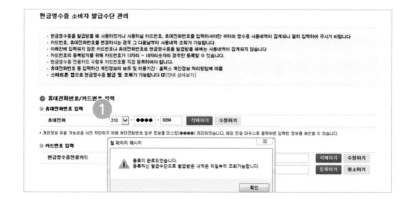

휴대전화를 입력하고 등록을 하면 다음날부터 조회가 가능하다는 알림이 뜹니다. 다음날 연말정산 간소화 서비스를 이용하면 현금영수증 내역이 반영될 것입니다.

또한 군대를 다녀온 선생님 중에는 소급기여금을 일시불로 납부하신 분들이 계실 것입니다. 소급기여금도 연말정산 대상이지만 자동으로 반영되지 않기 때문에 직접 챙기셔서 행정실에 소급기여금 소득공제 자료를 제출해야 합니다.

공무원 연금공단 홈페이지에서 ❶ 현직공무원 메인 바로가기를 클릭합니다.

❶ 내연금보기(조회/신청)를 클릭하면 로그인 화면이 나옵니다. 로그인은 공인인증서 및 ID로 할 수 있습니다. 공인인증서는 업무포털 인증서를 등록하여 사용할 수 있습니다. 로그인을 하면 다음 화면이 나옵니다.

이 화면에서는 선생님의 연금과 관련된 정보와 연금공단에서 운영하는 복지업무 등을 확인할 수 있습니다. 우리는 소급기여금 연말정산 자료를 받아야 하므로 ❶ 재직정보에서 ❷ 재직자기본정보 메뉴의 ❸ 기여금 소득공제(연말정산용)를 클릭합니다.

◎ 기여금 소득공제 (연말정산용)

| * 주민등록번호 | 830904-******* | 성명 | 김학희 | * 해당연도 | 2018 | 년도 |
| 기관코드 | 947378000000 | 기관명 | 전라북도전주교육지원청 | | | |

본 자료는 귀하의2018년도 기여금 납부내역으로서 근로소득 연말정산시 소득공제(소득세법 제 51조의 3) 자료로 참고토록 제공하는 것입니다.
동 납부내역은 우리공단의 심사과정에서 납부항목 및 심사일정에 따라 다소간의 차이가 있을 수 있습니다.
합산반납금은 이미 과세 환원된 퇴직급여액을 반납하는 것으로 소득공제 대상에 해당되지않습니다.
(퇴직시 재임용 이전 합산한 재직기간에 포함하지 않아 이중과세 되지 않습니다)

< 기여금 소득공제액 산정기준 >

○ 일반기여금 : 납부액 100% 소득공제
○ 소급기여금 : 임용전 병역복무나 휴직기간에 따라 소득공제율 달라짐

휴직기간	2000.12.31. 이전	2001.1.1. - 2001.12.31.	2002.1.1. 이후
소득공제액	소득공제 받을 수 없음	소급기여금 납부액의50%	소급기여금 납부액의100%

※ 산정근거 : 소득세법 제51조의3(연금보험료의 공제) 및 부칙 <법률 제6292호. 2000.12.29> 제9조 (연금보험료 소득공제에 대한 적용례)
※ 2002년 이전 사병복무기간 포함자는 성명에 "*" 표시를 하였으므로, "*" 표시가 있으면 반드시 위 산정기준을 적용하여 계산하시기 바랍니다.
※ 고객님께서 계산하신 소득공제액과 전산상의 소득공제액이 상이하거나 기타 소득공제액 이상이 있는 경우 우리공단 해당지부 징수담당자를 통해 개별처리 하시기바랍니다

◘ 기여금 납부액 및 예정 소득공제액

| 납부월 | 기여금 납부액 | | 기여금 납부액 (개별) | 예정 소득공제액 | |
	일반기여금	소급기여금	(일반+소급+합산)	일반기여금	소급기여금
1월	359,020	0	0	359,020	0
2월	359,020	0	0	359,020	0

　　소급기여금을 일시불로 납부하셨다면 납부하신 월에 ❶ 소급기여금 내역이 나옵니다. ❷ 출력을 클릭하셔서 출력물을 행정실에 제출하시면 됩니다.

　　나이스 등록이 마무리 되었다면 행정실에 제출해야 하는 서류에 대해 간단히 말씀드리겠습니다. 모든 선생님들께서 의무적으로 제출해야 하는 서류는 다음과 같습니다.

의무 제출 서류	
근로소득공제신고서	전 직원 제출 나이스 출력물 제출
주민등록등본(3개월 이내발급) 또는 가족관계증명 서(3개월 이내발급)	전 직원 제출 가족관계증명서는 부양대상가족이 주거를 함께 아니하는 경우만 제출
국세청 제공 자료	전 직원 제출
서약서(행정실에서 제공)	전 직원 제출

국세청에서 제공하는 자료에 반영되지 않는 내역을 별도로 반영해야 하거나 입력하신 분들은 추가로 서류를 제출해야 합니다.

별도로 추가 입력하신 분들만 제출하는 서류	
의료비공제신고서	해당자 나이스 출력물 제출
기부금공제신고서	해당자 나이스 출력물 제출
연금저축공제신고서	해당자 나이스 출력물 제출
월세명세서	해당자 나이스 출력물 제출
기타 증빙서류	예) 소급기여금 등

연말정산과 관련된 내용은 매년 변경되므로 행정실에서 제공하는 연말정산 연수 자료를 잘 확인하며 처리하시길 바랍니다.

▣ 17. 원격업무지원 서비스 신청 ▣

업무포털 시스템은 보안상 교육청 전산망 내에서만 접속을 할 수 있습니다. 예를 들어 학교나 교육청 전산망을 사용하는 산하 기관이 아닌 선생님의 집이나 PC방 등에서는 인증서가 있더라도 업무포털 시스템에 접속할 수가 없습니다. 하지만 나이스에서 원격업무지원서비스를 신청하고 원격업무지원 시스템에 접속한다면 교육청 전산망이 아니더라도 어디에서든 접속을 할 수 있습니다. 단 일반 인터넷 접속을 차단시킵니다.

일반적으로 원격업무지원 서비스는 방학 기간 중 41조 연수를 하고 있을 때 긴급하게 처리해야 하는 업무처리를 자택에서 할 수 있도록 신청하는 경우가 많습니다. 원격업무지원 서비스를 신청하지 않아서 학교로 출근을 하는 경우도 있는데, 학교가 너무 멀리 떨어져 있다면 자택에서 가까운 학교나 교육청에 가서 협조를 구하면 업무포털 시스템에 접속할 수 있습니다. 물론 인증서는 선생님께서 가지고 있어야 합니다.

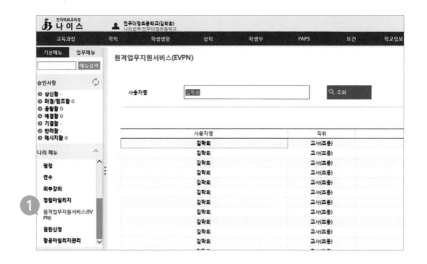

① 원격업무지원서비스(EVPN)를 클릭하면 선생님께서 승인 요청했던 내용들을 조회할 수 있으며 신규로 신청을 할 수도 있습니다. 신규로 신청할 때 주의해야 할 점은 현재 승인된 기간이 9월 4일이고, 오늘이 8월 15일인 경우에 신규 신청을 할 때 8월 15일부터 신청해야 다음날부터 사용 가능하다는 것입니다. 즉, 승인 요청을 하는 날을 원격업무지원서비스를 시작하는 날로 설정하고 신규 신청을 하셔야 합니다.

　① 신규를 클릭하여 내용을 입력합시다. 아까도 말씀드렸듯이 신규
신청을 하면 기존의 승인된 정보는 삭제가 되므로 ② 시작일은 신청 당
일로 설정을 하고, 사용기간은 최대 3개월까지 신청을 할 수 있습니다.
③ 패스워드는 숫자, 영문자, 특수문자가 조합된 9자 이상의 암호로 설
정합니다. ④ 보안서약서를 읽고 동의함을 클릭하신 후 ⑤ 저장을 누르
시면 원격업무지원 서비스 승인요청을 할 수 있습니다.

　① 승인요청을 하고 결재를 올리고 결재가 완료되면 원격업무지원
시스템에 접속할 수 있습니다.

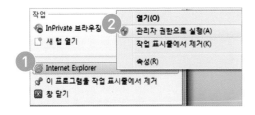

　원격업무지원 시스템에 접속을 할 때 ① 인터넷 익스플로러를 ② 관

리자 권한으로 실행하여 접속을 하여야 오류가 없이 원활하게 접속할 수 있습니다.

원격업무지원 시스템(https://evpn.jbe.go.kr/-전북)에 접속하여 ❶ 로그인을 하면 됩니다. 나이스 ID와 신청할 때 설정한 패스워드를 입력하면 로그인이 됩니다.

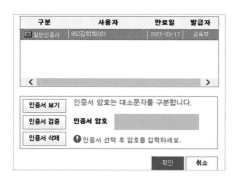

나이스 인증서 로그인 절차가 있으니 인증서는 꼭 가지고 계셔야 합니다. 원격업무지원 서비스에 접속하면 볼 수 있는 화면입니다.

다양한 업무메뉴 중에서 ① 업무포털을 클릭해 보겠습니다.

학교에서 자주 보던 업무포털 화면이 나왔습니다. 이제부터 학교에서 업무를 처리하듯 집에서도 업무를 처리할 수 있을 것입니다.

지금까지 기본적으로 알면 좋은 나이스 업무에 대해 함께 알아보았습니다. 나이스 업무 방법 및 노하우를 좀 더 알고 싶으시다면 나이스지원센터를 활용하면 더 많은 정보를 확인할 수 있습니다.

기타 업무

■ 1. 자료집계 처리 ■

K-에듀파인의 메인 화면입니다. 이번에 우리가 배울 내용은 ① 자료
집계 메뉴로, 교육청에서 생성한 자료를 접수해서 처리하는 메뉴입니
다. 아직 K-에듀파인에서도 (구)자료집계와 업무 처리가 비슷하니 참고
하여 처리하시면 될 것 같습니다.

자료집계 메뉴를 클릭하면 ① 접수 자료를 볼 수 있는 창이 생성됩니다. 접수자료 목록에서 우리가 접수·처리해야 할 ② 자료명을 클릭합니다.

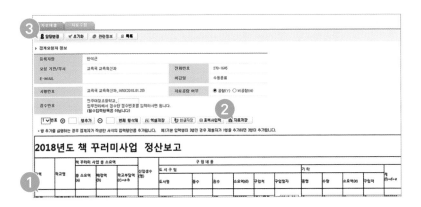

① 자료를 입력하는 칸에 내용을 작성한 후 ② 자료저장을 하면 됩니다. 해당이 없는 경우 ③ 해당 없음으로 제출하면 됩니다.

작성한 자료집계 자료를 제출하기 위해서는 ❶ 승인상신을 클릭하면 되고, 자료를 수정하려면 ❷ 자료수정을 클릭하면 됩니다. 승인상신을 클릭하여 제출해 보겠습니다.

승인 상신을 누르면 나이스 결재창이 뜹니다. ❶ 결재자를 지정한 후 ❷ 상신을 올립시다. 결재가 완료되어야 교육청으로 자료가 전송되니 마감일보다 조금 여유 있게 처리하는 것이 좋습니다.

■ 2. 맞춤형 복지 포인트 청구 ■

선생님이 되시면 맞춤형 복지포털에서 복지 포인트라는 것을 받게 됩니다. 복지 포인트 산정기준에 따라 받은 복지 포인트는 단체보험을 가입하는데 사용합니다. 단체보험 업무는 행정실에서 처리하는데, 단체보험 중 실비보험과 중복되지 않는 보험이 있으니 꼭 확인하길 바랍니다.

그리고 복지 포인트에 대한 일정 비율만큼 온누리 상품권을 의무적으로 구입해야 합니다. 그나마 2017년부터 상품권 구입 전에도 카드 청구가 가능해서 복지 포인트 사용에 불편함이 조금은 해소되었습니다.

그럼 온누리 상품권을 구입하고, 복지 포인트를 청구하는 방법을 알아보겠습니다.

행정실에서 구입해주는 학교도 있지만 개별적으로 구입하는 학교도 있습니다. 개별 구입을 해야 한다면 온누리 상품권을 구입할 수 있는 곳에서 신분증과 현금을 지참하여 방문 구입을 하면, 영수증을 받을 수 있습니다. 영수증은 스캔하여 PDF파일로 만들어 놓아야 합니다. 모든 준비가 되었다면 맞춤형 복지포털의 ① 복지점수 청구에서 ② 영수증 청구를 클릭합니다.

온누리 상품권 구입 영수증과 비교하면서 내용을 작성하면 됩니다.
여기에서 유의할 점은 ❶ 영수증 금액이 총 결재금액인 57,000이 아닌
총 구매금액인 60,000원이라는 점입니다. ❷ 영수증 첨부에는 아까 스
캔했던 영수증 PDF 파일을 첨부하면 됩니다. 파일 첨부까지 완료되었
으면 ❸ 청구를 누릅니다.

청구를 하였다면 청구서와 영수증을 행정실의 복지 포인트 담당 선생님께 드려야 합니다. 청구서를 출력하려면 ❶ 영수증 청구 현황을 클릭한 후 ❷ 해당 청구서를 체크한 다음에 ❸ 청구서 출력을 누르면 맞춤형 복지비 신청서(영수증)를 출력할 수 있습니다.

맞춤형복지비 신청서(영수증)

기관명	전주대정초등학교		주민번호			성명	김학회

출력일시 : 2018/04/19 20:31:34　　　　　　　　　　　　　　　　　　　　(단위 : 포인트, 원)

등록일자	청구구분	복지항목	카드승인번호	영수증승인일자	구매업체 (구매내역)	신청포인트	신청금액	비고
2018/04/19	영수증	온누리상품권(개인의 무구매)		2018/04/17	전주평가신용협동조합 (온누리상품권)	60.00	60,000	
					소　계	60.00	60,000	
배정포인트		760.00	총사용포인트	352.11	지급대기포인트	60.00	잔여포인트	407.89

신 청 자 :　　김학회　　(인)

출력된 신청서에 ❶ 사인을 한 후 원본 영수증과 함께 행정실 담당 선생님께 드리면 온누리 상품권으로 복지 포인트 청구하는 과정이 모두 끝납니다.

참고로 카드청구를 하려면 본인의 카드를 맞춤형 복지포털에 등록해야 합니다.

❶ 복지점수 청구에서 ❷ 사용카드 등록/변경을 누르시면 ❸ 공무원
카드 및 일반카드를 등록할 수 있습니다. 인의 카드를 맞춤형 복지포털
에 등록해야 합니다.

그리고 카드 청구 방식을 자동 청구로 설정하면 편합니다. ❶ 복지점수 청구에서 ❷ 계좌 및 청구방식 변경을 클릭합니다. ❸ 카드 청구 방식을 자동 청구로 설정한 후 저장을 합니다. 복지포인트는 소멸되는 포인트입니다. 소멸되기 전에 미리 청구하는 것이 좋습니다.

◼ 3. 안전사고 발생 시 처리 ◼

학교에서 안전사고가 났을 때에는 정말 정신이 없지요. 그래서 안전사고가 발생하였을 때의 절차를 잘 알고 있어야 안전사고 처리를 잘 할 수 있습니다. 일단 학교에서 안전사고가 발생하였을 경우, 일반적인 처리 절차에 대해 말씀드리겠습니다.

학교에서 사고 발생시	
신속한 구호활동	1. 119 신고 (긴급 상황일 경우) 2. 현장 응급처지 및 보건실 이동 (보건교사와 통화) 3. 학교장(감)에게 보고 후 학부모에게 연락 4. 담임(보건교사)교사는 반드시 병원까지 동행하여 검사 확인
담임교사가 동행할 경우 보결 처리	1. 학년부장이 사고학급 보결반 결정 및 배치 2. 교무부장에게 보결반 결정 통보 3. 학교장 및 교감에게 사고 경위 및 처리 방법 보고 4. 학년부장이 사고학급 보결 나이스 기안
사고 경위 파악 (사고 당일 작성)	1. 사고 발생 일시 및 사고관련자 파악 (학년/반/성별) 2. 사고 원인 및 목격자 진술서 확보 3. 교사 직무수행 및 사후관리 내용 반드시 포함
공제회 사고 통지 및 보상 청구	1. 공제급여관리시스템(www.schoolsafe.or.kr) 2. 학생안전사고 발생 신고서 양식 작성 3. 병원발행 영수증 원본 제출

안전사고는 대부분 선생님의 잘못이 아닙니다. 안전사고가 발생하였을 때 당황하지 마시고 침착하게 학생을 진정시키셔야 합니다. 또한 신속한 구호활동을 하고, 병원에 가야 하는 경우 반드시 병원까지 함께 가는 것이 좋습니다.

또한 관리자에게 보고한 후 학부모에게 보고를 하는 것이 좋습니다. 그 이유는 추후에 문제가 발생하였을 경우에도 학교에서 관리하기가 쉽고, 다양한 지원을 신속하게 받을 수 있기 때문입니다. 절대 선생님의 잘못이 아니므로 관리자에게 보고하는 것을 주저하지 마세요. 다음은 학교 밖에서 안전사고가 일어났을 경우, 일반적인 처리 절차를 말씀드리겠습니다.

학교 외부지역(체험활동 시)에서 사고 발생	
신속한 구호활동	1. 체험활동 기관의 응급처리실 방문 2. 체험활동 기간 담당자 호출 3. 학년부장에게 상황 보고 및 담당학급 부탁 4. 병원으로 후송(체험활동 담당자와 동행) 5. 학교장에게 보고 후 학부모에게 연락

사고 발생 학급 처리 및
사고 경위 파악
(사고 당일 작성)
	1. 학년부장이 사고 학급 담당 및 후속조치
	2. 학년부장이 사고 경위 파악
	3. 체험학습 돌아온 후 사고 경위서 작성
	  – 사고 발생 일시 및 사고관련자 파악
	  – 사고 원인 및 목격자 진술서 확보
	  – 교사 직무수행 및 사후관리 내용 반드시 포함

보상 청구	1. 학교 외부에서 발생하는 경우 체험기관이 1차 책임 2. 학교장 및 교감과 상의한 후 보상 청구 방안 논의

만약 체험활동(외부기관) 시 안전사고가 발생하였을 경우 외부기관과의 연계가 중요합니다. 항상 신속한 구호활동을 하신 후 병원에 동행하

고, 관리자에게 보고 후 학부모와 연락을 하는 것이 좋습니다. 다음은
안전공제회를 활용하는 방법을 알아보겠습니다.

공제급여관리스시템(www.schoolsafe.or.kr)에 들어가서 ① 학교 아이
디와 비밀번호를 입력합니다.

❶ 학교이름으로 로그인이 되었음을 알 수 있습니다. ❷ 공제회 통계 자료와 ❸ 목록을 볼 수 있습니다. ❹ 학교사용자용 매뉴얼을 다운받아서 확인하시면 공제회 업무에 대해서 더 자세히 알 수 있습니다. ❺ 학교안전사고 통지를 클릭합니다.

❶ 보완은 통보 후 공제회에서 보완을 요청할 때의 상태이고, ❷ 접수는 통보 후 접수되었다는 의미입니다. ❸ 미통보는 등록만 한 후 공제회에 통지를 안 한 상태입니다.

사고를 처음 등록하여 자료 입력 내용에 대해 잘 모르신다면 기존 자료를 참고하시면 작성하실 때 편합니다. ❶ 기존 자료를 체크한 후 ❷ 수정이나 ❸ 재작성을 클릭하면 기존 자료의 내용을 확인할 수 있습니다. 비슷한 사고의 내용일 경우에는 기존 자료를 보시면 처리하는데 큰 도움을 받을 수 있습니다. 내용을 잘못 입력하면 보완요청이 와서 수정을 해야 하니 접수된 기존 자료를 꼭 확인하세요.

기존 자료를 출력하여 자료를 입력하는데 참고하고 싶으시면 ❶ 기존 자료를 체크한 후 ❷ 인쇄를 하시면 출력물을 얻을 수 있습니다. 입력할 내용에 대해서 파악이 되었다면 사고를 등록하고, 공제회에 통보합니다.

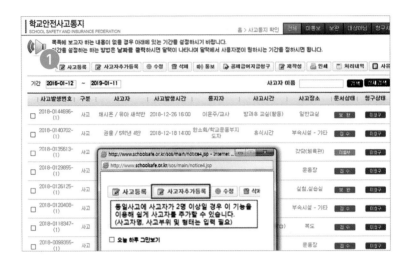

❶ 사고등록을 클릭하여 사고를 등록하도록 합시다.

사고 정보를 바탕으로 사고 내용을 입력합니다. 자료를 모두 입력하고 확인을 클릭하면 미통보 상태가 됩니다.

① 등록한 자료를 체크한 후 ② 인쇄를 클릭하여 출력한 후 내부결재를 받습니다

내부결재를 받은 후에는 ① 등록한 자료를 체크한 후 ② 통보를 클릭하여 자료를 공제회에 통보합니다.

통보 후 접수가 되면 좋으나, 보완상태가 된 경우 ① 보완을 클릭하면
보완해야 할 내용들이 다음과 같이 나옵니다.

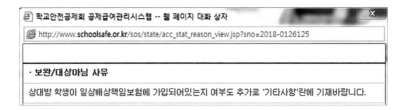

보완해야 할 내용을 참고하여 수정하도록 합시다.

1 보완해야 할 자료를 체크한 후 **2** 보완해야 할 내용을 참고하여 자료를 수정하면 됩니다.

공제급여지급을 청구할 때에는 **1** 접수된 자료를 체크한 후 **2** 공제급여지급청구를 클릭하면 청구할 수 있으며 학부모가 직접 청구할 수도 있으니 안내하셔도 됩니다.

공제급여 청구 시 공제회에 보내야 할 자료는 **1** 에 나와 있으니 참고하세요.

❶ 공제급여청구를 클릭하면 다음과 같이 공제급여청구와 관련된 자료를 조회할 수 있습니다.

❶ 처리 상태를 확인할 수 있고, ❷ 청구서를 작성할 수도 있습니다.

안전사고 외에도 학교폭력으로 인한 피해도 공제회에 청구할 수 있습니다.

❶ 학교폭력 사고 통지와 ❷ 학교폭력 피해청구를 활용하면 학교폭력으로 인한 피해학생의 치료비용을 청구할 수 있습니다. 학교폭력 피해로 인한 치료비용 청구에 대해서는 아직 잘 모르시는 분들도 많으니 선생님께서 꼭 주변에 알려주시면 좋을 것 같습니다. 학부모 중에는 학교폭력에 의한 치료비 지원에 대해서 잘 알고 있는 분들도 상당히 많기 때문에 선생님께서 모르고 계실 경우 학부모의 신뢰를 잃을 수 있기 때문입니다.

◼ 4. 학교폭력 발생 시 ◼

학교 폭력을 예방하기 위하여 모두 노력하지만 학교 폭력이 발생하였을 경우 우리는 어떻게 해야 할까요? 일단 우리 신규 선생님께서는 선생님의 잘못으로 인한 학교폭력이라는 생각은 버리시고, 학교폭력 담당 선생님께 신고를 해야 합니다. 본인의 반에서 일어난 일이기 때문에, 학교 폭력 담당 선생님께 죄송하다는 이유로, 사건을 크게 만들지 않기 위해 선생님이 잘 해결하려다가 큰 어려움을 많이 겪는 경우를 정말 많이 보았습니다. 선생님을 위해서라도 바로 신고하셔야 합니다. 그리고 학교폭력을 신고한 후에는 선생님께서 무엇인가 도움을 주겠다고 선의로 하시는 행동들이 나중에 문제가 될 수 있으므로 학교 폭력 담당 선생님이 요구하는 것만 하시는 것이 좋습니다.

일단 학교폭력 처리 절차에 대해서 간단히 설명해 드리겠습니다.

단계	처리 내용	비고
폭력 사건 발생 인지	사건현장 목격, 117신고센터 통보, 신고 등을 통해 사건 발생을 인지한 교사, 학생, 학부모 등은 **학교폭력 전담기구**(책임교사 등)에 신고	

⬇

단계	처리 내용	비고
신고 접수 및 학교장 보고	• 학교폭력 전담기구는 신고된 사안을 **신고대장**에 반드시 기록하고, 학교장, 담임교사에게 보고한 후 관련학생 학부모에게 통지 • 사안이 중대한 경우, 학교장 및 자치위원장에게 즉시 보고	학교폭력 전담기구

⬇

단계	처리 내용	비고

즉시 조치 〈긴급조치포함〉	• **관련학생 우선 격리**
	• 신고·고발한 학생도 보복행위를 당하지 않도록 조치
	
	〈피해학생〉
	• 「아동·청소년의 성보호에 관한 법률」에 따라 **성폭행**에 대해서는 **반드시 수사기관에 신고**하고, 성폭력 전문상담기관 및 병원을 지정하여 정신적·신체적 피해 치유
	• 피해학생의 신체적·정신적 피해를 치유하기 위한 조치 실시
	
	〈가해학생〉
	• 출석정지
	  – 전치 2주 이상의 상해
	  – 보복을 목적으로 폭력 행사
	  – 학교장이 피해학생을 보호할 필요가 있다고 판단 시
	• 가해학생의 선도가 긴급한 경우, 「**학교폭력예방 및 대책에 관한 법률**」 제17조 제4항에 따라 학교장은 가해학생에 대한 조치를 취한 후, 자치위원회에 즉시 보고하여 추인
		학교장 학교폭력 전담기구 담임교사

⬇

단계	처리 내용	비고
사안조사	• 학교폭력전담기구에서 구체적인 사안조사 실시 – 관련학생 면담, 주변학생 조사, 설문조사, 객관적인 입증자료 수집 • 관련학생 심층상담 • 조사한 결과를 바탕으로 가해자와 피해자 확정 • **성폭력의 경우 비밀유지에 유의**	학교폭력 전담기구 담임교사

⬇

가·피해학생 부모면담	• 조사결과에 대해 부모에게 알리고, 향후 처리 절차 등에 대해 통보	학교폭력 전담기구 담임교사

⬇

처리방향 심의	• 자치위원회 개최 시기 결정	학교폭력 전담기구

⬇

처리방향 결정	• 전담기구의 심의결과를 바탕으로 자치위원회 개최 요구	학교장

⬇

자치위원회 개최 및 조치	• 가해학생 및 보호자에게 의견진술의 기회를 부여하는 등 적 절한 절차를 거쳐야 함 • 자치위원회를 개최하여 가·피해학생에 대한 조치 결정	자치위원회

⬇

결정통보 및 재심안내	• 자치위원회의 결정을 가해자와 피해자 및 그 보호자에게 통보 • 통보시 재심을 받을 수 있는 방법 안내	학교장

⬇

조치 실행 및 사후 관리	• 학교장은 자치위원회의 조치 요청이 있는 경우, **14일 이내에 해당 조치**를 해야 함 • 가해학생과 그 보호자가 조치를 거부하거나 회피하는 경우 **관련 법령에 따라 징계 또는 재조치** • 교육감(교육장)에게 조치 및 그 결과 보고 ※ 학교폭력 예방 및 대책에 관한 법률 제19조 • 가·피해학생이 안정적인 학교생활을 할 수 있을 때까지 심리 치료, 재활치료, 생활교육 등 실시 • 가·피해학생 소속 학급, 필요시 학생 전체를 대상으로 학교 폭력예방 교육 실시	학교장 담임교사 전 교원

학교 폭력이 신고한 후에는 가능하면 학교폭력 담당 선생님의 지시를 받고 행동을 하시는 것이 좋습니다. 선생님들이 선의로 한 행동들이 나중에 문제를 더 크게 만들 수 있으므로 담당 선생님께 모든 것을 위임하시고, 학부모 및 학생 상담 또한 담당 선생님의 요청이 있을 때만

하시길 바랍니다. 학교폭력 담당 선생님께는 다소 미안할지라도 학교
폭력 처리 및 유의사항 등을 잘 모르는 상태에서 하는 선생님의 호의는
나중에 선생님을 정말 많이 힘들게 할 수 있다는 것을 명심해 주세요.
아래에 학교 폭력 처리 중 선생님께서 유의해야 할 것들을 간단히 말씀
드리겠습니다.

- '학습권 보장'을 위하여 사안조사는 방과 후 등 수업시간 이외의 시간을 활용
  한다.
- "교사의 강요에 의한 진술이므로 증거능력이 없다"라는 민원이 많으므로 사안
  조사 시 강압적인 언어를 사용하지 않는다.
- 자치위원회 회의록과 같이 법률상 근거가 있는 경우를 제외하고, 피·가해학생,
  목격자 등의 진술서 등 사안조사 자료는 비공개를 원칙으로 하므로 절대로 관
  련 내용을 누구에게도 발설해서는 안 된다.
- 성범죄 또는 아동학대 관련 사안을 인지한 경우 반드시 수사기관에 즉시 신고
  한다.
- 사안보고 누락 시 추후 학교폭력 은폐 의혹 제기, 명시적으로 개인정보 제공을
  거부하였음에도 연락처를 알려 준 경우, 화해를 종용한 경우, 충분하지 않은 면
  담, 학생 조치에 대한 각서 작성 등은 민원소지가 많으므로 지양해야 한다.

　　학교 폭력 처리에 대해서 가능하면 중간에 개입하려고 하지 마시고,
협조만 하신 후 나중에 문제가 해결되었을 경우 관련 선생님들께 감사
하다는 말씀을 하시는 것이 좋습니다. 제가 생활부장 업무를 처리하면
서 담임선생님이 중간에 개입되어서 상황이 더 나빠지는 경우를 많이
경험해서 신규 선생님들이 중간에서 무엇인가를 하려고 하는 것이 더
불안해 보입니다.

학교 폭력은 절대 선생님의 잘못이 아닙니다. 너무 자책하지 마시고, 걱정하지 마세요. 매뉴얼대로 처리하면 큰 문제없이 해결되는 문제입니다.

신규 교사가 알면 좋은 팁

■ 1. 메신저 사용에 대해서 ■

우리가 학교에서 근무를 하다보면 메신저를 활용하여 업무처리를 많이 합니다. 그래서 그런지 신규 선생님들이 메신저 활용에 대한 걱정을 하시는 것을 가끔 보았습니다. 메신저를 이전부터 계속 사용하고 있는 저의 생각을 간단히 말씀드리겠습니다.

일단 메신저는 소통의 수단입니다. 메신저를 통해 대화가 시작되었다면 메신저로 대화를 하여도 좋습니다. 교감선생님께서 메신저를 보냈는데 군이 교무실에 찾아가서 말을 할 필요는 없습니다. 또한 선배 선생님께도 메신저를 통해 대화를 시작하셔도 되니 부담 갖지 마시고 편하게 메신저를 사용하시면 됩니다.

또한 메신저를 업무를 공유하는 수단입니다. 메신저를 통해 업무 파일을 보내거나 받을 수 있습니다. 또한 업무 처리를 위하여 메신저로 자료를 취합할 수도 있습니다. 메신저 사용을 통해 업무 추진하는 것을 당연하게 생각하셔도 됩니다.

즉 메신저는 의사소통의 수단이며 업무처리를 지원하기 위한 프로그램이므로 선생님께서는 메신저 사용을 편하게 생각하셔도 됩니다.

단 메신저 사용을 할 때의 기본적인 예절은 있습니다. 일단 수업 중에 메신저 사용은 피하셔야 합니다. 선생님께서도 메신저 기능을 활용하면 수업 중 메신저 수신을 차단할 수 있습니다. 또한 메신저 작성 시 일반적으로 대화를 하는 경우처럼 작성하는 것이 좋습니다. 너무 간단하게 요약해서 작성할 경우 선생님의 의도와 다르게 이해할 수 있고, 예의 없게 보일 수 있습니다. 마지막으로 메신저를 좋아하지 않는 사람에게 메신저 사용을 강요할 필요는 없다는 것입니다. 메신저는 편하고 빠른 의사소통을 가능하게 하는 수단 중에 하나일 뿐입니다.

메신저 사용에 있어서 유의해야 할 점을 요약한다면 "메신저를 편하게 활용하되 메신저를 싫어하는 사람에게는 메신저 이외의 수단을 활용하는 것이 좋다."입니다.

■ 2. 학부모 문자 작성 ■

학부모에게 문자를 작성해서 보내는 경우가 가끔 있는데 어떻게 보내야 하는지 작성하면서 고민이 되는 경우가 있습니다. 사례에 따른 문자 예시를 간단히 정리해 보겠습니다.

학부모에게 문자를 작성하여 보낼 때 가장 중요한 것은 약간의 친절함과 디테일한 설명인 것 같습니다. 선생님의 친절함이 담긴 문자라면 어떤 내용이라도 좋은 문자가 될 수 있다고 생각합니다.

• 학생이 결석했을 경우

○○초 ○학년 ○반 ○○○입니다.
○○이 오늘 학교에 오지 않아 문자를 보냅니다. 혹시 ○○이 아픈 것은 아닌지 걱정이 됩니다. 문자를 확인하시면 ○○이 오지 못하는 이유를 문자로 말씀해 주시면 감사하겠습니다.

• 학교 행사를 안내할 경우

졸업식 안내
일시: 2월 10일 (금요일) 10:30-12:00
장소: 학교강당
기타: 졸업식 이후 교실에서 마지막 종례 후 하교합니다. 벌써 우리 아이들이 졸업을 앞두고 새로운 미래를 향해 나아갈 준비를 하고 있습니다. 우리 아이들에게 칭찬과 격려 부탁드립니다. 감사합니다.

• 학부모 연수를 안내할 경우

OO 학부모 연수 안내
일시: 10월 14일 (금요일) 10:30-11:50
장소: 시청각실(본관 1층)
주제: 행복한 자녀의 성장을 돕는 학부모 코칭
강사: ○○○ (도서 ○○ 저자)
정말 좋은 내용의 연수입니다. 많은 관심 부탁드립니다.

• 방학 중 학교 활동을 안내할 경우

방학 중 학교 활동 안내

방과후활동: 1월 4일(금)~1월 24일(목) (09:00~12:20, 토요일·공휴일
　　　　　제외)

돌봄교실: 1월 4일(금)~1월 24일(목) (08:30~12:30, 토요일·공휴일 제외)
　　　　　방학 중 학교 활동이 안전하도록 학교에서도 최선을 다해 노력
　　　　　하겠습니다. 안전하고 행복한 시간을 자녀와 함께 보내시길 바
　　　　　랍니다. 행복하세요.

• 학부모 연수를 안내할 경우

현장체험학습 일정 변경 안내

현장체험 일정이 ○○ 사유로 인하여 10월 5일(금)으로 변경되었습니다.

기존: 10월 4일(목) 9:00~14:00

변경: 10월 5일(금) 9:00~14:00

사유: 버스 임대 계약 변경

즐겁고 보람찬 현장체험학습을 위해 노력하겠습니다. 잘 다녀오겠습니다.

• 교통봉사를 안내할 경우

○○초 ○학년 ○반 ○○○입니다.

12월 14일부터 우리 반이 교통봉사를 합니다.

아이들의 안전한 등하교를 위하여 많은 협조 부탁드립니다.

교통 봉사 일정을 파일로 첨부하여 보냈습니다.

항상 학교 활동에 적극적으로 참여해 주셔서 감사합니다.

• 아이가 친구와 싸웠을 경우

○○초 ○학년 ○반 ○○○입니다.
오늘 체육시간에 피구활동을 하던 중 ◇◇과 다툼이 있었습니다. 제가 아이들과 잘 이야기를 하고 서로 화해를 시켰지만 제가 모르는 부분이 있을 수 있습니다. ○○이가 많이 속상했을 것 같습니다. 어머니께서 ○○이 잘 위로해 주시고, 항상 아이들이 행복하게 지낼 수 있도록 노력하지만 더 노력하도록 하겠습니다.

■ 3. 학생 안전교육 ■

아이들에게 정말 좋은 교육을 실시하였다고 하더라도 안전사고가 발생한다면 좋은 교육활동의 결과는 빛이 바래져버립니다. 학교에서 하는 모든 교육 활동이 좋게 마무리되기 위해서는 안전사고를 예방하는 것이 최선이라는 것이 절대 과장된 말이 아닙니다. 안전사고를 예방하는 가장 좋은 방법은 사전에 모든 경우의 수를 대비하는 것입니다. 그럼에도 불구하고 사고가 발생한다면 우리의 잘못이라고 자책할 필요는 없다고 생각합니다. 우리 선생님도 학생들에게 사전에 안전사고의 사례를 수시로 지속적으로 알려주고, 예방방법을 교육하는 것이 중요합니다. 학생들의 안전사고를 예방하고, 사고가 발생하였을 때 교사를 보호하기 위한 방법들을 간단히 안내하겠습니다.

가장 먼저 하교지도를 할 때 안전과 관련된 교육을 하고 안내장에 하나라도 작성하는 것이 좋습니다. 안전과 관련된 내용을 하교 지도할 때

고정적으로 활용하셔야 나중에 학생이 사고가 발생하였더라도 안전교육을 교사가 했는지에 대한 증거가 있어서 책임을 면할 수 있습니다.

학생들의 등하교 시간을 잘 지키도록 안내해야 합니다. 학생이 교실이나 학교에 있으면 우리 교사는 지도할 의무가 있는데 법률적으로 통상적인 주의의무라고 합니다. 가능하면 교사가 없는 교실이나 학교에 학생들이 머물지 않게 하시고, 하교 후에는 가능하면 집으로 바로 귀가할 수 있도록 지도하셔야 좋습니다. 집에 가지 않고 학교에서 놀다가 사고가 날 경우 책임소지가 있기 때문입니다. 이러한 내용 역시 안내장에 작성해 놓는 것이 좋습니다.

체육시간에 30초라도 준비운동 및 안전교육을 해야 합니다. 일반적으로 체육시간에 안전사고가 많이 발생하는데 준비운동 및 안전교육 실시 유무에 따라 교사의 책임소지가 크게 달라지는 경우를 많이 보았습니다. 또한 학생들의 안전사고를 예방하기 위해서라도 준비운동과 안전교육을 철저히 해야 합니다. 그러므로 체육시간 시작 전 30초라도 간단한 준비운동과 안전교육은 선택이 아닌 필수입니다.

실험이나 실습활동 전에도 단 30초라도 안전교육을 반드시 해야 합니다. 실험이나 실습활동 중 안전교육을 하지 않고 사고가 발생하였을 경우 교사가 감당해야 하는 심리적·물리적 부담이 정말 큽니다. 선생님을 보호하고, 학생의 안전을 위해서라도 안전교육을 반드시 해야 합니다.

사소한 안전사고 사례들을 학생들에게 지속적으로 지도하는 것이 좋습니다. 가방끈에 걸려 넘어지는 사고나 복도에서 부딪혀서 다치는 사고, 장난을 치다가 연필에 찔리는 사고 등 학교에서 발생하는 사소한 사고 사례들을 시간이 날 때마다 교육하는 것이 좋습니다. 학교의 모든 교육활동의 마무리는 안전사고의 유무로 결정되므로 사소한 사고 사례들을 지속적으로 지도하고 안내하는 것이 좋습니다.

우리 선생님이 이렇게 노력했음에도 불구하고 안전사고가 발생하였을 경우 학생을 혼내지 마시고, 다친 곳은 없는지 걱정해 주세요. 학생들은 다치고 나서도 선생님의 눈치를 보는데 자신의 잘못을 잘 알고 있기 때문입니다. 그러므로 다친 아이에게 질책을 하거나 훈계를 할 필요가 전혀 없습니다. 오히려 선생님께서 아프고 놀란 아이의 마음을 위로해주고, 적절한 치료를 할 수 있도록 안내하고, 걱정했다는 말을 해준다면 학급 학생들의 신뢰를 얻을 수 있으며, 선생님에 대한 따뜻한 배려를 느끼게 할 수 있습니다. 덤으로 안전사고 이후 학부모의 민원이 발생할 경우에도 해당 학생이 선생님의 편을 들어주는 마법 같은 일들도 생긴답니다.

■ **4. 이상한 관리자를 만났다면?** ■

학교에서 근무하다 보면 다양한 관리자를 만날 수 있습니다. 좋은 관리자도 있겠지만 갑질을 하거나 일관성 없는 관리자도 있는 것이 현실입니다. 그럼 우리는 어떻게 대처를 하는 것이 좋을까요? 정답은 없지만 일단 저의 방법을 알려드리겠습니다.

일단 제가 맡은 업무에 대해서는 관리자보다 더 많이 알고, 관련 규정 및 매뉴얼을 숙지하려고 노력합니다. 제가 잘 알고 있고, 근거까지 확실하면 관리자분들도 저의 업무처리에 대해서는 크게 관여하지 않습니다. 관리자분들도 자신보다 잘 모르고 있다고 생각하는 선생님들에게 더 많은 관심과 에너지를 쏟는 경향이 있습니다. 업무처리에 있어서 선생님이 전문가라면 어떠한 관리자를 만나더라도 휘둘리지 않고 주도적으로 업무 처리를 할 수 있을 것입니다.

또한 관리자의 말을 일단 들어줄 필요가 있습니다. 말을 하고 있는 중에 거부를 하거나 비판을 하게 되면 서로 기분이 상하게 되고, 생산적이 대화가 진행되기 어렵습니다. 일단 "예, 한번 알아보겠습니다."하고 수용을 한 후 다음에 관리자의 말대로 하지 못하는 이유나 근거에 대해서 설명하는 것이 좋습니다. "저도 ○○님 말씀처럼 처리하려고 했는데, 이러한 문제가 있어서 할 수 없을 것 같습니다. 이러한 대안으로 처리하는 것이 좋을 것 같습니다." 이런 식으로 말을 하게 되면 관리자와 대립하는 것이 아니기 때문에 큰 다툼이 일어나지 않고, 생산적인 대화를 진행할 수 있습니다.

즉 자기 업무에 대한 전문성으로 자신을 보호하고, 적절한 화술 기법을 익혀서 상대방과 다투는 것을 피하고, 생산적인 대화를 진행할 수 있도록 하는 것이 관리자로부터 자신을 보호하는 방법이라고 생각합니다. 관리자로 인해 상처를 받지 마시고 선생님을 잘 지켜내시길 바랍니다.

마지막으로 관리자와의 관계를 맺는 저만의 노하우를 간단히 말씀드리고자 합니다.

저는 관리자도 한명의 사람이라는 것을 인정하면서 그 분과의 관계를 맺으려고 합니다. 관리자라고 해서 막연하게 어려워하지 마시고 기본적인 예의만 잘 지키면 적어도 저를 미워하지는 않습니다. 한명의 사람으로서 존중하고 학교 현장의 선배로 인정하면서 관리자를 대한다면 관리자 또한 선생님을 한 사람으로서 존중을 할 것입니다. 관리자분들과 친해지면 그 자리가 참 외로운 자리라는 것을 조금은 이해할 수 있습니다. 숨만 쉬어도 욕을 먹는 자리라며 자조하시는 분들도 있습니다. 그래서 어떤 관리자는 어떻게 행동을 하나 누군가에게는 욕을 먹을 것이니 내 맘대로 하겠다는 분들도 많이 보았습니다. 관리자와 평교사의 관계가 아닌 그냥 한 사람과 한 사람의 관계처럼 편하게 생각하시면 관계가 조금은 원만해질 수 있답니다.

그럼에도 불구하고 관리자가 선생님을 존중하지 않고 본인의 뜻대로만 선생님을 휘두르려고만 한다면 가능한 빨리 전보를 쓰겠다고 공언하시고 전보를 하는 것을 추천합니다. 지금 관리자와 일을 하는 것이 정 힘들면 관리자에게 최대한 빨리 전보를 쓰겠다고 말씀하세요. 그럴 때에는 "제가 많이 부족해서 우리 학교에 피해를 주는 것 같습니다. 관리자님의 기대에도 못 미치는 것 같아요. 그냥 다른 학교로 전보를 쓰도록 하겠습니다." 라고 말하는 것도 좋습니다. 묵묵히 참는 것만이 최선은 아닙니다. 절대로 그 누구라도 선생님을 상처 주도록 허락하지 마세요.

◼ 5. 과도한 업무 거절 요령 ◼

학교에서 업무를 처리하다보면 어리다는 이유나 일을 잘한다는 이유로, 거절을 잘 못한다는 이유로 선생님에게 과도한 업무를 부탁하는 경우가 있습니다. 하지만 현재 선생님이 하고 있는 업무가 있거나 너무 어려운 업무라고 판단이 된다면 업무를 거절해야 합니다. 왜냐하면 본인에게 과도한 업무를 하게 된다면 가장 먼저 선생님이 해야 할 업무를 하지 못하게 되는 문제가 발생하기 때문입니다. 그러므로 우리에게 과도한 업무 요청이 올 때에는 거절을 해야 한다는 것을 강조하고 싶습니다.

그렇다면 어떻게 거절하는 것이 좋을까요? 정답은 없겠지만 제가 생각하는 좋은 거절방법에 대해 간단히 안내드리겠습니다.

가장 먼저 업무를 부탁하는 상대방의 말을 끝까지 들어주어야 합니다. 선생님에게 업무를 요청하는 상황이나 업무의 내용, 그리고 업무를 하지 못하는 이유 등을 정확히 파악하기 위해서는 상대방의 말을 끝까지 들어야 합니다. 말이 다 끝나기도 전에 거절하는 것은 예의에 어긋나는 행동이기도 하지만, 부탁할 내용이 무엇인지 정확히 이해해야 다른 대안을 함께 만들 수도 있기 때문입니다.

상대방의 말을 끝까지 들은 이후에는 현재 선생님의 상황을 알려주는 것이 필요합니다. 현재 하고 있는 업무가 무엇이며, 지금 해야 하는 것들은 무엇인지를 알려주면 상대방도 선생님이 업무를 하지 못하는 이유에 대해서 어느 정도 이해를 할 수 있습니다. 또한 안하는 것과 못하는 것의 차이는 크기 때문에 거절을 하더라도 상대방이 받아들이기 쉽습니다.

마지막으로 말을 참 예쁘게 하면 좋습니다. 같은 의미라도 말을 예쁘게 하는 사람이 있으며 그 사람을 미워하는 사람은 별로 없습니다. "제가 도와드리면 참 좋은데~", "제가 계속 생각해 보았는데~", "정말 죄송한데~" 등 거절당하는 상대방을 배려하는 부드러운 거절을 하는 것이 좋습니다.

끝으로 제가 거절할 때 자주 하는 말을 상황에 따라 구분해서 안내드리겠습니다. 항상 강조드리지만 정답은 없어요. 선생님이 하고 싶은 것을 하세요.

• 업무처리를 하고 있는데 업무 부탁을 할 때 거절하는 멘트

"선생님, 제가 도와드려야 하는데 지금 제가 ○○업무를 하느라 시간을 내기가 힘들어요. 제가 ○○업무를 다 마치면 연락드릴게요. 다른 분에게 부탁을 드려야 할 것 같은데요. 지금 당장 도와드리지 못해서 죄송합니다."

• 잘 모르는 업무 부탁을 할 때 거절하는 멘트

"선생님, 제가 도와드리면 좋은데 제가 ○○업무에 대해서 잘 몰라요. 그래서 도움을 드리기가 힘들 것 같은데 어떻게 하죠? 그 업무에 대해 아실만한 분이 누구실까요?"

• 과도한 업무 부탁을 할 때 거절하는 멘트

"선생님도 저에게 부탁하러 오시는 것도 힘드셨을텐데 정말 죄송합니다. 솔직히 ○○업무는 제가 할 수 있는 업무는 아닌 것 같습니다. 제가 할 수 있을 만한 것은 없을까요?"

• 많은 업무들을 부탁할 올 때 하는 멘트

"선생님, 제가 다 할 수 있는 일은 아닌 것 같아요. 제가 들어보면서 생각해보았는데 저는 ○○업무는 도와드릴 수 있을 것 같은데. 그것만이라도 도와드려도 될까요?

업무를 부탁하는 사람도, 거절하는 사람도 용기가 필요합니다. 서로의 용기를 칭찬해주고 가능한 빨리 거절의 의사를 표현하는 것이 서로에게 좋습니다. 거절 또한 상대방을 위하는 방법 중에 하나입니다. 거절을 했다고 나쁜 사람이 되는 것은 아닙니다.

▨ 6. 행정실이란? ▨

모든 유치원·초·중등학교에는 행정실이 설치되어 있습니다만 행정실 조직에 관한 법령적인 근거는 없습니다. 그나마 행정실에서 근무하는 행정직원에 관한 법률은 초·중등교육법에 나와 있습니다.

제19조(교직원의 구분)
2. 학교에는 교원 외에 학교 운영에 필요한 행정직원 등 직원을 둔다.
4. 학교에 두는 교원과 직원(이하 "교직원"이라 한다)의 정원에 필요한 사항은 대통령령으로 정하고, 학교급별 구체적인 배치기준은 제6조에 따른 지도·감독기관(이하 "관할청"이라 한다)이 정하며, 교육과학기술부장관은 교원의 정원에 관한 사항을 매년 국회에 보고하여야 한다.

제20조(교직원의 임무)
5. 행정직원 등 직원은 법령에서 정하는 바에 따라 학교의 행정사무와 그 밖의 사무를 담당한다.

행정실에서는 어떤 일을 하는지 간단히 파악해 보겠습니다.

1. 행정실 소속 교육공무직(행정사무원, 영양사, 조리사, 조리원)의 채용과 복무 관리
2. 교직원에게 지급되는 급여와 관련된 실무
3. 학교 예산 업무 및 학교 시설 관리
4. 학교운영위원회 업무 및 외부 업체와의 계약
5. 기록물 관리, 정보공개 업무, 학교안전공제회 업무
6. 연말정산, 맞춤형복지, 정보공시, 학생복지, 학생전출입 등

행정실은 법령에 따라 학생 교육활동을 지원하는 곳으로 학교의 업무분장표를 보시면 행정실에서 하는 업무를 파악하기 좋습니다.

■ 7.행정실과의 협업 ■

행정실은 법령을 기준으로 업무를 처리할 뿐, 교장 및 교사의 지시에 따라 일하는 것이 아니며, 법령에 어긋나는 부당한 지시를 내리는 경우 본인들이 감사에 걸리기 때문에 거부를 할 수밖에 없다는 점을 이해하면서 행정실과 협업을 하면 보다 생산적인 협업이 될 수 있습니다.

우리 선생님들은 교육 전문가로서 학생들의 교육을 위해 항상 노력하시면서 더 좋은 지원을 받아 교육효과를 높이고 싶은 욕심이 있습니다. 그런데 아이들을 위한 교육을 운영하는데 행정실에서 협조를 해주

지 않을 경우 좌절감을 느끼고 행정실에 대한 분노를 느끼기도 합니다. 또한 일반적인 학교 현장을 보면 교무실과 행정실이 분리되어 있어 서로 소통을 하는 경우가 없어 원만한 교육활동을 하는데 어려움이 있고, 업무 분장 문제로도 많은 갈등이 있는 경우가 있습니다.

이러한 상황에서도 우리는 교육을 위하여 행정실과 협업을 해야 하는데, 어떻게 해야 하는지에 대해서 간단히 말씀드리고 싶습니다.

먼저, 선생님이 행정 업무에 대한 기본적인 규정은 알면 정말 좋습니다. 행정 업무는 행정실에서 하는데 왜 교사인 내가 알아야 하는지 모르겠다고 말씀을 하시기도 하는데 행정실은 법령에 따라 업무를 처리해야 할 의무가 있고, 이를 위반할 경우 징계를 받게 되므로 선생님께서 요구하시는 것이 규정에 어긋난다면 업무 지원을 거절할 수밖에 없습니다. 그렇게 되면 선생님이 원하는 교육활동을 할 수 없게 됩니다. 그리고 선생님의 요구가 규정에 어긋나지 않다는 것을 알고 계신다면 행정실의 협조를 다시 요청할 수 있습니다. 즉 선생님이 예산과 관련된 기본 규정을 알면, 선생님이 하고 싶은 교육활동을 하는데 최대한의 예산 지원을 받을 수 있게 되고, 행정실과 협업을 하는데 있어서 주도적인 위치에 설 수 있습니다. 행정실에서도 예산 업무 규정에 근거하여 예산 사용을 주장하는 선생님의 의견을 쉽게 무시할 수는 없기 때문입니다. 항상 말씀드리지만 아는 것이 힘이고 규정에 대해서 잘 알고 있는 사람을 무시하는 사람은 거의 없습니다.

두 번째, 행정실과 평소에 소통을 하시는 것이 좋습니다. 우리는 학생들의 교육을 위하여 모인 교육공동체입니다. 그런데 교무실 따로, 행정실 따로 업무를 추진하다보면 당연히 원만한 교육운영이 힘들 수밖에 없습니다. 그러므로 업무처리 규정을 기반으로 행정실의 이야기도 들어주고, 교무 업무 중 어려움도 서로 이야기하면서 학생들을 위한 교육 운영을 위해 함께 나아가야 할 것입니다. 학생들의 올바른 성장을 목표로 함께 움직여야할 팀이 따로따로 움직인다면 좋은 교육이라는 결실은 맺기 어려울 것입니다. 우리는 학생들의 올바른 성장을 위해 교육을 하는 교사입니다. 학생들의 성장을 위해서는 수업만 잘 하는 것이 아니라, 학생들의 성장을 돕는 다양한 지원을 제공하는 것도 중요합니다. 그러므로 행정실과 소통한다는 것이 행정실의 입장만을 배려하라는 것이 아니라 학교 교육을 위한 하나의 팀으로서 서로 소통하면서 실질적으로 학생에게 도움이 되는 교육을 하기 위한 방법 중 하나로 이해하셨으면 합니다.

마지막으로, 부득이하게 행정실과 의견 충돌이 있을 경우 개인적으로 논쟁하는 것은 피하는 것이 좋습니다. 행정실과 직접 다투는 경우, 행정실과 선생님의 관계가 나빠지게 되고 선생님의 교육운영을 할 때 어려움을 겪을 수 있습니다. 또한 예산 업무 처리 규정에 대해 잘 모르는 상태에서 감정적으로 논쟁을 하게 된다면 얻는 것 없이 손해만 보게 됩니다. 그러므로 행정 업무 규정에 대해 어느 정도 알고 계시는 교감 선생님이나 교장 선생님과 협의를 한 후 행정실과 논의하는 것이 좋습니다. 다시 한번 강조드리지만 행정실은 우리 교사를 지원하는 곳이기도 하지만 법령에서 정하는 바에 따라 학교의 행정사무와 그 밖의 사무를 담당하는 곳입니다. 행정실은 선생님의 요구를 무조건 들어줄 의무는 없습니다. 그러므로 선생님의 의견이 반영될 수 있도록 법령에 대해 잘 아는 관리자와 협의하시는 것을 권장합니다.

우리는 학교 교육을 위해 모인 한 팀입니다. 학생들에게 좋은 교육을 하기 위해서라도 행정실과 협업하는 방법을 빨리 익히시는 것이 좋습니다.

■ 8. 나이스 서류 신청 ■

요즘에는 행정실을 통하지 않고 나이스에서 서류를 신청하여 출력을 하거나 우편으로 받을 수 있는 것들이 많습니다. 나이스 대국민서비스를 통해 발급받을 수 있는 것들은 다음과 같습니다. 예를 들어 재직증명서가 필요할 경우 나이스 대국민 서비스를 활용하시면 쉽게 발급 받을 수 있습니다.

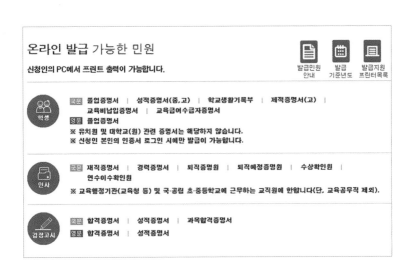

우편 발급 가능한 민원
인터넷으로 신청하고, 우편으로 수령가능 합니다.

학생
재학증명서 | 졸업증명서 | 졸업예정증명서 | 학교생활기록부 | 제적증명서(고) | 성적증명서(중,고)
※ 유치원 및 대학교(원) 관련 증명서는 해당하지 않습니다.
※ 신청인 본인의 인증서 로그인 시에만 신청이 가능합니다.

인사
경력증명서 | 재직증명서 | 퇴직증명서 | 퇴직예정증명원 | 연수이수확인원 | 수상확인원
※ 교육행정기관(교육청 등) 및 국·공립 초·중등학교에 근무하는 교직원에 한합니다(단, 교육공무직 제외).

검정고시
합격증명서 | 성적증명서 | 과목합격증명서 | 영문 합격증명서 | 영문 성적증명서

나이스 대국민 서비스(www.neis.go.kr)를 들어갑니다.

❶ 홈에듀 민원서비스를 클릭하고, 해당 시도 교육청을 선택하시면 됩니다.

서류를 발급받아 출력을 하기 위해서는 ❶ 온라인 발급민원에서 선택하시면 되고, 우편으로 발급받으려면 ❷ 우편발급민원을 선택하시면 됩니다. 재직증명서를 출력하는 방법을 함께 보면서 서류를 발급받는 방법을 알아보겠습니다. 재직증명서를 클릭하면 로그인 화면이 나옵니다.

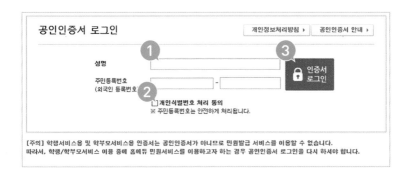

❶ 성명과 주민등록번호를 입력한 후 ❷ 동의를 체크하고 ❸ 인증서 로그인을 하시면 됩니다. 이후 단계는 캡처를 할 수 없어서 화면 없이 설명하겠습니다. 단계는 다음과 같습니다.

1. 신청정보를 입력한 후 확인을 클릭
2. 발급정보가 뜨면서 발급 버튼이 생성
3. 발급을 누르면 접수목록에 발급된 내역 생성
4. 접수목록 오른쪽에 있는 출력버튼을 클릭
5. 프로그램 설치 후 출력

❶ 인쇄를 눌러서 출력을 하시면 서류 발급이 끝납니다.

나이스 홈에듀 민원서비스는 학생, 교직원, 검정고시 관련 서류를 발급할 수 있음을 기억해주시고, 잘 활용하면 좋습니다.

▣ 9. 단체보험 분석 ▣

우리는 맞춤형 복지포털에 있는 복지포인트를 활용하여 단체 보험을 가입합니다. 보험 가입 업무는 행정실에서 담당하므로, 선택 사항을 행정실에 알려주시거나, 맞춤형 복지포털에서 직접 선택을 하셔도 됩니다. 맞춤형 복지포털에 들어가시면 단체 보험 과 관련된 자료를 볼 수 있으므로 해당 약관을 잘 살펴보시면 좋습니다.

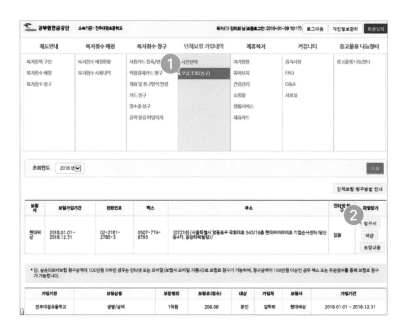

맞춤형 복지포털에 로그인 한 후 ❶ 단체보험 가입내역에서 보험조회(청구)를 클릭합니다. 전라북도교육청은 현대해상과 계약이 되어 있으며 ❷ 청구서 양식을 활용하여 보험을 청구할 수 있습니다. 약관 및 보장내용을 보시면 단체보험과 관련된 자세한 내용을 알 수 있습니다.

실손의료비보험 청구금액이 100만원 이하인 경우는 인터넷 또는 모바일(보험사 모바일 지원시)로 보험료 청구가 가능하며, 청구금액이 100만원 이상인 경우 팩스 또는 우편접수를 통해 보험료 청구가 가능하다고 되어 있습니다.

보장 유형별 주요내용을 간단히 정리하면 다음과 같습니다. 자세한 내용은 해당 보험사의 약관 및 보장 내용을 자세히 살펴보는 것이 좋습니다.

회사별 담보내용(2018년)

구분	보험가입금액	각 사별 분담내용				
		현대해상	교직원공제	농협손보	DGB생명	ABL생명
1억원 또는 1억5천만원중 선택가입	상해사망 1억원	3.5천만원	1천만원	1천만원	1천만원	1천만원
	상해후유장해 1억원	4.5천만원	3.5천만원	1.5천만원		5백만원
	질병사망 1억원	2.5천만원	3.5천만원	1천만원	2천만원	1천만원
	상해사망 1억5천만원	3.5천만원	3.5천만원	2천만원	3.5천만원	2.5천만원
	상해후유장해 1억5천만원	7천만원	3.5천만원	4천만원		5백만원
	질병사망 1억5천만원	2.5천만원	3.5천만원	2천만원	4.5천만원	2.5천만원

구분	항목					
의무가입 (주1)	암진단비 1천만원		3백만원		7백만원	
의무가입 (주2)	2대질병 1천만원	6백만원	4백만원			
선택 가입 (주3, 4)	입원의료실비 1천만원한도	1천만원				
	비급여 3대특약 350/250/300 만원 한도	350만원 250만원 300만원				

(주1) 암진단비의 경우 일반암 1천만원, 갑상샘/경계성종양 300만원, 제자리암/기타피부암 100만원
(주2) 2대 질병은 급성심근경색과 뇌졸중 진단비 각 1천만원
(주3) 입원의료비 감면액 면책(단, 직원복리후생제도에 의한 감면이며 그 감면의료비가 근로소득에 포함된
    경우 보상)
(주4) 기본형 입원의료비 + 비급여 3대 특약의 경우 교육청 수요조사를 통한 선택 자료에 의거 보상

필독!

상기 단체상해보험의 피보험자는 계약자인 단체에 소속되어 있는 재직기간에만 보장이 가능합
니다. 따라서 피보험자가 퇴직 또는 전출 등의 사유가 발생하여 단체 소속 지위를 유지할 수 없
는 경우 담보의 효력도 소멸합니다.

입원의료비 + 비급여 3대 특약(현대해상 담당)
※ 자기부담금: 입원의료비 – 급여항목의 본인부담액의 10%, 비급여항목의 본인부담액의
    20% (상급 병실료는 1일 발생차액의 50%, 1일 10만원한도)
    · 비급여 3대 특약 – 1회당 2만원과 보상대상의료비의 30%중 큰 금액

입원의료비 보장내용

지급사유	지급 세부 내용
상해 또는 질병으로 (출산 및 한방 포함) 병원에 입원하여 치료를 받은 경우 1사고당 보험가입금액 1천만원 한도로 입원의료비 보상	• 「국민건강보험법」에서 정한 요양급여 또는 「의료급여법」에서 정한 **의료급여 중 본인부담금'(본인이 실제로 부담한 금액을 말합니다)의 90%에 해당하는 금액과 '비급여주)(본인이 실제로 부담한 금액을 말합니다)'의 80%에 해당하는 금액을 합한 금액**. 다만, 나머지 금액(급여 중 본인부담금의 10%에 해당하는 금액과 비급여주)의 20%에 해당하는 금액을 합한 금액)이 계약일 또는 매년 계약해당일부터 기산하여 연간 200만원을 초과하는 경우 그 초과금액은 보상합니다. 주) 상급병실료 차액은 제외 • 상급병실료 차액: 입원시 실제 사용병실과 기준병실과의 병실료차액 중 50%를 공제한 후의 금액 (다만, 1일 평균금액 10만원을한도로 하며, 1일 평균금액은 입원기간동안 상급병실료 차액 전체를 총 입원일수로 나누어 산출합니다) • 국민건강보험법을 적용받지 못하는 경우에는 입원의료비 중 본인이실제로 부담한 금액의 40% 해당액 지급 • 비급여 도수·체외충격파·증식치료 / 주사료 / 자기공명영상진단(MRI/MRA)은 비급여 3대 특약으로 분류되어 입·통원 구분없이보상함(단, 보상한도, 자기부담은 별도 설정)

1. '비급여'라 함은 「국민건강보험법」 또는 「의료급여법」에 따라 보건복지부 장관이 정한 의료급여 절차를 거쳤지만 급여항목이 발생하지 않은 경우로 「국민건강보험법」 또는 「의료급여법」에 따른 비급여항목 포함)

2. 입원의료비는 입원을 필수조건으로 합니다. 따라서 입원하지 않고 발생한 의료비용은 보상받을 수 없습니다.(단, 비급여 3대 특약의 경우 입·통원 구분 없음)

3. 입원을 하더라도 치료와 직접관계 없는 비용은 보상하지 않습니다.

4. 입원의료비는 실손보상 상품으로 중복보상 되지 않습니다.

5. 입원 전후 입원을 위한 제반검사 및 진료 등을 외래로 시행한 경우 면책입니다. ※ 단, 비급여 3대 특약은 통원도 보상합니다.

6. 본인부담상한제 초과분은 담보하지 않습니다.

7. 백내장 등의 질병치료에 시력교정술(다초점렌즈 등) 비용은 담보하지 않습니다.

   ※ 시력교정술은 면책(국민건강보험 요양급여 대상 수술방법 또는 치료재료가 사용되지 않은 부분은 시력교정술로 봅니다)

보험의 보장내용을 알기 위해서는 약관 및 보장내용을 자세히 보는 것이 좋습니다. 보험에 가입하였는데, 보장을 받지 못하는 경우도 많다고 하니 관심 있게 보시면 좋을 것 같습니다.

단체 보험의 보장에 대해서 간단히 알아보았습니다. 이제는 보험을 청구하는 방법에 대해서 알아보겠습니다.

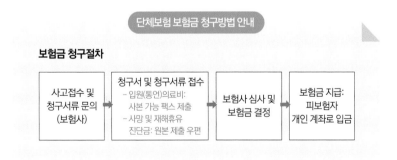

청구시 보장항보목별 구비서류

공통양식: 1. 보험금 청구서 및 개인정보 동의서

2. 본인 재직증명서

3. 피보험자/청구인의 신분증 사본(미성년자 생략 가능)

사고 접수 및 보험 청구 관련 문의는 해당 보험사와 직접 통화를 통해 하는 것이 가장 정확합니다. 보험사에서 문자를 통해 알려준 내용을 토대로 청구서 및 서류를 제출하면 보험사에서 심사를 하고 보험금을 지급해 줍니다. 일반적인 구비서류는 다음과 같습니다.

보장항목별 구비서류

보장내역	사유		발급처
사망 (원본)	상해사망	1. 교통사고 사실 확인서: 교토사고 사망시 2. 사망진단서(사체검안서) 원본 또는 사본(원본대조필 포함) – 사본의 경우 피보험자 기본증명서(사망사실 기재) 첨부 3. 경력(재직)증명서	경찰서 진료병원 동사무소
	질병사망	※ 수익자 미지정시 추가 요청서류 1. 상속관계 확인서류(예: 가족관계증명서, 혼인관계증명서 등) 2. 상속인이 다수인 경우: 상속인 각각의 위임장 및 인감증명서(또는 본인서명 사실확인서) 및 개인(신용)정보처리동의서	

상해 후유 장해 (원본)	상해로 인한 영구 후유장해	사고증빙서류: 상해의 경우 후유장해진단서(장애인복지법상의 장애진단서는 해당되지 않음) *발급 전 보상담당자와 반드시 상의하기 바람 〈일반진단서로 대체 가능한 상해〉 – 만성신부전, 사지절단, 인공관절치환수술건, 비 장, 신장적출수술건	대학(종합) 병원 진료병원
입원 의료비 (FAX)	상해 또는 질병으로 입원시	1. 사고증빙서류: 상해의 경우 2. 진료비영증(단, 50만원 이하시 진단명이 포함된 입퇴원확인서 또는 진단명 및 입원기간이 포함된 진료확인서로 갈음) 3. 입퇴원확인서(진단서에 입원기간 기재시 생략 가능) 4. 진료비계산서(영수증) 및 진료비세부내역서(비 급여내역이 없는 경우 생략 가능)	진료병원
입원일당 의료비		1. 입퇴원확인서(병명 기재), 입원의료비 청구서류 로 입퇴원확인서 제출시 생략 가능 2. 30일 이상 장기 입원시: 간호정보기록지 3. 자동차 사고시: 자보 지급결의서	
암진단	암으로 인한 최종 진단시	1. 암(상피내암) 확인 진단서 2. 조직검사결과지 3. 수술급여금: 수술확인서, 수술기록지(혈액암은 병리검사, 혈액검사, 소변검사결과지)	
2대질병 (뇌/심장)	급성심근경색/ 뇌졸증 진단 확정시 (최초 1회에 한함)	1. 진단서 2. 정밀검사결과지(특정 질병에 따라 다르므로 담당 자와 상의) (예: CT, MRI, 심전도 등)	

우리가 가입한 단체 보험을 잘 알면 나중에 보장을 받을 수 있으니 잊지 마시고, 우리가 단체 보험에 가입되어 있다는 것을 기억하세요. 일반적으로 개인적으로 가입한 보험은 잘 활용하시는데 단체 보험은 잘 활용하지 않는 경향이 있다고 하니 기억하고 잘 활용하면 좋을 것 같습니다.

▨ 10. 교원 인사 규정 (전보, 승진) ▨

선생님이 교직을 오래 하실 예정이면 인사 규정에 대해서는 기본적인
내용이라도 알고 계시는 것이 좋습니다. 본인의 인사와 관련된 내용을
잘 모르면 나중에 인사상 불이익을 받고 있더라도 모르는 경우가 있고,
좋은 기회를 놓칠 수도 있으므로 승진을 하기 위해서가 아니라 직업인의
기본적인 소양 차원에서 기본적인 인사 규정은 알아두시면 좋습니다.

선생님이 근무하시는 교육청의 인사관리기준(전보관련)은 업무관리시
스템을 보시면 찾을 수 있습니다.

❶ 문서등록대장에서 ❷ 인사관리기준을 입력한 후 ❸ 기간을 12개
월로 설정한 후 ❹ 조회를 누르면 ❺ 개정된 해당 지역 인사관리기준을
확인할 수 있습니다. 인사관리기준은 수시로 개정될 수 있으므로 꼼꼼
히 확인하시는 것이 좋습니다. 전보와 관련된 점수에 대한 내용들이 있
으므로 전보를 생각하신다면 미리 파악하여 관련된 점수를 확보하는
것도 좋습니다. 저는 업무관리시스템에서 전주시교육지원청의 인사관
리기준과 전라북도교육청 인사관리기준을 모두 확인할 수 있었습니다.

승진과 관련된 자료는 일반적으로 업무포털시스템에서 확인할 수 없고 도교육청 홈페이지에서 확인할 수 있습니다. 그럼 이젠 우리 교원의 승진과 관련된 자료를 찾아보도록 하겠습니다.

교육공무원 승진과 관련된 자료를 확인할 때에는 도교육청 홈페이지에 게시된 "2019 유·초등교원 인사업무처리요령" 파일을 보시면 됩니다. 일반적으로 11월~12월에 도교육청에서 인사업무처리요령을 제작하여 학교에 배부를 하는데, 홈페이지에 자료를 탑재하는 경우가 많습니다.

전라북도교육청 홈페이지에서 ❶ "인사업무처리요령"을 검색합니다.

2018년 12월 3일에 ❶ 2019 인사업무처리요령을 게시하였습니다. 중등은 11월에 게시하였네요. 이처럼 매년 11월이나 12월 중에 다음해 인사업무처리요령을 게시하니 확인하시면 좋습니다. 인사업무처리요

령에는 시·군간전보, 교(원)장 및 교육전문직 인사, 교육공무원 휴직 업무, 교원 호봉, 근무성적평정 및 다면평가, 승진후보자 업무, 자격연수대상자 업무, 승진업무 관련 법규, 복무관리 지침 등 우리의 인사와 관련된 거의 모든 내용이 들어가 있으므로 한번쯤은 살펴보는 것이 좋습니다.

우리는 승진과 관련된 자료를 찾아야 하기 때문에 "교육공무원 승진 후보자 업무처리"와 "승진업무 관련 법규"를 찾아보시면 됩니다. 정말 간단히 요약한다면 다음과 같습니다.

승진 관련 평정점 구성

구분	교감승진후보자	교장 · 장학(연구)관 승진후보자
경력평정점	70	70
근무성적평정점	100	100
연수성적평정점	30	18
계	200	188
가산점 평정점	공통가산점(4점) 및 선택가산점(유치원8.18점, 초등8.60) 합산	

경력평정과 관련된 기간은 20년입니다.

구분	주요 내용	비고
평정기간(제8조)	20년(기본15년 + 초과5년)	총 경력제
평정점수(제10조)	70점(기본: 64점, 초과: 6점)	기본: 64, 60, 56점 초과: 6, 5, 4점
기간계산(제11조)	월수를 단위로 계산하되, 1개월 미만은 일 단위로 계산함	

근무성적평정은 5년 중 3년을 사용할 수 있습니다.

구분	내용 - 근무성적평정 및 다면평가합산점
방법	• 교사의 근무실적·근무수행능력 및 근무수행태도 • 동료교사 중 3인 이상 다면평가자로 구성
점수	• 합산점 100점 = 근무성적 60점(확인자 40%, 평정자 20%) + 다면평가 40점
산정 기간	• 근평 및 다면평가 합산점 5년 중 유리한 평정 3년 사용 • 평정의 순서는 바꿀 수 없음

연수성적평정과 관련된 내용입니다.

구분	산출방법	만점
직무연수	$6점 \times \dfrac{직무연수환산성적}{직무연수성적만점} + 6점$ 직무연수횟수(2회에 한함)	18
자격연수	9점 - (연수성적만점 - 연수성적) × 0.05	9
연구실적	연구대회입상실적 + 학위취득실적	3
합계		30

가산점과 관련된 내용입니다.

구분	주요내용
공통 가산점	• 총점 4점 (2019.3.31.기준 명부작성시) - 교육부장관 지정 연구학교(시범·실험학교포함) 근무경력: 총 1.25점 - 재외국민교육기관 파견 경력: 총 0.75점 - 직무연수이수실적: 총 1점 - 학교폭력 예방 및 해결 등의 기여교원: 총 1점

선택 가산점	• 총점 유치원 8.18000점, 초등 8.60000점 • 기준은 평정기간이 시작되기 6개월 전에 공고 • 가산점의 중복인정 기준 권한을 교육감에게 위임
기간 계산	• 월수를 단위로 계산하되, 1개월 미만은 일 단위로 계산함
평정 기준일	• 매학년도 종료일
비고	• 개정 내용(2016.12.30.) 1. 교육부지정연구학교: 총 1점(2022.4.1.부터 시행) 2. 재외국민교육기관 파견: 총 0.5점 (2022.4.1.부터 시행) 3. 학교폭력예방및해결: 총 1점 (2016.12.30.부터 시행) 4. 도교육청지정연구학교: 총 1점 (2022.4.1.부터 시행) 　-교육부지정연구학교 경력점 포함 총 1점

　　더 자세한 내용을 알고 싶으시면 해당 도교육청에 있는 "유·초등 교육공무원 인사업무처리요령"을 보시면 됩니다.

■ 11. 교사가 알면 좋은 복지 ■

① 이전비 청구

- 신규 선생님이 집 근처가 아닌 다른 지역으로 발령이 날 경우 다른 지역에 이사를 가게 된다면 발령받은 학교 행정실에 이전비를 청구할 수 있습니다.

② 한국교직원공제회법 활용

- 한국교직원공제회를 설치하여 교육기관·교육행정기관 또는 교육연구 기관의 교육공무원·교원 및 사무직원 등으로 재직 중이거나 재직하였던 사람들에 대한 효율적인 공제제도를 확립함으로써 이들의 생활 안정을 확보하고 복리를 증진함을 목적으로 한다.
- 고이율 저축, 저금리 대여(최초, 결혼, 출산, 주택), 보험, 복지 서비스 (가입축하 기념품, 결혼 기념품, 출산 축하금 등 제공 및 다양한 복지) 등을 제공합니다.

③ 공무원연금공단 공무상요양급여 청구

- 공무원이 공무수행과 관련하여 발생한 부상이나 질병으로 요양을 하는 때에 그에 소요되는 비용을 지급하는 급여를 청구할 수 있습니다.

④ 교직원 연립사택 활용

- 교직원들에게 관사를 제공함으로써 교직원들의 근무여건과 복지

향상을 꾀하고 효율적인 교육과정을 운영 할 수 있도록 지원하는 연립사택을 교육청마다 관리하고 있으니 활용할 수 있습니다.

⑤ 공무원 맞춤형복지제도 활용

- 공무원 맞춤형복지제도란 공무원의 다양한 복지수요를 충족하기 위해 공무원 각 개인에게 주어진 복지점수(포인트) 범위내에서 사신에게 적합한 복지혜택을 선택하도록 하는 제도로 맞춤형 복지포털에서 활용 가능합니다.

■ 12. 한글 단축키 정보 ■

학교에서 업무를 처리할 때 한글을 자주 사용합니다. 한글을 활용하는 방법을 잘 알면 업무시간을 단축시킬 수 있으니 자주 활용하는 기능을 알면 좋습니다. 많은 단축키가 있지만 알면 좋은 단축키를 제 기준으로 정리해서 설명해 드리겠습니다.

커서 이동

줄 처음으로 **Home**
화면 끝으로 **Ctrl+End**
한 화면 뒤로 **Page Down**

화면 처음으로 **Ctrl+Home**
한 화면 앞으로 **Page Up**

파일

새 문서 **Alt+N**　　　　　　불러오기 **Alt+O**
저장하기 **Ctrl+S**　　　　　다른 이름으로 저장하기/블록 저장 **Alt+V**
인쇄 **Ctrl+P**

편집

되돌리기 **Ctrl+Z** (작업을 잘못했을 때 이전 상태로 되돌려 주는 기능)
오려 두기 **Ctrl+X**
복사하기 **Ctrl+C**
붙이기 **Ctrl+V**
모양 복사 **Alt+C** (글의 모양과 속성을 복사해서 적용시키는 좋은 기능)
모두 선택 **Ctrl+A**
찾기 **Ctrl+F**
찾아 바꾸기 **Ctrl+F2** (글자를 찾아 원하는 글자로 바꾸는 기능)

입력

표 만들기 **Ctrl+N,T**
문자표 입력 **Ctrl+F10**
그림 넣기 **Ctrl+N,I**

서식

글자 모양 **Alt+L** (글자 속성 바꿀 때 사용)
문단 모양 **Alt+T**

글씨 크게/작게 **Alt+Shift+E/R**

자간 넓게/좁게 **Alt+Shift+W/N** (문서 작성 후 보기 좋게 편집할 때 사용)

장으로/평으로 **Alt+Shift+J/K** (문서 작성 후 보기 좋게 편집할 때 사용)

밑줄 **Ctrl+U**

진하게 **Ctrl+B**

이탤릭 **Ctrl+I**

빠른 내어 쓰기 **Shift+Tab** (첫 줄과 기준선을 맞출 때 사용)

줄 간격 넓게/좁게 **Alt+Shift+Z/A** (문서 작성 후 보기 좋게 편집할 때 사용)

편집 용지 **F7**

머리말/꼬리말 **Ctrl+N,H**

쪽 번호 매기기 **Ctrl+N,P**

감추기 **Ctrl+N,S** (쪽 번호 감출 때 자주 사용)

쪽 나누기 **Ctrl+Enter** (문서 작성 후 보기 좋게 편집할 때 사용)

맞춤법 검사 **F8**

한컴 사전 **F12**

표 만들기 **Ctrl+N,T**

셀 편집 **F5**

〈F5셀 블록 상태에서〉

셀 나누기 **S**

셀 합치기 **M**

셀 높이를 같게 **H**

셀 너비를 같게 **W**

현재 셀의 크기 조절 **Shift+화살표**

현재 셀이 속한 가로 줄/세로 칸 전체 크기 **Ctrl+화살표**

표 크기를 고정한 채 가로 줄/세로 칸 크기 **Alt+화살표**

테두리 모양 **L**

지우기

뒷글자 지우기 **Delete**

앞글자 지우기 **BackSpace(←)**

제가 학교에서 한글 작업하면서 많이 사용하는 것들만 대충 정리하여 보았는데, 선생님께서도 업무 처리를 하시면서 자주 사용하는 기능을 지원하는 단축키를 알아두시면 업무 처리 속도가 2배 이상 빨라질 것입니다.

한글 뿐 아니라 엑셀 및 파워포인트도 기본적인 기능이나, 활용하면 좋은 기능들을 알아두시면 업무처리를 하는데 쉽고 빠르게 할 수 있습니다. 업무를 빨리 처리하게 되면 그만큼 선생님의 시간을 벌 수 있으니 선생님을 위해서라도 꼭 알아두세요.

▉▉▉

출장을 다녀오면 경비 처리는 어떻게 해야하지?
대학원을 다니고 싶은데, 일찍 퇴근할 수 있을까?
소소하지만 알찬 교원 복무의 모든 것

이럴 땐 이렇게!
교원 복무 Q&A

이번 시간에는 신규 선생님들이 알면 좋은 교원의 복무와 관련된 내용들을 Q&A형식으로 간단히 안내드리겠습니다. 신규 선생님 뿐만 아니라 경력 선생님들도 백과사전 식으로 열거된 교원 복무책자를 보면서 꼭 필요한 부분만 정리되어있는 책이 있었으면 좋겠다는 생각을 하셨으리라 생각합니다. 저 또한 같은 마음으로 핵심 질문 위주의 Q&A 정리를 시작하게 되었습니다.

　　먼저 기본 복무와 교사로서 알아야 할 교원의 복무와 관련된 내용을 공무원 복무제도 해설(2006. 행정자치부)과 2019 유·초등교원 인사업무 처리요령(2018. 전라북도교육청)을 참고하여 작성해 보았습니다. 교원의 복무와 관련된 사안은 교육감에게 위임이 되어있어 지역마다 차이가 있을 수 있으니 해당 지역교육청에서 발간한 자료를 살펴보시는 것이 가장 좋은 방법입니다.

기본 복무

Q1 학교에 근무하는 교사의 근무시간은 어떻게 되나요?

A 초등학교의 경우, 교육인적자원부장관이 국가공무원복무규정 제 9조 및 제10조의 규정에 의거 협의·변경한 근무시간을 준수하 여야 합니다. 교사의 1일 정상근무시간이 8시간이므로 출근시각 을 08시30분으로 결정하였다면 퇴근시간은 출근시간에 연동되 어 16:30으로 자동 결정되는 것이 원칙입니다. 그러나 초·중등교 육법시행령 제49조에서 수업시각을 학교장이 결정하도록 별도 로 명시되어 있어서 학교마다 다른 경우도 있으나 근무시간 및 수 업시각을 결정하는 절차는 교사, 학부모, 학생 모두에게 적용되는 사항이므로 학교운영위원회의 심의를 거쳐 민주적으로 결정하여 야 하며, 학교장이 독단적으로 출·퇴근시각 및 등·하교시각을 결 정하고 이를 학교 구성원들에게 일방적으로 통보하는 일은 지양

되어야 할 것입니다.

Q2 출·퇴근 시간을 학교장의 지시로 출근시간 08:30, 퇴근시간 17:00로 총 8시간 30분 근무시간으로 변경할 수 있나요?

A 국가공무원 복무규정을 보면 공무원의 1주간 근무시간은 점심시간을 제외하고 40시간으로 하며, 토요일은 휴무(休務)함을 원칙으로 한다고 되어 있습니다. 그러나 교원의 근무시간에는 점심시간도 포함되는데 이는 급식지도 및 학생생활지도를 하기 때문이므로 1일 8시간 총량을 지켜야 하므로 8:30분 출근이라면 16:30분 퇴근을 하는 것이 맞습니다.

Q3 종업식 및 졸업식이 있는 날의 퇴근시간은 어떻게 되나요?

A 종업식 및 졸업식은 학년의 마무리를 기념하는 행사에 불과하고 근무시간의 종료를 의미하는 것은 아니므로 국가공무원복무규정에 규정된 근무시간을 준수하여야 합니다.

Q4 출근이 늦을 것 같은데 어떻게 해야 하나요?

A 교원이 정해진 시간까지 출근할 수 없을 때에는 소속기관에 미리 신고하여야 하고, 그 후 출근한 때에는 지각으로, 출근하지 않는 때에는 결근으로 처리하는 것이 원칙입니다. 미리 학교로 늦을 것 같다고 전화를 하시면 됩니다.

Q5 근무시간에 친목배구를 하는데 근무 중 체육시간을 운영하는 것이 가능한 가요?

A 근무시간 중 일부를 정기적인 체육시간으로 지정하여 운영하는 것은 본연의 직무에 지장을 초래하거나 민원불편이 야기될 우려가 있으므로 허용되지 않습니다.

Q6 점심시간을 포함하여 외출하는 경우, 외출시간에 점심시간을 포함해야 하나요?

A 일반적으로 교원은 점심시간도 근무시간에 포함되어 있으므로 점심시간을 포함하여 외출할 경우에 외출시간에 점심시간을 포함하여 신청해야 합니다.

Q7 출장 여비는 무조건 받아야 하는 것 아닌가요?

A 출장명령은 출장여비의 지급근거가 되는 것이나, 출장명령이 있다 하여 반드시 출장여비를 지급하는 것은 아닙니다.(학교 여비 규정을 확인하세요.)

Q8 근무지내 출장하고 나서 초과근무를 하면 초과근무를 인정받을 수 있나요?

A 근무지내 출장명령을 받은 공무원은 출장업무를 마치고 사무실로 귀청하여 계속 근무하는 경우에는 초과근무를 인정할 수 있습니다.

Q9 출장을 두 번 갔다 올 경우 출장 여비는 어떻게 받을 수 있나요?

A 근무지 내 출장을 마치고 귀청 후에 또다시 근무지 내 출장명령은 가능하나, 공무원여비규정에 따라 근무지 내 4시간 이상 출장은 20,000원, 4시간 미만 출장은 10,000원을 지급함으로 20,000원을 초과하는 여비를 지급할 수 없습니다.

Q10 친목회 모임 참석자의 출장 처리가 가능한가요?

A 근무시간 내에 친목회를 개최하는 것은 불가합니다. 또한, 근무시간 이외의 시간에 친목모임에 참석할 때에는 출장으로 처리할 수 없습니다.

Q11 청소년 단체 주관 행사 참석 시 복무관리는 어떻게 해야 하나요?

A 민간단체 행사에 초청되어 참석하는 경우 업무와 관련성이 있고 소속기관의 대표자격으로 참석할 경우에는 출장조치가 가능하나, 개인자격으로 참석할 경우에는 연가로 처리해야 합니다.

Q12 외부 출강 시 출장 처리는 어떻게 해야 하나요?

A 민간기관 또는 산하기관에 출강할 경우 강의가 직무수행과 관련이 있는 경우에는 출장조치가 가능하나, 직무수행과 무관한 출강의 경우에는 연가를 사용해야 합니다. 또한 출장조치가 가능한 출강한 경우에도 강의를 요청한 기관에서 실비를 지급할 경우에는 출장여비를 지급할 수 없으므로 여비미지급 출장으로 신청하세요.

Q13 소속직원의 경조사에 기관대표로 참석할 경우 출장이 가능한가요?

A 소속지원의 경조사에 기관대표로 참석할 경우 출장조치와 여비지급은 가능하나, 최소한의 인원에 한하여 가능합니다.

Q14 근무시간 중의 주간대학원 수강할 때 복무처리는 어떻게 해야 하나요?

A 근무시간 중 주간대학원의 강의를 듣기 위한 출장 처리는 불가능합니다. 다만, 수강을 위하여 소속기관장의 허가를 얻어 연가를 사용할 수 있으나, 본인의 연가일수를 초과한 경우에는 결근으로 처리함이 원칙입니다.

Q15 초등 교원의 야간제·계절제 대학원 수강은 가능한가요?

A 교원은 교육활동에 지장을 받지 않는 한 학교장의 허가를 받고 야간 또는 계절제 대학원을 수강할 수 있습니다. 이 때 근무상황은 '출장(연수)'로 처리하면 됩니다. 다만 야간제대학원이라고 하더라도 학교의 장의 종합적인 판단에 의하여 주간대학원의 복무에 준하여 처리할 수 있을 것입니다.

Q16 파견교사의 계절제 대학원 수강은 어떤 복무규정을 적용해야 하나요?

A 방학이 없는 교육행정(연구)기관에 파견근무 중인 교사가 계절제 대학원을 수강하는 경우는 주간대학원과 같은 복무규정을 적용해야 합니다.

Q17 대학원 수강이 시간외근무수당 정액분 지급에 영향을 줄까요?

A 교원이 학교의 장의 허가를 받고 본인의 희망에 의한 대학원을 수강하는 것은 특정한 공무수행을 위한 출장으로 보기 어렵고 본인의 의사결정에 의한 자율연수이기 때문에 시간외근무수당 정액분을 지급할 수 없습니다.

Q18 공휴일을 이용하여 공무외의 국외여행을 하는 경우 복무처리는 어떻게 하나요?

A 공휴일에 공무외의 국외여행을 하는 경우에는 근무상황부에 기재하거나 소속기관에 신고할 의무는 없으나, 사전에 여행일정과 여행지 등을 비상연락담당자에게 통보하여 긴급시 소재파악 및 비상연락이 될 수 있도록 비상연락체계가 유지되어야 합니다. 전라북도는 복무에서 "기타"로 신청하도록 안내되었습니다.

Q19 학기 중 수업일의 경우에도 교사 개인이 당일 수업이 없거나 조기 종료 시 "교육공무원법" 제41조에 따른 근무지 외 연수가 가능한가요?

A "교육공무원법" 제41조에 따른 근무지 외 연수는 "휴업일" 실시가 원칙이므로, 학기 중 수업일의 경우에는 수업이 없는 경우라도 근무지 외 연수는 적용되지 않습니다. 시험기간, 체험학습의 날(소풍) 등에도 수업일에 "교육공무원법" 제41조에 따른 근무지 외 연수는 실시할 수 없으며, 학교 워크숍 등의 경우에는 출장 처리를 하고 개인 사정의 경우에는 조퇴·외출 등을 사용하여야 합니다.

Q20 출장으로 인하여 근무시간을 초과한 경우 시간외근무 수당을 받을 수 있나요?

A 현행 제도 상 국내출장기간 중 교원들에게 출장여비 외에 초과근무수당 지급은 원칙적으로 불가하나, 학교장의 판단 하에 교육과정 운영상 필요하다고 인정되는 경우에는 관계 법령 및 지침에 의거 객관적인 증빙이 있는 경우에 한해 초과근무수당 지급이 가능합니다. 다만 교직원 체육대회, 교원연수, 전국대회 참관 등에 대해서는 초과근무수당 지급 불가합니다.

Q21 저희 학교는 복무담당자가 교감선생님으로 되어있는데, 교감선생님이 출장을 가실 경우엔 누구를 승인자로 지정해야 합니까?

A 교장선생님을 승인자로 지정하시면 됩니다. 만일 교장선생님/교감선생님이 모두 안 계실 경우라면 학교에서 판단하셔서 부장교사를 승인자로 지정하셔도 됩니다. 이와 관련된 학교 전결 규정을 만들면 더욱 좋습니다.

Q22 출장을 다녀온 후 출장 신청을 소급해서 처리하는 것도 가능합니까?

A 가능하면 전에 미리 승인처리를 받으셔야 하지만, 현재 시스템적으로는 소급처리가 가능합니다.

Q23 법령에 근거한 교직원의 임무를 알고 싶습니다.

A 초·중등교육법 제20조(교직원의 임무)를 확인하시면 좋을 것 같습니다.

1. 교장은 교무를 통할(統轄)하고, 소속 교직원을 지도·감독하며, 학생을 교육한다.

2. 교감은 교장을 보좌하여 교무를 관리하고 학생을 교육하며, 교장이 부득이한 사유로 직무를 수행할 수 없을 때에는 교장의 직무를 대행한다. 다만, 교감이 없는 학교에서는 교장이 미리 지명한 교사(수석교사를 포함한다)가 교장의 직무를 대행한다.

3. 수석교사는 교사의 교수·연구 활동을 지원하며, 학생을 교육한다.

4. 교사는 법령에서 정하는 바에 따라 학생을 교육한다.

5. 행정직원 등 직원은 법령에서 정하는 바에 따라 학교의 행정사무와 그 밖의 사무를 담당한다.

Q24 **간병휴직 대상이 조부모일 때에도 간병휴직을 사용할 수 있나요?**

A 사고나 질병 등으로 장기간 요양이 필요한 조부모, 부모(배우자의 부모를 포함한다), 배우자, 자녀 또는 손자녀를 간호하기 위하여 필요한 경우에 간병휴직을 사용할 수 있게 개정되었습니다. 다만 조부모나 손자녀의 간호를 위하여 휴직할 수 있는 경우는 본인 외에는 간호할 수 있는 사람이 없는 등 대통령령으로 정하는 요건을 갖춘 경우로 한정합니다.

Q25 **육아휴직수당이 확대되었다고 하는데, 어떻게 변경되었나요?**

A 같은 자녀에 대해 부모가 모두 육아휴직을 한 경우, 두 번째 육아휴직을 한 사람이 공무원인 경우 해당 공무원의 육아휴직 시작일로부터 3개월 동안 지급하는 육아휴직수당(월봉급액 전액)의 상한

액을 자녀별로 차등(첫째 150만 원, 둘째 이후 200만 원)하여 적용했습니다. 그러나 이번 개정을 통해 모든 자녀에 대해 월 200만 원으로 동일하게 적용됩니다.

Q26 교장이 교사에게 주의나 경고를 할 수 있나요?

A 초·중등교육법 제20조(교직원의 임무) 제1항의 규정에 의하여 교장은 소속 교직원을 지도·감독하도록 하고 있습니다. 따라서 교장은 교원의 복무지도 권한과 감독관계에 기초하여 징계의결요구 대상에 이르지 아니하는 경미한 비위나 불성실한 근무자세 등에 대하여 근무태도의 개선을 목적으로 각성을 촉구하는 주의·경고 등의 행정조치를 문서나 구두로 할 수는 있습니다.

Q27 학교장 경고 처분을 받았습니다. 교직 생활에서 어떤 불이익이 있나요?

A 학교장 경고 처분을 받은 1년 이내에 근무성적평정·성과상여금 등급에서 불이익이 있고, 기타 포상 대상자 추천·해외연수 대상자 선발 등에서도 불이익을 받게 됩니다. 당해 학교에서 재직하는 동안 3회 이상 주의 또는 경고처분을 받을 경우 「교육공무원 인사관리 규정」 제21조 제2항 제4호에 따라 비정기 전보의 대상이 됩니다.

휴가

Q1 재직기간과 휴가기간의 관계를 알고 싶어요

A 연가는 개인별 재직기간에 따라 정해진 사용가능일수의 범위 내에서만 사용할 수 있는 반면, 병가·공가·특별휴가는 모든 공무원이 재직기간에 관계없이 휴가사유가 동일하다면 동일한 휴가일수를 사용할 수 있습니다.

Q2 휴가기간 중 전보발령을 받았는데, 다음 휴가는 누구에게 허가를 받아야 하나요?

A 휴가기간 중 전보된 경우 동 휴가는 전보발령일 전일까지 유효하고, 전보발령일 이후의 휴가는 새로운 허가권자에게 다시 허가를 받아야 합니다.

Q3 가족의 연락을 통해 휴가 신청이 가능한가요?

A 휴가는 본인의 신청이 있는 경우에 허가하며, 공무원 본인의 연락 없이 가족의 연락만으로 휴가를 허가하는 것은 불가합니다. 다만 갑작스런 병가나 특별휴가 등 불가피한 경우에는 가족이 연락하여 다른 공무원으로 하여금 휴가신청을 대행하게 할 수 있습니다.

Q4 휴가사유가 중복되는 경우 어떻게 해야 하나요?

A 같은 날 병가·공가·특별휴가 등 2개 이상 휴가사유가 중복되는 경우 본인이 선택하여 신청하는 하나의 휴가만을 허가해야 하니 본인이 하나를 선택하셔야 합니다.

Q5 휴가일수 계산방법은 어떻게 되나요?

A 연가·병가·공가·특별휴가는 그 사유와 용도가 각각 다르고 별개의 휴가로서 휴가일수를 종류별로 따로 계산하게 되어 있습니다.

Q6 휴가 기간에 공휴일과 토요일을 산입하는 기준은 무엇인가요?

A 휴가기간 중의 공휴일과 토요일은 그 휴가일수에 산입하지 않으나, 휴가(연가는 제외)일수가 연속하여 30일 이상 계속되는 경우에는 그 휴가 일수에 토요일 또는 공휴일을 산입합니다.

연가

Q1 미사용 연가는 다음해로 이월하여 사용할 수 있나요?

A 연가는 1월 1일부터 12월 31일까지 1년 단위로 계산하며, 미사용 연가는 다음해로 이월하여 허가할 수 없습니다.

Q2 연가일수를 초과하여 출근하지 못한 경우는 어떻게 처리되나요?

A 부득이한 사정으로 본인의 연가가능일수를 초과하여 출근하지 못하게 된 경우에는 결근으로 처리되며, 당해 공무원의 연가일수를 초과한 결근일수 매 1일에 대해 봉급일액의 2/3를 감하게 됩니다.

Q3 연가일수를 초과한 외출이 가능할까요?

A 외출·조퇴·지참·반일연가는 연가일수를 초과하여 사용할 수 없습니다. 또한 연가일수를 초과한 이후에는 8시간 미만의 외출 등

도 허용되지 않습니다.

Q4 다음연도 연가를 미리 사용할 수 있나요?

A 학교의 연가 허가권자는 당해 연도의 잔여 연가일수를 초과하는 휴가사유가 발생한 경우에는 2분의1범위에서 다음연도 연가를 미리 사용하게 할 수 있습니다.

Q5 연가가산을 할 수 있는 조건은 무엇인가요?

A 당해 연도에 결근·휴직·정직·강등 및 직위해제 사실이 없는 교원으로서 「병가를 활용하지 아니한 교원」과 「연가실시일수가 3일 미만인 교원」에 대하여는 다음 해에 한하여 재직기간별 연가일수에 각각 1일 (합계 2일)을 가산할 수 있습니다.

Q6 연가가산이 되지 않는 휴직의 의미는 무엇인가요?

A 전년도 휴직일수가 있어 연가가산을 할 수 없는 경우에서의 휴직이라 함은 일반 휴직뿐만 아니라 공무상질병 휴직이나 병역복무 휴직 등 모든 휴직을 의미합니다.

Q7 병조퇴를 1번 했는데, 병가를 활용했으니 연가가산을 할 수 없나요?

A 병가일수가 1일도 없고, 질병 또는 부상의 치료를 위한 병지참·병외출·병조퇴의 누계가 8시간 미만인 경우에는 병가를 사용하지 않은 것으로 인정하므로 1일의 연가가산을 할 수 있습니다.

Q8 9월 발령을 받고 연가가산의 조건을 충족합니다. 연가가산을 할 수 있나요?

A 연가가산은 연도 중 임용되어 1년 미만 근무한 경우에는 해당되지 않습니다.

Q9 공무상병가 사용자의 병가 미활용 사유로 연가가산을 할 수 있나요?

A "병가"를 활용하지 않은 경우의 연가가산은 일반병가는 물론 공무상병가도 없어야 연가가산을 할 수 있습니다.

Q10 연가 공제 시 잔여시간의 처리는 어떻게 하나요?

A 누계시간을 연가일단위로 계산한 후 8시간 미만의 잔여시간은 계산하지 않습니다. 예를 들면 1년간 외출 15시간, 조퇴 9시간, 지각 1시간, 오후 반일연가 1회가 있는 경우 "(15시간+9시간+1시간+4시간)÷8시간=3일 5시간"이 됩니다. 연가공제일수는 3일이며, 잔여 5시간은 계산하지 않습니다.

Q11 연가를 신청만 한 채 출근하지 않는 경우 어떻게 되나요?

A 공무원이 연가신청만 한 채 허가를 통보받지 않았음에도 출근하지 않은 경우에는 결근으로 처리하며, 또한, 직장이탈에 해당됩니다.

Q12 연가신청 허가 전 근무지를 이탈한 경우 어떻게 되나요?

A 법정 연가일수의 범위 내에서 연가를 신청하였다고 할지라도 그

에 대한 소속 행정기관의 장의 허가가 있기 이전에 근무지를 이탈한 행위는 특단의 사정이 없는 한 국가공무원법 제58조(직장이탈금지)에 위반되는 행위로서 징계사유가 됩니다.

Q13 휴직예정자도 연가를 사용할 수 있나요?

A 해외유학을 사유로 휴직할 예정인 경우 휴직 이전에 본인의 재직기간별 연가일수 범위 내에서 연가를 사용할 수 있습니다.

Q14 공무국외여행 전후에 연가를 사용할 수 있나요?

A 직무수행에 지장을 초래하지 않는 범위 내에서 공무국외여행기간 전후를 이용하여 친지방문 등 사적인 목적을 위하여 연가를 사용할 수 있습니다.

Q15 연가실시 중 병가 등 사유 발생하였을 때 병가를 신청할 수 있나요?

A 연가를 실시하는 기간 중에 병가 또는 특별휴가 사유가 발생한 경우 본인의 신청에 의하여 연가를 중지(취소)하고, 병가 또는 특별휴가를 허가 받을 수 있습니다.

04

병가

Q1 미용을 위한 성형수술을 할 때 병가를 사용할 수 있나요?

A 미용을 위한 성형수술은 병가 사유인 질병으로 볼 수 없으므로 병가를 사용할 수 없으며, 필요한 경우에는 개인 연가를 사용해야 합니다.

Q2 장기기증 및 라식수술을 할 때 병가를 사용할 수 있나요?

A 장기기증으로 인한 수술이나 입원기간에 대하여는 병가를 사용할 수 있으며, 라식수술의 경우 병가사유인 질병에 해당되므로 라식수술로 인하여 직무를 수행할 수 없는 경우에는 병가를 사용할 수 있습니다.

Q3 질병이나 부상으로 60일을 초과하여 쉬고자 하는 경우 어떻게 해야 하나요?

A 일반병가는 연간 60일 범위 내에서만 가능하므로 60일을 초과하여 쉬고자 하는 경우에는 본인의 연가일수 범위 내에서 연가를 사용하여야 합니다. 그 이후에도 계속 질병치료 등으로 출근이 불가능한 경우에는 휴직을 해야 합니다.

Q4 병가 사용 중 특별휴가 사유가 발생했을 경우 특별휴가 신청을 할 수 있나요?

A 병가 사용 중 경조사 등 특별휴가 사유가 발생한 경우 병가와 특별휴가는 별도로 사용이 가능하므로 병가를 취소하고 특별휴가로 처리할 수 있습니다.

Q5 연도를 달리하는 경우의 일반병가 사용은 어떻게 할 수 있나요?

A 일반병가는 1년 단위로 60일을 사용할 수 있으므로 11월부터 12월 말일까지 병가 60일을 사용한 경우에도 다음해 1월1일부터 병가 60일을 다시 사용할 수 있으며, 연도를 달리하더라도 동일 사유 병가인 경우 최초 제출한 진단서로 갈음할 수 있습니다.

Q6 의사의 증명서나 확인서에 의한 병가도 신청 가능한가요?

A "진단서"를 제출해야만 병가를 허가할 수 있는 경우 의사의 진단서가 아닌 증명서나 확인서만으로 병가를 허가 할 수 없습니다.

Q7 진단서를 제출하면 병가를 받을 수 있나요?

A 병가는 질병이나 부상으로 인하여 정상적인 직무수행이 어렵다고 인정될 때 허가하는 것으로 허가권자는 병가를 신청한 공무원의 진술이나 진단서, 기타 질병치료와 관련된 자료 등을 참고하여 이러한 요건에 해당되는지를 판단하여 허가 여부를 결정하여야 합니다. 진단서를 제출한 경우 진단서가 병가를 신청한 공무원의 건강상태에 대한 관련 전문가의 의학적 소견인 점을 감안하여, 동 내용을 신뢰하기 어려울 정도의 다른 객관적인 사실이 없는 한 병가사유로 인정해 주는 것이 바람직합니다.

Q8 진단서는 언제 제출해야 하나요?

A 진단서는 병가신청과 동시에 제출하는 것이 원칙이지만, 갑작스런 발병 등으로 진단서를 첨부할 시간적인 여유가 없을 때에는 우선 병가신청을 하고 최대한 빨리 진단서를 제출해야 합니다.

Q9 동일 질병으로 일반병가와 공무상병가를 연속으로 사용 가능한가요?

A '일반병가'와 '공무상병가'는 각각 별도로 운용하므로 동일한 질병으로 공무상병가 180일과 일반병가 60일을 각각 얻을 수 있으며, 연속으로 사용도 가능합니다.

Q10 치료기간이 명시되지 않은 진단서를 제출해도 병가를 허가받을 수 있나요?

A 진단서에 치료기간이 명시되지 않았을 경우에도 병가를 허가할 수 있지만, 병가의 허가 여부와 병가기간은 소속 기관장이 첨부된

진단서와 당해공무원의 직무수행 가능 여부 등 제반 정황을 참작하여 결정해야 합니다.

Q11 진단서만 제출하고 병가허가 없이 출근하지 않을 수 있나요?

A 공무상요양승인을 받은 공무원도 본인의 공무상병가 신청에 대한 소속 기관장의 진단서 등 제반 객관적인 정황을 근거로 한 병가 허가의 판단이 있어야 하므로 공무상병가 100일을 허가 받아 사용한 이후에 별도의 공무상병가의 허가 없이 진단서만 제출한 채 출근하지 않을 경우에는 무단결근으로 처리합니다. 일반병가의 경우에도 본인의 신청에 의하여 소속 기관장이 제반 여건을 감안하여 허가를 한 후에 가능하므로 진단서만 제출하고 출근하지 않는 것은 복무규정을 위반한 것입니다.

Q12 공무상병가의 분할 실시가 가능한가요?

A 공무상병가 180일은 연속사용을 원칙으로 하나, 부득이한 경우 공무상요양승인 기간 내에서 분할 사용할 수 있습니다.

Q13 공무상 요양승인 결정 이전에 사용한 연가와 일반병가의 처리는 어떻게 하나요?

A 공무상 요양승인을 신청하여 심의 중에 있으면 그 결정서를 통보 받을 때까지는 일반 병가 또는 연가를 허가할 수 있으며, 공무상 질병 또는 부상으로 결정된 때에는 소급하여 공무상 병가로 처리할 수 있습니다. 본인이 원하는 경우 공무상 병가로 소급 처리하

지 않거나 일반병가·연가의 일부만 소급 처리할 수도 있습니다.

Q14 **동일한 사유로 공무상 병가를 신청할 수 있나요?**

A 공무상 요양 승인기간중이라도 공무상 병가일수 180일이 만료된 후에는 동일한 사유로 재차 공무상 병가를 허가할 수 없습니다.

Q15 **출산예정일 45일 이전에 일반병가를 사용할 수 있나요?**

A 임신 중인 여자공무원에 대하여는 그 출산의 전후를 통하여 90일 의 출산휴가를 허가 하여야 하고, 출산예정일 기준, 출산 후에 45 일 이상이 확보되도록 해야 하므로 출산예정일 45일전 이후부터 는 출산휴가의 요건이 갖추어진 상태이므로 일반병가를 수시로 사용하는 경우, 출산휴가를 신청하도록 하는 것이 타당합니다.

Q16 **동일한 질병으로 화·수·목·금 4일간 병가, 다음 주 월요일 1일 출근한 후 화요일부터 25일간 병가를 신청할 수 있나요?**

A 형식상 연속 30일 이하의 병가라 하더라도 30일 이상을 이어서 병 가사유에 의한 휴가로 인정되므로, 30일 이상의 병가가 연속된 것 으로 간주하여 공휴일 또는 토요일을 휴가일수에 산입해야 합니다.

Q17 **2개 년도에 걸쳐 30일을 초과하는 병가의 경우는 어떻게 해야 하나요?**

A 연도별로 구분하여 각각 30일 이상인 경우에만 공휴일과 토요일 을 휴가일수에 산입해야 합니다. 각각 30일 미만일 경우에는 공 휴일과 토요일을 제외합니다.

Q18 동일 질병으로 공휴일과 토요일을 제외하여 19일을 병가 사용하고, 10일 근무 후, 추가로 수술하여 26일을 병가 사용할 수 있나요?

A 실제 연속된 병가사용 일수를 확인 후 30일 이상이 되면 공휴일과 토요일을 휴가일수에 산입해야 합니다. 이때 각급기관은 해당 소속 공무원이 병가제도의 악용 여부에 대하여 판단하고, 악용의 여지가 없을 경우에는 별개로 병가일수 계산이 가능합니다.

Q19 병가와 연속된 연가활용 시 공휴일 또는 토요일을 산입해야 하나요?

A 7일간의 병가를 사용한 후 23일간의 연가를 사용함으로써 사실상 휴가기간이 30일 이상인 경우, 병가와 연가는 별개의 요건에 따라 운영되고 그 기간을 따로 계산하므로 각각 30일을 초과하지 않으므로 공휴일과 토요일을 산입하지 않고 계산합니다.

Q20 휴직을 하면 재직기간이 산입되지 않는다는데 육아휴직도 똑같이 적용되나요?

A 재직기간은 「공무원연금법」 제25조 제1항 내지 제3항에서 규정한 재직기간(연금합산신청 또는 기여금 불입 여부에 관계없음)을 적용하며, 휴직·정직·직위해제기간 및 강등처분에 따라 직무에 종사하지 못하는 기간은 근무기간에 산입하지 아니합니다. 다만, 육아휴직(국가공무원 복무규정 제15조 제2항 제1호에서 정한 기간) 및 법령에 의한 의무수행이나 공무상 질병 또는 부상으로 인한 휴직은 근무기간에 산입합니다.

05

공가

Q1 폭설로 인해 출근이 불가능할 때에도 공가를 사용할 수 있나요?

A 10항에 천재지변, 교통 차단 또는 그 밖의 사유로 출근이 불가능할 때 공가를 사용할 수 있으니 관리자와 협의하셔서 사용하셔도 됩니다.

Q2 자격증 취득 시험응시를 위해 공가를 사용할 수 있나요?

A 업무수행에 필요한 일반적인 자격증을 새로 취득하기 위하여 응시하고자 하는 때에는 연가를 사용해야 하지만 승진, 전직, 전보 등 임용의 전제가 되는 자격취득을 위한 시험에 응시하거나 그 면허교부를 받기 위한 경우는 공가 활용이 가능합니다.

Q3 공무원 노동조합 대의원회에 참석할 때 공가를 사용할 수 있나요?

A 교섭위원으로 선임(選任)되어 단체교섭 및 단체협약 체결에 참석하거나 대의원회(「공무원의 노동조합 설립 및 운영 등에 관한 법률」에 따라 설립된 공무원 노동조합의 대의원회를 말하며, 연 1회로 한정한다)에 참석할 때 공가를 사용할 수 있습니다.

Q4 징계·소청·행정소송의 당사자 등의 이유로 공가를 사용할 수 있나요?

A 징계·소청·행정소송 절차에 출석하는 업무담당 공무원은 출장으로 처리하고, 당사자 또는 참고인으로 출석하는 공무원에 대하여는 공가로 처리합니다. 다만, 행정소송의 경우 그 내용이 공직신분과 무관한 민사에 관한 사항은 연가를 활용해야 합니다.

Q5 군 입대예정자에 대한 입대 전에 공가를 사용할 수 있나요?

A 군 입대 전에 며칠간의 휴가를 얻고자 할 경우 공가를 사용할 수 없지만, 연가를 사용할 수 있습니다.

Q6 지방자치단체장 보궐선거 투표참가를 위해 공가를 사용할 수 있나요?

A 공직선거법에 의한 지방자치단체장 보궐선거 투표에 참여하는 공무원도 공가를 사용할 수 있습니다.

Q7 한글날 등 각종 기념행사 참석을 할 때 공가를 사용할 수 있나요?

A 국가가 주관하는 각종 기념행사에 참석할 때에는 공가를 사용할 수 있습니다.

Q8 국외훈련대상자 선발관련 외국어능력시험을 위해 공가를 사용할 수 있나요?

A 국외훈련대상자 선발을 위한 외국어능력시험 응시의 경우에도 국내위탁훈련대상자 선발을 위한 외국어능력시험응시와 동일하게 공가를 사용할 수 있습니다.

Q9 연가 종료 후 기상악화로 출근이 불가한 경우 공가를 사용할 수 있나요?

A 연가를 허가받고 섬으로 여행을 떠났다가 기상이 악화되어 연가 종료 후 출근을 할 수 없는 경우에는 공가를 사용할 수 있지만, 최대한 빨리 복귀를 해야 합니다.

Q10 전보로 인한 이사의 경우 공가를 사용할 수 있나요?

A 인사발령에 의해 이사를 하는 경우(본인만 이사하는 경우도 포함)에는 이사시기에 상관없이 공가를 사용할 수 있으나, 공가일수는 최소한으로 한정해야 합니다.

Q11 다른 공무원으로 신규임용교육 참석의 경우 공가를 사용할 수 있나요?

A 재직 중인 공무원이 다른 공무원시험에 합격하여 임용 전 교육을 받고자 할 경우에 공가를 사용할 수 없지만, 연가를 사용할 수 있습니다.

Q12 퇴근 후 예비군교육에 참가할 때 공가를 사용할 수 있나요?

A 근무시간이 아닌 21:00부터 다음날 03:00까지 예비군교육에 참

석할 경우에는 당일은 물론 다음 날에 공가를 사용할 수 없습니다.

Q13 교원이 국가대표로서 올림픽대회에 출전을 하게 될 경우에 출전하기 위한 합숙훈련 및 출전기간에 필요한 기간에 대한 처리는 어떻게 하나요?

A 교원이 국가대표로서 올림픽대회 등에 출전하는 경우에는 필요한 기간은 공가로 처리할 수 있습니다.

06

특별 휴가

Q1 입양된 공무원이 경조사휴가를 받을 수 있는 직계존속의 범위는 어떻게 되나요?

A 양부모와 친부모, 양조부모와 친조부모 모두 경조사 특별휴가를 얻을 수 있습니다.

Q2 퇴근시간 이후에 발생한 경조사휴가 일수 계산 방법은 어떻게 되나요?

A 정규근무를 마치고 퇴근시간 이후에 상을 당한 경우에는 당일은 경조사휴가 일수에서 제외하고, 그 다음날부터 경조사휴가 일수를 계산합니다.

Q3 경조사 특별휴가 발생 사유의 소명을 해야 하나요?

A 특별휴가 사유를 소명할 수 있는 증빙자료(예: 결혼청첩장, 부고장

등)를 첨부하는 것이 원칙이지만 특별휴가 사유가 객관적으로 명확한 경우에는 생략할 수 있습니다.

Q4 토요일에 부모가 사망한 경우의 경조사 휴가일수는 어떻게 되나요?

A 토요일에 부모가 사망한 경우의 경조사 휴가일수는 다음 주 월, 화, 수, 목, 금으로 5일의 휴가를 얻을 수 있습니다.

Q5 토요일에 자녀가 결혼하는 경우 경조사 휴가는 어떻게 되나요?

A 토요일에 자녀가 결혼하는 경우 경조사 휴가는 전일 금요일 또는 다음 주 월요일에 휴가를 얻을 수 있습니다.

Q6 금요일 오후 5시에 본인의 형제자매가 사망한 경우는 어떻게 처리하나요?

A 금요일 오후 5시에 본인의 형제자매가 사망한 경우 경조사 휴가는 금요일 당일(1일) 또는 다음 주 월요일(1일)에 휴가를 얻을 수 있습니다.

Q7 결혼 및 출산의 경우 사유즉시 특별휴가를 사용하지 않을 수 있나요?

A 경조사휴가는 그 사유가 발생한 날을 포함하여 전후에 연속하여 실시하는 것이 원칙이나 수업에 지장이 없는 범위에서 본인 결혼 및 배우자 출산 휴가의 경우에는 그 사유가 발생한 날부터 30일 이내의 범위에서 사용 가능합니다. 단 휴가 마지막 날이 30일 범위 내에 있어야 합니다.

Q8 출산휴가에 대해 알고 싶어요.

A 임신하거나 출산한 교원에 대하여 출산 전과 출산 후를 통하여 90일의 출산 휴가를 승인해야 하며, 출산 후의 휴가기간이 45일 이상이 되게 해야 합니다. 단 한 번에 둘 이상의 자녀를 임신한 경우에는 120일의 출산휴가를 승인할 수 있으며, 출산 후의 휴가기간이 60일 이상이 되게 해야 합니다. 휴가기간의 배치는 의료기관의 진단서에 의한 출산 예정일을 기준으로 하되, 조산의 우려 등 특별한 경우는 예외로 인정합니다.

Q9 현재 첫째 자녀로 육아휴직 중인데 둘째 자녀 출산휴가를 사용할 수 있나요?

A 육아휴직 중 출산하는 경우에 바로 출산휴가를 사용할 수 없습니다. 첫째 자녀로 육아휴직 도중에 둘째 자녀를 출산을 했다면 둘째 자녀 출산예정일을 기준으로 사전에 복직신청을 하고 출산휴가 신청에 대한 의사를 표시하시면 됩니다.

Q10 난임 치료 시술 휴가에 대해 알고 싶어요.

A 인공수정 또는 체외수정 등 난임 치료 시술을 받는 공무원은 시술 당일에 1일의 휴가를 받을 수 있습니다. 다만, 체외수정 시술의 경우 난자 채취일에 1일의 휴가를 추가로 받을 수 있습니다.

Q11 사실혼 관계인 배우자와 관련된 경조사휴가를 사용할 수 있나요?

A 사실혼 관계인 배우자의 경조사에도 경조사휴가를 얻을 수 있습니다.

Q12 유산이나 사산에 따른 배우자의 경조사휴가가 가능한가요?

A 임신 이후 유산 또는 사산한 경우로서 교원이 신청하는 때에는 다음 기준에 따라 유산·사산휴가를 주어야 합니다. 다만, 인공임신중절수술(「모자보건법」 제14조 제1항의 규정에 의한 경우는 제외)에 의한 유산의 경우는 휴가를 부여하지 않습니다.

(가) 유산 또는 사산한 교원의 임신기간(이하 "임신기간" 이라 한다)이 11주 이내: 유산 또는 사산한 날로부터 5일까지

(나) 임신기간이 12주 이상 15주 이내: 유산 또는 사산한 날로부터 10일까지

(다) 임신기간이 16주 이상 21주 이내: 유산 또는 사산한 날부터 30일까지

(라) 임신기간이 22주 이상 27주 이내: 유산 또는 사산한 날부터 60일까지

(마) 임신기간이 28주 이상: 유산 또는 사산한 날부터 90일까지

※ 1주는 7일 이므로 임신 77일까지는 5일, 임신 78일부터 105일까지는 10일, 임신 106일부터 147일까지 30일, 임신 148일부터 189일까지는 60일, 임신 190일 이후는 90일이 되는 것입니다.

※ 휴가기간은 유산·사산한 날부터 기산하므로 유산·사산한 날 이후 일정기간이 지나서 청구하면 그 기간만큼 휴가기간이 단축되니 빨리 신청하세요.

Q13 여성보건휴가의 시간단위 분할 사용이 가능한가요?

A 보건휴가는 1일을 사용하는 것이므로 추후 분리하여 2일 사용은 할 수 없습니다.

Q14 여성보건휴가 사용횟수는 어떻게 되나요?

A 여성보건휴가는 월 2회의 생리가 있더라도 월 1회에 한하며, 임

신의 경우 검진도 같습니다.

Q15 모성보호시간에 대해 알고 싶어요.

A 임신 중인 여성공무원은 1일 2시간의 범위에서 휴식이나 병원진료 등을 위한 '모성보호시간'을 받을 수 있습니다. 단 모성보호시간 사용할 때 일 최소근무시간은 4시간 이상이 되어야 하며, 최소근무시간을 충족하지 못한 모성보호시간 사용은 연가로 처리합니다. 또한 모성보호시간은 근무일에 출근을 전제로 하는 특별휴가(육아시간)와 중복하여 사용할 수 없습니다. 근무시간 중의 적절한 시간을 선택하여 신청할 수 있으므로 늦게 출근하거나, 일찍 퇴근 또는 근무시간 중 모두 활용 가능합니다. 마지막으로 모성보호시간 사용시 시간외근무를 명할 수 없습니다.

Q16 육아시간에 대해 알고 싶어요.

A 만 5세 이하의 자녀를 가진 공무원은 24개월의 범위에서 1일 2시간의 육아시간을 받을 수 있으며 육아시간 사용시 일 최소근무시간은 4시간 이상이 되어야 하며, 최소근무시간을 충족하지 못한 육아시간 사용은 연가로 처리하게 되어 있습니다.

> **예)** 日 8시간 근무기준
> • 육아시간 2시간, 연가 3시간 사용시 → 연가 5시간 사용으로 처리
> • 육아시간 2시간, 병가 4시간 사용시 → 연가 2시간, 병가 4시간 사용으로 처리

또한 육아시간은 근무일에 출근을 전제로 하는 특별휴가(모성보호시간)와 중복하여 사용할 수 없습니다. 근무시간 중의 적절한 시간을 선택하여 신청할 수 있으므로 늦게 출근하거나, 일찍 퇴근 또는 근무시간 중 모두 활용 가능합니다. 마지막으로 육아시간 사용시 시간외근무를 명할 수 없습니다.

Q17 한 아이에 대해 부부교원이 동시에 육아시간을 사용 신청이 가능한가요?

A 공무원의 의미에서 남, 여를 정하지 않았으므로 부부 각자가 한 아이에 대하여 동시에 신청 가능합니다.

Q18 만 5세 이하의 자녀는 생후 몇 개월까지인가요?

A 만 6세 생일 전날까지가 해당됩니다. 역(曆)으로 71개월 29일까지입니다.

Q19 육아시간 신청 시 증빙서류를 꼭 내야하나요?

A 육아시간 최초 신청 시 반드시 관련 증빙서류를 제출해야 합니다.

Q20 24개월은 월(月)단위로 지정하되'의 의미는 무엇인가요?

A 육아시간은 월 단위로 사용하며 그 달에 1일이라도 사용하면 그 달은 1개월을 쓴 것으로 간주한다는 의미입니다.

예1) 8월 1일 1시간 사용 후 나머지 일수를 사용하지 않음: 1개월 사용

예2) 8월 1일 ~ 8월 5일 2시간씩 사용 후 나머지는 사용하지 않음: 1개월 사용

예3) 8월 1일 ~ 8월 31일까지 근무일수 마다 사용: 1개월 사용

예4) 8월 30일 ~ 9월 5일까지만 사용: 2개월 사용

Q21 **근무일에 아침 출근시간에 30분, 퇴근시간에 1시간을 따로 나눠서 육아시간으로 사용 가능한가요?**

A 근무일에 늦게 출근하거나, 일찍 퇴근 또는 근무시간 중 모두 사용 가능합니다.

Q22 **재해구호휴가에 대해 알고 싶어요.**

A 수해·화재·붕괴·폭발 등의 재해 또는 재난으로 인하여 피해를 입은 교원(본인, 배우자, 본인 및 배우자의 부모, 자녀의 인명과 재산에 피해를 입은 교원)과 재해 또는 재난발생지역에서 자원봉사활동을 하고자 하는 교원(시설복구 및 친·인척 또는 피해주민을 돕고자 하는 교원)은 5일 이내의 재해구호휴가를 얻을 수 있습니다.

Q23 **자녀가 2명일 경우에도 자녀돌봄휴가는 연간 2일인가요?**

A 공무원 1인당 연간 2일의 자녀돌봄휴가가 부여되는 것으로 자녀가 2명인 경우에도 동일하게 2일만 부여됩니다. 단 자녀가 셋 이상일 경우에는 자녀돌봄휴가를 연 1일 가산할 수 있습니다. 또한 자녀돌봄휴가는 시간단위로 분할하여 사용할 수 있습니다.

Q24 교권 침해 피해 교원에 특별휴가 5일이 생겼다는데 무엇인가요?

A 학교의 장은「교원의 지위 향상 및 교육활동 보호를 위한 특별법」
제15조에 따른 교육활동 침해의 피해를 받은 교원에 대해서는 피
해교원의 회복을 지원하기 위해 5일의 범위에서 특별휴가를 부여
할 수 있습니다.

07

휴직

Q1 **휴직이 무엇인가요?**

A 공무원이 재직 중 직무에 종사할 수 없는 사유가 발생한 경우에 해당 사안에 따라 면직시키지 아니하고 일정기간 동안 신분을 유지하면서 질병치료, 법률상 의무이행, 능력개발을 위한 연수기회를 부여하는 등 공무원의 신분을 보장하기 위한 제도입니다.

Q2 **직권휴직이 무엇인가요?**

A 사유가 발생할 경우 본인의 의사와 관계없이 휴직을 명하여야 하는 휴직입니다. 질병휴직, 병역휴직, 생사불명, 법정의무수행, 노조전임자 총 5가지 휴직이 있습니다.

질병휴직(제1호)	
요건	신체·정신상의 장애로 장기요양을 요할 때 (불임·난임으로 인하여 장기간의 치료가 필요한 경우를 포함)
기간	1년 이내 (부득이한 경우 1년 연장, 2014.2.7. 이후만 해당) (공무원연금법에 따른 공무상 질병 또는 부상으로 인한 경우는 3년 이내)
재직 경력 인정	• 경력평정: 미산입 (단, 공무상 질병인 경우 산입) • 승급제한(공무상 질병은 포함)
결원 보충	6월이상 휴직시 결원보충
봉급	• 봉급 7할지급(결핵은 8할)　　• 1년초과 1년이하: 5할 지급 • 공무상 질병은 전액지급
수당	• 공통수당:보수와 같은 율 지급 • 기타수당·휴직사유별 차등 지급
기타	의사진단서 첨부

병역휴직(제2호)	
요건	병역의 복무를 위하여 징·소집된 때
기간	복무기간 동안
재직 경력 인정	• 경력평정: 산입 • 승급인정
결원 보충	6월이상 휴직시 결원보충
봉급	지급안함
수당	지급안함

생사불명휴직(제3호)	
요건	천재·지변·전시·사변, 기타의 사유로 생사·소재가 불명한 때
기간	3월 이내
재직 경력 인정	• 경력평정 :미산입 • 승급불인정
결원 보충	결원보충 불가
봉급	지급안함
수당	지급안함

법정의무수행휴직(제4호)	
요건	기타 법률상 의무 수행을 위해 직무를 이탈하게 된 때
기간	복무기간 동안
재직 경력 인정	• 경력평정: 산입 • 승급인정
결원 보충	6월이상 휴직시 결원보충
봉급	지급안함
수당	지급안함

노조전임자휴직(제11호)	
요건	교원노동조합 전임자로 종사하게 된 때
기간	전임기간 동안
재직 경력 인정	• 경력평정: 산입 • 승급인정
결원 보충	6월이상 휴직시 결원보충
봉급	지급안함
수당	지급안함

Q3 청원휴직은 무엇인가요?

A 사유가 발생할 경우 본인이 휴직을 원하면 휴직을 명할 수 있는 휴직입니다. 단 육아휴직 및 입양휴직인 경우에는 본인이 원하면 휴직을 명하여야 합니다.

유학휴직(제5호)	
요건	해외유학(학위취득 목적)을 하거나 외국에서 1년 이상 연구·연수하게 된 때
기간	3년 이내 (학위취득의 경우, 3년 연장 가능)
재직 경력 인정	• 경력평정: 5할 산입 • 승급인정
결원 보충	6월이상 휴직시 결원보충
봉급	봉급 5할 지급 (2년이내)
수당	• 공통수당: 5할지급(3년이내) • 기타수당: 미지급

고용휴직(제6호)	
요건	국제기구, 외국기관 또는 재외국민교육기관에 임시로 고용된 때
기간	고용기간
재직 경력 인정	• 경력평정: 산입 • 승급인정(비상근은 5할 산입)
결원 보충	6월이상 휴직시 결원보충
봉급	지급안함
수당	지급안함

육아휴직(제7호)

요건	만 8세 이하 또는 초등학교 2학년 이하(3학년이라도 8세인 경우 가능)의 자녀를 양육하기 위하여 필요하거나 임신 또는 출산하게 된 경우
기간	자녀 1명에 대하여 3년 이내(분할 가능) (부부 각각 적용)
재직 경력 인정	• 경력평정: 산입 • 승급인정: 둘째 자녀까지(1년), 셋째 이후 자녀(전 기간 인정)
결원 보충	6월 이상(출산휴가와 연계한 경우 3월 이상 휴직시 출산휴가일부터 후임자 보충 가능)
봉급	지급안함
수당	• 3개월까지(8할지급): 상한150만원~하한70만원 • 4개월부터(4할지급): 상한100만원~하한50만원 • 아빠의달 육아휴직수당(동일자녀 두 번째 휴직공무원에게 최초 3개월 지급) • 첫째자녀: 150만원, 둘째자녀 이후:200만원 (육아휴직수당은 1년까지)
기타	출산휴가 별도신청가능

입양휴직(제7호의 2)

요건	만 19세 미만의 아동을 입양하는 경우(제7호에 따른 육아휴직 대상이 되는 아동 제외)
기간	6월 이내 (입양자녀 1명당)
재직 경력 인정	• 경력평정: 산입 • 승급인정
결원 보충	6월이상 휴직시 결원보충
봉급	지급안함
수당	지급안함

연수휴직(제8호)

요건	교육부장관이 지정하는 국내의 연구기관·교육기관 등에서 연수하게 된 때
기간	3년 이내
재직 경력 인정	• 경력평정: 5할산입 • 승급제한 (단, 상위자격 취득 또는 학위를 취득하는 경우 재획정)
결원 보충	6월 이상 휴직시 결원보충
봉급	지급안함
수당	지급안함

간병휴직(제9호)

요건	부모, 배우자, 자녀 또는 배우자의 부모의 간호를 위하여 필요한 때
기간	1년 이내 (재직기간 중 총 3년)
재직 경력 인정	• 경력평정: 제외 • 승급제한
결원 보충	6월 이상 휴직시 결원보충
봉급	지급안함
수당	지급안함

동반휴직(제10호)

요건	배우자가 국외근무를 하거나 유학휴직(제5호)에 해당된 때
기간	3년이내 (3년 연장가능)
재직 경력 인정	• 경력평정: 제외 • 승급제한
결원 보충	6월 이상 휴직시 결원보충
봉급	지급안함
수당	지급안함

자율연수휴직(제12호)	
요건	교원이 자기개발을 위하여 학습·연구 등을 하게 된 경우
기간	1년 이내 (재직기간 중 1회)
재직 경력 인정	• 경력평정: 제외 • 승급제한
결원 보충	6월 이상 휴직시 결원보충
봉급	지급안함
수당	지급안함

Q4 휴직 중에 옷 장사를 해도 되나요?

A 휴직 중이라도 공무원의 신분은 보유하므로 국가공무원법상 의무 (외국정부의 영예수허, 겸직금지, 집단행위의 금지, 정치운동의 금지, 비밀엄수 등)를 위반하였을 때는 징계처분의 대상이 됩니다.

Q5 복직신청은 언제 해야 하나요?

A 휴직사유 소멸 시 30일 이내 신고하면 지체 없이 복직조치가 되며, 휴직기간 만료 시 30일 이내 복귀신고를 하면 당연복직이 됩니다.

Q6 질병휴직을 통해 2년을 쉬었는데, 더 이상 일을 못할 것 같아요. 어떻게 하죠?

A 휴직기간이 만료 또는 휴직사유가 소멸된 후에도 직무에 복귀하지 아니하거나 직무를 감당할 수 없을 경우, 휴직기간 만료일 또

는 휴직사유 소멸일을 임용일자로 소급하여 직권면직을 시킬 수 있습니다.

Q7 교감선생님이 학기 단위로 휴직을 하라고 하는데 그 이유가 무엇인가요?

A 모든 휴직은 학생의 학습권 보호와 안정적인 학교운영, 학교의 특수성 등을 고려하여 학기 단위로 기간을 정하여 휴직하도록 적극 권장하고, 휴직에 따른 기간제교사 임용도 학기단위로 임용하여 정원관리에 적정을 기하도록 하고 있습니다.(단, 육아휴직은 법정 휴직 기간내에서 본인의 희망에 따라 기간을 정하여 운영하되, 가급적 학기단위로 휴직할 수 있도록 권장하고 있습니다.)

Q8 질병휴직이 끝나고 연수휴직을 바로 하고 싶은데 가능한가요?

A 휴직사유의 소멸 또는 휴직기간이 만료된 후 다른 사유로 계속 휴직하고자 할 경우에는 당초의 휴직에 대하여 복직신고를 하고, 동시에 다른 사유로의 휴직신청을 하면 됩니다.

Q9 휴직기간을 연장을 하고 싶은데 언제까지 신청해야 하나요?

A 휴직 중에 있는 자가 교육공무원법 제45조에 규정된 휴직기간 범위 내에서 휴직기간을 연장하고자 할 때에는 휴직기간 만료일 15일 전까지 신청을 해야 합니다.

Q10 휴직 중에도 학교에 연락을 주기적으로 해야 하나요?

A 휴직 중에 있는 자는 6개월마다 소재지와 휴직사유의 계속여부를

소속기관의 장에게 보고해야 합니다.

Q11 복직을 하려고 하는데 연수를 받아야 한다고 하는데 근거가 무엇인가요?

A 교육공무원법 제45조 제3항에 의거하여 육아휴직 또는 동반휴직을 2년 이상한 교원이 복직하고자 하는 경우에는 대통령령이 정하는 바에 의하여 연수를 받아야 합니다.

Q12 진단서의 요양기간을 초과하여 질병휴직을 할 수 있나요?

A 질병휴직 시 그 기간은 요양에 실제로 필요한 기간이 되어야 하므로 진단서의 요양기간이나 휴직원에서 본인의 희망에 따라 정한 기간을 초과하였더라도 휴직자가 요양이 더 필요하다는 객관적 증빙서류를 제출하였을 경우에는 총 2년의 범위 안에서 휴직을 계속할 수 있습니다.

Q13 학교에서 직권면직을 시킨다고 합니다. 이를 막으려면 어떻게 해야 하나요?

A 본인이 원하지 않은 휴직 또는 면직처분을 할 경우에는 처분의 사유를 기재한 설명서를 교부하여야 하는데 처분에 불복이 있는 교육공무원은 그 설명서를 받은 날부터 30일 이내에 교원소청심사위원회에 재심을 청구할 수 있습니다.

Q14 동일질병으로 여러 번 휴직을 할 수 있나요?

A 휴직의 횟수에는 제한이 없으나, 동일질병으로 총 2년을 초과할

수 없습니다.

Q15 질병휴직과 병가 및 연가와의 관계를 알고 싶습니다.

A 일반질병휴직(2년)을 사용하기 전에 일반병가(60일)와 법정연가(미사용연가범위내)를 사용할 수 있습니다. 공무상질병휴직(3년)을 사용하기 전에 공무상병가(180일)와 일반병가(60일), 법정연가(미사용연가범위내)를 사용할 수 있습니다.

Q16 올해 발령 받은 신규입니다. 내년에 유학휴직을 신청할 수 있나요?

A 정규교사 실 교육경력이 3년 이상(휴직·파견·연수기간 제외)이 되어야 신청 가능합니다.

Q17 학위취득을 위한 유학휴직은 최대 몇 년까지 할 수 있나요?

A 최초 유학휴직을 3년 사용하면, 최대 3년을 연장할 수 있으니 최대 6년까지 유학휴직을 할 수 있습니다.

Q18 어학연수 목적의 유학휴직은 몇 번 사용할 수 있나요?

A 어학연수 목적의 휴직은 재직 기간 중 총 2회까지 가능하되, 동일 목적의 휴직은 복직 후 5년이 경과된 자에 한하여 신청할 수 있습니다.

Q19 학위취득을 위한 유학휴직을 하고 있을 때 주의해야 할 점은 무엇일까요?

A 매학기 마다 전 학기 성적증명서와 다음 학기 등록확인서(공관 확

인 및 번역 공증 필)를 신학기 시작 전에 학교장에게 제출해야 합니다.

Q20 국제기구에 고용되어 일을 하게 되었어요. 교사를 그만두어야 하나요?

A 국제기구, 외국기관, 국내외의 대학·연구기관, 다른 국가기관, 재외국민교육기관(재외국민의 교육지원 등에 관한 법률 제2조제2호의 재외교육기관을 말한다) 또는 대통령령으로 정하는 민간단체에 임시로 고용되는 경우 고용휴직을 신청하면 고용기간동안 휴직을 할 수 있습니다.

Q21 부부교사입니다. 동일 자녀에 대하여 동시에 육아휴직을 할 수 있을까요?

A 부부(교육)공무원의 경우 동일 자녀에 대하여 동시 육아휴직이 가능하기 때문에 동시에 신청하시면 됩니다.

Q22 자녀가 쌍둥이일 때 각각 육아휴직이 가능한가요?

A 쌍둥이 자녀일 경우, 각각의 자녀에 대하여 육아휴직 신청이 가능하므로 최대 6년 동안 육아휴직을 신청할 수 있습니다.

Q23 만 8세 미만의 아이를 입양하였는데 육아휴직을 할 수 있을까요?

A 자녀의 범위는 친생자는 물론 양자도 포함되므로 육아휴직을 할 수 있습니다.

Q24 **휴직기간 중 다른 자녀를 출산할 것 같습니다. 어떻게 하는 것이 좋을까요?**

A 자녀 출산 등 휴직사유가 발생하는 경우에는 휴직의 횟수에 관계 없이 휴직이 가능하므로 휴직기간 중 다른 자녀의 임신·출산·양육 등으로 계속 휴직을 할 때에는 복직 후 출산휴가를 사용하신 후 다시 휴직을 하는 것이 좋습니다.

Q25 **육아휴직 후 복직을 하려고 하니 연수를 받으라고 하는데 무슨 말일까요?**

A 교육공무원법 제45조에 의거 육아휴직, 동반휴직으로 2년 이상 휴직한 교원이 복직하고자 할 때에는 직무연수를 받아야 합니다.

Q26 **두 자녀 이상일 경우의 육아휴직 신청은 어떻게 하는 것이 좋을까요?**

A 첫째 자녀의 휴직에 이어 계속하여 둘째 자녀에 대한 휴직을 하고자 할 때에는 첫째 자녀에 대하여 복직을 신청하고, 동시에 둘째 자녀에 대하여 휴직신청을 하여 각각의 자녀에 대한 복직 및 휴직을 허가받아야 좋습니다. 그러지 아니할 경우, 첫째 자녀에 대한 휴직의 연장으로 간주되어 둘째 자녀에 대한 육아휴직수당을 받을 수 없습니다.

Q27 **만 19세 미만의 아동을 입양하였습니다. 입양휴직을 할 수 있을까요?**

A 만 19세 미만의 아동(육아휴직 대상 아동 제외)을 입양하는 때에 입양휴직을 할 수 있습니다. 또한 부부공무원인 경우 동시에 휴직이 가능합니다.

Q28 연수휴직은 언제 사용할 수 있나요?

A 교육부장관이 지정하는 국내의 연구기관이나 교육기관에서 연수 (학위취득 등)하게 되거나, 한국국제협력단법에 따라 해외봉사단으로 선발되는 경우에 가능합니다. 반면에 대학원에서 교육과정을 수료한 후 학위논문 작성을 위한 휴직과 연구소나 대학원에서 연구원으로 활동하기 위한 사유로는 연수휴직 신청이 불가능합니다.

Q29 간병휴직 사유는 무엇인가요?

A 사고 또는 질병 등으로 장기간 요양이 필요한 부모, 배우자, 자녀 또는 배우자의 부모를 간호하기 위하여 필요한 때 사용 가능합니다.

Q30 간병대상자 1인에 대하여 2명이 동시에 간병휴직을 신청할 수 있나요?

A 간병대상자 1인에 대하여 부부공무원인 경우, 그 중 1인만 휴직할 수 있습니다.

Q31 간병휴직을 사용할 수 있는 최대 기간은 어떻게 되나요?

A 교육공무원으로 재직 중, 총 휴직기간은 3년을 초과할 수 없으나 휴직의 횟수에는 제한을 두지 않습니다.

Q32 동반휴직의 사유는 무엇인가요?

A 배우자가 국외근무를 하거나 학위취득을 목적으로 해외유학 또는 외국에서 1년이상 연구·연수를 하게 된 때에 동반하는 배우자가

동반휴직을 신청할 수 있습니다.

Q33 **간병휴직을 사용할 수 있는 최대 기간은 어떻게 되나요?**

A 3년 이내(3년의 범위 내에서 연장가능)로 하되, 총 휴직기간은 배우자의 국외근무, 해외유학·연구 또는 연수기간을 초과할 수 없습니다. 총 휴직기간은 6년 이내로 사용할 수 있습니다.

Q34 **동휴직을 2년 이상 할 경우 복직할 때 연수를 받아야 하나요?**

A 동반휴직으로 2년 이상 휴직한 교원이 복직하고자 할 때에는 직무연수를 반드시 받아야 합니다.

Q35 **노조전임자휴직은 무엇인가요?**

A 교원의 노동조합 설립 및 운영 등에 관한 법률 제5조의 규정에 의하여 노동조합 전임자로 종사하게 된 때 전임기간동안 사용할 수 있는 휴직입니다.

Q36 **교원 자율연수휴직은 언제 신청할 수 있나요?**

A 교원이 자기개발을 위하여 학습·연구 등이 필요하거나, 질 높은 수업 및 생활지도 등을 위해 정신적·신체적 회복이 필요할 때 사용할 수 있는 자율연수휴직은 재직기간이 10년 이상이 교원이 신청할 수 있습니다.

Q37 휴직기간을 연장하고 싶습니다. 언제까지 신청해야 하나요?

A 휴직 중에 있는 자가 교육공무원법 제45조의 규정에 의한 규정된 휴직기간의 범위 내에서 휴직기간을 연장하고자 할 때에는 휴직 기간 만료 전 15일까지 신청해야 합니다.

Q38 휴직 허가와 관련된 규정을 알고 싶습니다.

A 교육공무원 인사관리규정 제24조에 따르면 임용권자는 교육공무 원법 제44조제1항 제5호 내지 제10호의 규정에 의한 휴직을 허 가함에 있어 교육과정 운영, 교원수급, 소요예산, 휴직목적의 적합 성, 복직 후 교육발전 기여 가능성 등을 종합적으로 고려한 자체 심사기준을 마련하여 휴직 여부를 결정할 수 있습니다.

Q39 휴직자가 학교에 근황을 보고해야 하는 근거가 있나요?

A 교육공무원 인사관리규정 제24조에 따르면 휴직 중에 있는 자는 6개월마다 소재지, 연락처 등과 휴직사유의 계속여부를 소속기관 의 장에게 보고해야 하며, 휴직자의 소속기관의 장은 휴직자의 실 태를 파악해야 합니다.

Q40 복직예정자 직무연수 실시에 대해 알고 싶습니다.

A 교육공무원법 제45조에 따르면 육아휴직, 동반휴직으로 2년 이 상 휴직한 교원이 복직하고자 할 때에는 대통령령이 정하는 바에 의하여 연수를 받아야 합니다.

Q41 유학휴직이 만료되면 바로 동반휴직을 하고 싶습니다. 가능한가요?

A 유학휴직 중 휴직사유가 소멸되거나 기간이 만료된 후 동반휴직을 하고자 할 경우 유학휴직에 대하여는 복직을 신청함과 동시에 동반휴직에 대한 휴직신청을 할 수 있습니다. 이 경우 임용권자는 복직명령(유학휴직에 대하여)과 휴직명령(동반휴직에 대하여)을 같은 날에 발령할 수 있습니다.

공무원의 의무와 권리 (공무 외 기타 활동)

Q1 공무원의 외부 출강에 대해 알고 싶어요.

A 공무원은 대가를 받고 세미나·공청회·토론회·발표회·심포지엄·심사회의·교육과정·회의 등에서 강의·강연·발표·토론·심사·평가·자문·고문·의결 등(이하 "외부강의 등"이라 한다)을 할 때에는 미리 외부강의 등의 요청자·요청사유·장소·일시 및 대가를 교육행정정보시스템을 통하여 소속기관의장 또는 행동강령책임관에게 신고하여야 합니다. 다만, 외부강의 등의 요청자가 국가나 지방자치단체(그 소속 기관을 포함한다)인 경우는 신고는 하지 않습니다. 또한 복무처리를 할 때 직무관련성이 있는 경우 출장으로 상신하고, 직무관련성이 없는 경에는 연가, 조퇴, 외출을 상신하면 됩니다.

Q2 공무원의 주간대학 또는 주간대학원 수학이 가능한가요?

A 공무원이 주간대학 또는 주간대학원에 수학하고자 할 때에는 공무수행에 지장이 없는 범위 내에서 가능하지만, 근무시간 중에 수강하는 경우에는 연가·외출·조퇴 등의 허가를 받아야 할 것입니다.

Q3 외부 강의 시 대가를 받지 않는 경우에도 신고해야 하나요?

A 대가를 받지 않는 외부강의·회의 등은 신고대상은 아니기 때문에 신고는 하지 않아도 되지만 복무처리는 해야 합니다.

Q4 공무원의 사설학원 출강이 가능한가요?

A 출강시간이 근무시간인 경우에는 공무원의 직무전념 의무에 배치되고, 국가공무원복무규정 제25조에서 금지하는 영리행위에 해당되기 때문에 불가능합니다. 다만 출강시간이 근무시간 이외인 경우에는 강의료가 사회통념상 적정하고 영리업무종사 금지 판단 기준에 위배되지 않는다면 소속기관장에게 신고 후 출강이 가능합니다.

Q5 매주 4시간씩 사립대학교에 강의를 나갈 때, 일괄로 신고를 해도 되나요?

A 최초 출강 시 외부강의 신고서의 일괄 신고란을 기재하여 제출하면 됩니다.

Q6 국립대학교에 출강하는 것도 신고해야 하나요?

A 국립대학교는 국가기관이므로, 신고하지 않아도 됩니다. 복무처리는 해야 합니다.

Q7 외부강의 요청기관으로부터 대가를 받는 경우에 해당 공직자의 소속 기관이 여비를 지급할 수 있나요?

A 요청기관이 교통편을 제공하거나 여비와 관련한 실비를 지급하는 경우에는 공직자의 소속기관이 출장여비를 지급할 수 없으므로 출장(여비미지급)으로 상신해야 합니다.

Q8 저의 공인중개사 자격증을 가족이 사용할 수 있나요?

A 본인이외의 타인이 사용할 수 없는 공인중개사 자격증을 가진 공무원이 사무실을 마련하여 가족에게 공인중개업을 운영하게 할 수 없습니다.

Q9 야간 대리운전은 가능할까요?

A 공무원이 퇴근 이후 음주자의 차량을 대리 운전하는 경우에는 동 행위가 심야에 집중됨에 따라 다음날 정상근무에 지장을 초래할 우려가 있으므로 영리업무종사 금지의무에 위반된다고 판단됩니다.

Q10 상가 임대사업은 가능한가요?

A 공무원이 부친의 상가를 상속받아 사업자 등록을 하고 임대사업

을 하는 것은 영리업무종사 금지 판단기준에 벗어나지 않는다면 가능합니다.

Q11 **다단계 판매원 활동을 할 수 있나요?**

A 국가공무원·지방공무원 또는 교육공무원 및 사립학교법에 의한 교원은 다단계 판매원으로 등록을 할 수 없으며, 이를 위반할 시 1년 이하의 징역 또는 3천만원이하의 벌금에 처하도록 규정하고 있습니다.

Q12 **유튜브로 수익을 얻는 것은 가능한가요?**

A 국가공무원법 64조와 국가공무원 복무규정 등에 따라 소속 기관장, 즉 소속학교의 교장 허가만 있다면 교사도 수익을 창출하는 유튜버 겸직이 가능합니다.

Q13 **책을 출판하여 수익을 얻는 것은 가능한가요?**

A 공무원이 서적을 편집하고 그 판권을 가지고 인세를 받는다 하여도 그 행위는 영리업무금지 규정에 저촉되지 않습니다. 다만, 출판·판매까지 종사함으로써 직무상 능률저해 등의 영향이 초래될 우려가 있다면 이는 마땅히 금지되어야 할 것이나 그 사실여부 및 영리업무의 한계 저촉여부는 구체적인 자료에 입각하여 소속기관장이 판단해야 합니다.

Q14 겸직허가의 기준은 무엇인가요?

A 공무원의 겸직허가의 판단 기준은 금지대상이 되는 영리업무에 해당되지 않아야 하고 담당직무 수행에 지장이 없어야 하며 해당 기관이나 단체로부터 정기적인 보수를 받지 않아야 한다는 것입니다.

Q15 겸직허가 기간 중 소속기관장의 변경되면 다시 허가를 받아야 하나요?

A 겸직허가를 받을 때에는 겸직기간을 명시하여 받아야 할 것이며, 허가 받은 기간 내에는 소속기관장이 바뀌어도 별도의 허가를 받을 필요는 없습니다.

Q16 아파트 동대표 및 임원을 할 수 있나요?

A 주택건설촉진법·공동주택관리령 등에서 정한 규정에 의하여 입주자 대표회의의 임원 또는 아파트 동대표 등은 제반 공적인 업무를 수행하게 되므로 공무원이 이를 겸직하기 위해서는 소속 기관장의 사전허가를 받아야 합니다.

Q17 휴직기간에 영리행위 등 겸직이 가능할까요?

A 휴직이란 재직 중 일정한 사유가 있을 때 공직신분을 유지하면서 직무에 종사 할 수 없도록 하는 것으로 휴직의 종류에 따라 각기 다른 이유와 목적이 있는 것입니다. 그러므로 휴직기간 중 영리 행위가 휴직제도의 취지와 목적에 반하거나, 공무에 부당한 영향, 정부에 불명예스러운 영향 등의 초래 우려가 있을 경우에는 금지

되어야 합니다.

Q18 교사는 정치 참여를 하면 안 되나요?

A 2014년 헌법재판소는 "우리나라 정치 현실에서 집단적으로 이뤄지는 정치적 의사표현이 특정 정당이나 정파를 지지하는 형태로 나타나지 않아도 오해받을 소지가 크다"며 "다양한 가치관을 조화롭게 소화할 능력이 미숙한 학생들에게 편향된 가치관을 갖게 할 우려가 있다"고 하였습니다. 하지만 최근 교사의 정치참여를 보장해야 한다는 주장이 제기되고 있습니다.

Q19 지지하는 정당에 정치 후원금은 낼 수 있나요?

A 공무원에 대해서는 명목 여하를 불문하고 정치적 목적을 가지고 금전 또는 물질로 특정정당 또는 정치단체를 지지 또는 반대하는 행위 등의 정치적 행위를 금지하고 있으므로 지지 정당에 대한 정치자금 기부는 할 수 없습니다.

Q20 출장을 신청하고 출장을 안가면 어떻게 되나요?

A 국가공무원 복무규정 제6조 상사의 명을 받아 출장하는 공무원 (이하 "출장공무원"이라 한다)은 해당 공무 수행을 위하여 전력을 다하여야 하며, 사적인 일을 위하여 시간을 소비해서는 아니 된다.라고 명시되어 있습니다. 또한 출장비를 부당하게 수령하면 징계의 대상이 될 수 있습니다.

Q21 외출 신청을 했는데 학교에 복귀하지 않아도 되나요?

A 근무지 복귀를 전제로 한 외출신청 및 출장 신청을 하고, 퇴근 시까지 사무실로 복귀하지 않았다면 근무지이탈로 징계사유가 될 수 있습니다.

Q22 교장 선생님의 말씀을 무조건 따라야 하나요?

A 공무원은 직무를 수행함에 있어서 소속상관의 직무상 명령에 복종하여야 하는 복종의 의무가 있습니다. 다만 직무상 명령은 일정한 요건을 갖추어야 하는데 정당한 권한을 가진 자가 발(發)하여야 하고, 직무에 관한 명령이어야 하며, 그 내용이 법률상 실현가능하고 적법한 것이어야 합니다. 즉 위의 세 가지 요건 중 어느 하나에라도 흠이 있는 경우에는 위법 또는 부당한 것이 되므로 상사의 명령에 대하여 의견을 진술할 수 있고 위법한 직무명령에는 복종할 의무는 없습니다.

Q23 복종의 의무 위반 사례를 알고 싶어요.

A 법률상 허용되지 아니하는 목적을 위한 집회에 참석하지 말라는 학교의 장의 교사에 대한 명령은 감독자의 지위에서 교육에 전심전력하여야 할 교원에게 발하여지는 정당한 직무상의 명령이므로 교사가 이에 복종하지 않음은 의무를 위반한 것이라는 대법원 판결 사례가 있습니다.

Q24 품의 손상의 사례에는 어떤 것들이 있을까요?

A 도박, 강·절도, 사기, 폭행, 성폭행, 성희롱, 음주운전, 마약류 소지 및 투약 등이 있으며, 복장 및 염색여부 등은 학교구성원들끼리 협의하여 결정될 문제로 품의 유지 위반과는 관련이 적은 것 같습니다.

Part

부록

선생님을 위한
추천 도서

마지막으로 제가 부족해서 알려드리지 못한 좋은 학급경영 방법이나 수업방법을 제가 좋아하는 책을 통해 소개하고자 합니다. 선생님이 먼저 행복해야 한다는 것이 가장 중요하긴 하지만 좋은 선생님이 되기 위해서는 좋은 수업방법이나 학급경영 방법을 잘 알아야 할 필요가 있습니다.

　신규 선생님들에게 소개 하고 싶은 좋은 책들은 정말 많이 있지만 너무 많은 책을 소개하면 임팩트가 없을 것 같아 영역별로 1권씩만 꼭 보시면 좋을 책으로 선정했습니다.

　제가 소개하는 책은 '가장 좋은 책'이 아니라 제가 좋아하고 아이들과 학교생활을 함께하면서도 자주 보는 책입니다. 선생님께서 시간적 여유를 많이 만드셨다면 선배 선생님들께 좋은 책을 추천받거나 여가 시간에 직접 찾은 책들을 많이 읽어보시길 권해드립니다.

01

행복한 삶으로 이끄는 책

첫 번째, 제가 추천하는 책은 『미움 받을 용기(2016, 인플루엔셜)』입니다. 이 책이 유명해지기 전에 우연히 읽게 되었는데, 저의 인생을 인정해주고, 저의 삶을 위로해주는 책이었습니다.

전에도 말씀드렸듯이 저는 저의 행복을 추구하는 것을 당연히 여겼고, 사람들에게도 당당히 말을 하였습니다. 그런데 그럴 때마다 주변에서 "자기밖에 모르는 것 아니냐?", "그러면 다른 사람들에게 욕을 먹는 것 아니냐?"는 등의 조언을 자주 받았습니다. 하지만 행복을 추구하고 싶은 자신의 목소리를 솔직하게 표현하는 것에 대해 어렵게 여기고, 잘못되었다고 생각할 필요는 없습니다.

분명히 제가 알고 있는 거의 모든 사람들은 자신의 행복을 위해서 살고 싶어 하고 행동합니다. 그런데도 불구하고 본인의 행복을 가장 먼저 추구해야 한다는 말에는 거부감을 가지고 도덕적으로 문제가 있는 것처럼 대부분 말을 하고 계십니다. 이러한 모순된 행동은 어릴 적부터 자신이 하고 싶었던 것들을 제지당하고, 해야 하는 것들을 강요받았던 경험들 때문이 아닐까 생각해 봅니다.

자신의 행복을 최우선으로 하고 싶지만 그 말을 하였을 때 주변 사람들에게 미움을 받을까 두려워서 자신의 행복을 뒤로 미루고, 자신의 행복을 추구하는 삶을 숨기려고 하고, 다른 사람을 배려하는 삶을 사는 것처럼 보여야 한다는 강박에 사로잡혀 있어서 진짜 행복한 삶을 살지 못하고 있는 것입니다. 그래서 당당히 자신의 행복을 추구하겠다고 말하는 사람을 보면 부러워하면서도 냉소적인 태도로 조언하는 것입니다. 이 책에서도 '남에게 어떻게 보이느냐'에만 집착하는 삶이야말로 '나' 이외에는 관심이 없는 자기중심적인 생활양식이라고 말을 하고 있는데 참 공감이 되었습니다.

특히 우리 선생님들처럼 성장하면서 하고 싶은 일들은 뒤로 미루고, 해야 하는 일들을 묵묵히 책임감을 가지고 했던 분들이나 교사로서 도덕적 소양을 갖추어야 한다는 압박을 받고 있는 우리 선생님들은 본인의 행복을 추구하는 것은 이기적인 행동이라고 여기는 경향이 있습니다. 옳고 바람직한 것, 해야 하는 것에 자신의 에너지를 모두 소진하다 보면 점점 무기력해지고, 냉소적인 사람이 되어가는 것입니다. 자신을 위한 삶을 사는 것이 아니기 때문이지요.

제가 "미움 받을 용기"에 대해 동료 선생님들과 이야기를 하다보면 열심히 살아온 자신의 삶이 부정당하는 느낌이 들어서 더 이상 읽기가 싫어진다는 말을 많이 듣습니다. 이유를 들어보면 지금까지 살아오면서 하고 싶었던 것들, 행복을 추구하던 것들을 포기하면서 힘들어도 좋은 미래를 위해 노력했던 자신의 모습을 부정하는 듯한 느낌이 들기 때문이라는 이유가 대다수입니다.

하지만 이 책을 통해 자신의 삶을 부정하는 것이 아니라, 자신의 행복을 위해서 지금부터라도 어떠한 삶을 살아가야 할 것인가에 대해서 고민하는 시간을 가지는 것이 중요합니다. 지금까지 자신의 행복이 아닌 주변의 기대와 잘 해야 한다는 책임감을 가지고 살아왔던 본인의 삶을 위로해주고, 힘들어도 잘 버티고 열심히 잘 살았다고 스스로를 격려하는 시간을 가져야 한다는 것입니다. 그리고 앞으로 자신의 행복을 위해 어떻게 살아가야 할 것인지를 선택하는 용기를 가져야 한다는 것입니다.

제가 생각하는 "미움 받을 용기"란 미움을 받더라도 자신의 행복을 추구하고 말겠다는 용기가 아니라 나의 행복을 추구하는 과정에서 누군가에게는 미움을 받을 수도 있다는 것을 인정하고 자신의 행복을 위해 살겠다는 용기입니다.

곰곰이 생각해 보면 자신의 행복을 중요하게 여기는 사람이 다른 사람의 행복도 중요하게 생각하고 다른 사람의 행복을 진심으로 축하해줄 수 있습니다. 반면 자신의 행복을 포기한 사람들은 다른 사람의 행복을 시기하고 질투하지요.

저는 우리 선생님이 "미움 받을 용기"를 보면서 치열하게 살았던 자신의 삶을 돌아보고, 앞으로 자신의 행복을 위해서 어떻게 살아가야 하는지에 대한 생산적인 고민을 많이 하였으면 좋겠습니다. 행복한 사람이 행복한 선생님이 될 수 있습니다.

책 읽기에 대한 간단한 조언을 한다면, 이 책은 첫 번째 밤에서 다섯 번째 밤까지로 구성되어 있는데, 네 번째 밤 내용은 이해하기 어렵고, 너무 넓은 범위의 사고를 하는 내용이라서 패스하세요. 저는 3번 이상 패스하다가 나중에 겨우 읽었답니다.

02

학생 상담이 서툰 당신에게

두 번째, 제가 추천하는 책은 『교사와 학생 사이(2003, 양철북)』라는 책입니다. 이 책은 제가 2006년 초임 발령 받았을 때 근무하는 학교 도서관에 있던 책으로 우연히 보게 된 책입니다. 지금까지도 학급에 놓고 쉬는 시간이나 여유 시간에 읽는 책인데, 신규 선생님들이나 친한 동료 선생님들께 선물하고 싶을 때 반드시 구입하는 교사에게는 정말 최고의 책이라고 생각합니다.

저는 약간 실용주의적인 성향을 가지고 있습니다. 그런데 학교 현장에 오니 교육에 관한 조언은 대부분 관념주의적인 조언들이 많았습니다. "아이들을 사랑으로 가르쳐야 합니다.", "교사로서 모범을 보이셔야합니다.", "학부모와의 관계는 너무 멀어서도, 너무 가까워서도 안됩니다." 등등 누구나 다 알고 있는 조언들을 아무렇지도 않게 말씀하셔서 조금은 당황했었습니다.

어떻게 해야 할지 몰랐던 저는 교사와 학생과의 원만한 관계를 위해서 실제로 어떻게 해야 하는지에 대해 질문을 하면 사람마다 모두 다른 조언들을 해주었습니다. 어떤 분은 아이들과 관계가 너무 가까워지면 교사의 권위가 사라지니 적당한 거리를 유지해야 한다고 조언해주시고, 어떤 분은 학생과 교사가 구분이 되지 않을 정도로 하나의 공동체를 유지해야한다고 조언해주시고, 어떤 분은 아이들에게 기대를 하지 않으면 된다고 하셨습니다. 결국 어느 장단에 맞춰야 할지 결정을 하지 못했던 저는 많은 시행착오와 좌절을 겪었습니다.

그러던 중 학교 도서관에 있던 이 책을 우연히 읽게 되었고, 교사로서 어떻게 말을 하고 행동을 해야 할지에 대해 구체적으로 제시해주는 이 책을 정말 사랑하게 되었습니다. 가끔 교사로서 아이들에게 잘못된 행동을 하였을 때, 나 스스로를 위로하고 합리화하려고 할 때 이 책을 읽었습니다. 방법적인 부분의 부족함을 인정하고, 학생들의 성장을 위한 행동이나 말들을 따라하면서 여러 번 연습하였습니다. 그 결과 저의 감정 상태와는 상관없이 아이들의 올바른 성장을 위한 행동이나 말들이 거의 자동적으로 나오게 되거나, 잘못된 감정 표현방법을 어느 정도 제어할 수 있게 되었습니다.

"아이들을 사랑으로 가르쳐야 합니다."와 같이 뜬구름 잡는 듯한 관념론적인 조언이 선생님의 귀에 들어오지 않을 때, "아이들을 사랑으로 가르치는 방법은 이런 것입니다."라는 실용적인 조언이 필요할 때, 이 책을 반드시 읽어 보시고, 학급에 놓고 시간이 날 때 읽으시면 어떻게 행동을 하고 말을 해야 할 것인지를 훈련할 수 있습니다.

이 책에서 기억에 많이 남는 몇 가지 내용을 소개하고자 합니다.

첫 번째는 한 교사의 고백입니다. 이 분은 교사로서 아이들이 무엇을 원하는지, 좋은 교육의 조건이 무엇인지, 좋은 상담기법이 무엇인지, 많은 것을 알고 있지만 그러한 것들을 모두 실천하기에 너무나도 많고, 그러한 많은 것들을 본인에게 요구하고 있음에 힘들어하고 있었습니다. 또한 좋은 교육을 위한 모든 것을 다 알고 가지고 있지만, 가지고 있는 것을 활용할 수 있는 지혜, 통찰력, 지식, 헌신하는 마음만 없어서 학교가 싫다고 고백하였습니다.

저는 이 분의 고백을 보면서 우리들의 모습이 떠올랐습니다. 좋은 수업이 무엇인지, 좋은 상담이 무엇인지, 좋은 교육이 무엇인지 잘 알고 있지만 너무 많은 것들을 요구당하기에 포기하게 되어버리는 우리들의 슬픈 모습 말입니다. 또한 아는 것들을 어떻게 활용해야 하는지에 대한 실질적인 스킬을 훈련받지 않고, 관념적인 이론만 알고 있기에 실제 교육 현장에서 힘들 수밖에 없는 우리들의 모습이 생각났습니다. 이 분의 고백을 통해 교사로서 아는 것도 정말 중요하지만 아는 것을 잘 활용하는 방법적인 면을 훈련하여, 자동화시키는 것도 중요하다는 것을 깨달았습니다.

두 번째는 한 수업 장면입니다. 한 학생이 수업이 시작되었는데 수업 준비를 하지 않고 장난을 치고 있습니다. 선생님은 수업준비를 하지 않은 학생을 혼냅니다. 그리고 혼난 아이는 기분이 나쁜지 선생님의 말을 듣지 않고 책상에 엎드립니다. 당연히 선생님은 더욱 화가 나서 화를 냈습니다. 여기까지의 장면은 우리가 흔히 볼 수 있습니다. 하지만 다음 장면의 선생님의 말에 정말 커다란 충격을 받았습니다. 온화한 목소리로 "자, 그럼 교과서 봅시다. 이번 시간에는 자비로운 마음에 대해서 배울 것입니다." 방금 전까지의 선생님의 모습에서는 자비로운 마음을 전혀 느낄 수 없었습니다. 그런데 아이들에게 자비를 가르친다고 말씀하시는 선생님의 말씀에 큰 충격을 받았습니다. 왜냐하면 이 분의 모습이 저의 모습과 거의 같은 모습이었기 때문입니다. 이 수업시간을 통해서 아이들이 자비라는 것을 배울 수 있었을까요? 자비의 개념이나 사례들은 알 수 있지만, 진정한 자비를 배우지는 못했다고 생각합니다. 심지어 선생님께 혼난 학생은 자비가 아닌 분노와 복수를 배웠을 것이라고 생각됩니다. 저는 이 수업 장면에서 저의 모습과 가르치고자 하는 내용이 일치되어야 진짜 살아있는 수업을 할 수 있다는 것을 깨달았습니다. 교사가 많은 것을 알고, 좋은 수업방법을 연구해서 활용하는 것이 좋은 수업을 하는 것이라고 생각하던 저에게 큰 가르침을 주었습니다.

　마지막으로 제가 교직생활하면서 많이 써먹었고, 그럴 때마다 아이들의 존경어린 눈빛을 받게 해준 스킬을 소개하고자 합니다. 이 스킬도 이 책에서 나온 내용입니다. 우리가 수업을 하다보면 의자를 뒤로 젖히면서 장난치는 아이들이 있습니다. 그러다가 갑자기 "쾅!"하면서 뒤로 넘어지는 아이들이 꼭 있습니다. 이런 상황일 일어날 경우, 저는 이 책을 알기 전에는 이렇게 말을 했던 것 같습니다.

　"누구야? 누가 수업 중에 의자를 가지고 장난치라고 했어? 선생님이 몇 번이나 의자를 가지고 장난치지 말라고 했던 것 기억 안나? 정말 몇 번을 말해야 알아 듣겠니? 수업에 방해되니까 빨리 앉아!!"

그렇게 말하고 나면 넘어진 학생은 주섬주섬 일어나 조용히 앉고, 나머지 학생들은 저의 눈치를 보았습니다. 조용해진 분위기에 다시 수업을 진행했습니다. 이 상황 속에서 저는 제가 잘못하고 있다는 것을 발견하지 못하고 있었습니다. 하지만 이 책에서 나온 이 말을 사용하자 아이들의 눈에서 저에 대한 존경의 눈빛이 나오는 것을 보았고 그 반응이 너무 좋아서 지금까지 하고 있습니다. 이러한 상황이 발생할 때마다 자동적으로 말하는 마법과 같은 말은 다음과 같습니다.

"괜찮니? 다친 곳은 없어? 크게 안 다쳐서 다행이다. 어서 앉아라."

이전에 했던 말과, 현재 하고 있는 말은 모두 조용히 의자에 앉게 한 후 수업을 진행하려는 목적을 달성하기 위해 사용된 말입니다. 하지만 이 마법과 같은 말을 하였을 때 넘어진 학생의 감동어린 눈빛과 나머지 학생들의 존경어린 눈빛을 받을 수 있었고 우리 교실에서 진짜 교육이 이루어지고 있음을 느꼈습니다.

책 읽기에 대한 간단한 조언을 한다면, 이 책은 운동 책처럼 이해하며 읽는 것이 아니라 실제로 따라하면서 연습해야 한다는 것입니다. 상황에 따른 바람직한 표현방법을 소리 내어 읽어보고, 여러 번 반복하여 훈련을 하는 것이 중요합니다. 이 훈련을 반복하다 보면 불필요한 감정 소모를 줄일 수 있고, 아이들의 사랑과 존경을 받을 수 있고, 조금은 느리지만 아이들의 바람직한 성장을 지켜볼 수 있습니다.

학급 운영 및 수업에 도움이 필요할 때

저는 개인적으로 학급운영이나 수업방법에 관한 책을 콕 집어서 누군가에게 소개해주는 것을 정말 어려워합니다. 왜냐하면 좋은 학급운영 방법이나 좋은 수업 방법은 우리나라에 존재하는 교사의 수만큼 다양하고, 사람에 따라 좋은 방법이 될 수 있고, 나쁜 방법이 될 수도 있음을 알기 때문입니다. 또한 제가 신규 선생님들보다 학급운영이나 수업방법을 특별히 잘 알고 있다고 자신 있게 말을 할 수 없다는 것도 하나의 이유이기도 합니다. 하지만 저 또한 책을 보면서 학급운영이나 수업방법에 대한 고민을 많이 하였기 때문에 우리 신규 선생님들에게 조심스럽게 추천해보고자 합니다.

먼저 학급운영과 관련된 도서를 추천하고자 합니다.

제가 개인적으로 좋아했던 『허쌤의 학급경영 코칭(2015, 즐거운학교)』을 가장 먼저 추천 드리고 싶습니다. 이 책의 저자인 허승환 선생님의 교육철학을 느낄 수 있고, 학기 초에 학생들과의 바람직한 관계를 형성하는데 필요한 노하우들이 많이 담겨 있기 때문입니다. 특히 우리는 학기 초에 학생들과의 관계 형성에 대해 어려움을 느낍니다. 적당한 거리를 유지하는 것과 학생들과 대화하는 것 같은 정답이 없는 문제들로 우리는 항상 혼란스러워합니다. 정답은 아니지만 적어도 모범답안들이 많이 담겨 있어 선생님들의 혼란을 정리해 줄 책이라고 생각합니다. 최근에 나온 허승환, 나승빈 선생님의『허승환, 나승빈의 승승장구 학급경영 (2018, 아이스크림)』도 최신 경향을 알 수 있으므로 함께 보시면 좋을 것 같습니다.

다음은『학급긍정훈육법(2014, 에듀니티)』을 추천하고자 합니다. 제가 신규일 때에는 학생들을 존중하고 친절하며 지원하는 선생님이 바람직한 선생님의 모습이라고 생각하여 학급을 난장판으로 만들곤 하였습니다. 그 때 선배 선생님께서 "선생님은 원칙을 지키는 것만 중요시하면 정말 좋은 선생님이 될 것 같아요."라는 조언을 해주셨는데 학급운영에 대한 저의 생각에 큰 변화를 가져다 준 조언이었고, 자율과 원칙이 공존하는 학급 운영을 하는데 정말 많은 도움을 주었습니다. 제가 들었던 선배님의 조언이 이 책에서는 친절하며 단호한 교사의 원칙으로 표현되었는데, 일반적인 신규 선생님들이 가지고 있는 넘치는 친절함을 유지하면서 단호하게 학급운영을 할 수 있는 노하우와 그에 관한 조언들을 많이 얻을 수 있을 것입니다.

마지막으로『행복한 교실을 위한 1-2-3 매직(2016, 에듀니티)』을 추천합니다. 이 책은 선생님들의 감정과 에너지를 낭비하지 않고 학생들과의 좋은 관계를 유지하는 훈육에 대한 방법을 구체적으로 안내해주는 책입니다. 사실 우리는 아이들이 잘못된 행동을 하였을 때 혼을 내는 경향이 있습니다. 그러나 우리는 교육자이며, 교육전문가이기에 혼을 내는 것이 아닌 교육을 위한 훈육을 해야 합니다. 이 책은 교사로서 아이들을 교육하기 위한 훈육의 방법의 단계와 기본 원칙을 알려주고, 신규 선생님이 문제 상황에 의한 불필요한 감정 소모를 줄이면서 학생들을 바람직하게 교육할 수 있도록 도움을 줄 것입니다.

마지막으로 수업방법과 관련된 도서를 추천하고자 합니다.

가장 먼저 『땀샘 최진수의 초등 수업 백과(2015, 맘에드림)』를 추천하고 싶습니다. 이 책은 개인적으로 수업과 관련하여 최고의 책이라고 생각하는데, 좋은 수업에 대해 이론적 접근이 아닌 실제적 접근을 하고 있다고 생각하기 때문입니다. 이 책은 아이들이 공부에 대한 동기유발 방법이나 좋은 수업의 기본 원리, 판서 및 노트정리, 모둠활동과 교과수업 등 학교 현장에서 실제로 이루어지는 것들을 중심으로 살아있는 지식들이 담겨있습니다. 우리 신규 선생님들은 좋은 수업의 조건이나 원리 등은 정말 잘 알고 계실 것이라고 생각됩니다. 좋은 수업에 대한 실질적인 조언을 얻고 싶으시다면 한번쯤은 꼭 읽어보는 것이 좋을 것 같습니다.

다음은 『허쌤의 수업놀이(2017, 꿀잼교육연구소)』를 추천합니다. 스스로 재미가 없는 사람라고 생각하는 분들도 학급에서 학생들과는 재미있는 수업을 하고 싶어 합니다. 하지만 재미있는 수업방법에 대해서 잘 알지 못해서 못하는 경우가 많은데, 이 책에는 정말 다양하고 재미있는 수업방법들이 담겨 있습니다. 이 책을 보실 때에는 자신이 재미있어 보이는 수업놀이의 제목을 먼저 찾아보시고, 찾은 수업놀이에 대해 알아보고, 학생들과 실제로 해보는 것이 좋은 것 같습니다. 참고로 본인이 수업놀이를 재미없게 진행하는 것 같다면 학급에 재미있는 아이를 활용하는 것도 좋을 것 같습니다. 매일 재미있는 수업을 해야 하는 것이 아니기 때문에 선생님이 재미있는 수업놀이를 하고 싶을 때 이 책을 찾아서 적용하시면 좋을 것 같습니다.

마지막으로 『초등 미술 수업 52(2017, 지식프레임)』를 추천합니다. 제가 개인적으로 수업을 할 때 가장 힘들었던 교과가 미술이었습니다. 미술 수업을 어떻게 준비해야 하는지도 잘 몰랐고, 미술 수업을 어떻게 해야 하는지에 대해서도 잘 몰랐습니다. 어떻게 보면 미술이라는 교과는 잘 하는 사람이 하는 것이라고 생각하고 크게 노력하지 않았던 것 같습니다. 그러던 중 김보법 선생님의 미술수업과 관련된 자료를 보게 되었고, 미술 시간이 더 이상 아이들에게 미안한 시간이 아니게 될 수 있었습니다. 미술적 감각이 다소 부족해도 다양한 미술 수업을 할 수 있는 자료들을 통해 미술 수업에 대한 자신감을 갖게 해준 김보법 선생님의 미술 수업에 대한 노하우가 담긴 책은 신규 선생님에게 미술 수업에 대한 즐거움을 느끼게 해 줄 것이라고 생각합니다.

이렇게 저의 부족함을 능력이 많으신 선생님들이 만들어 준 도서를 소개하는 것으로 대충 넘어가려는 저의 무책임함에 저 또한 놀라고 있습니다. 이렇게 무책임한 사람도 행복한 교사가 될 수 있으니 우리 선생님도 당당하게 행복하세요.

참고 문헌

2019 유초등교원 인사업무처리요령 (2018. 전라북도교육청)

교사와 학생 사이 (2003, 양철북)

땀샘 최진수의 초등 수업 백과 (2015, 맘에드림)

미움 받을 용기 (2016, 인플루엔셜)

복무와 관련된 내용을 공무원 복무제도 해설 (2006. 행정자치부)

초등 미술 수업 52 (2017, 지식프레임)

학급긍정훈육법 (2014, 에듀니티)

행복한 교실을 위한 1-2-3 매직 (2016, 에듀니티)

허승환, 나승빈의 승승장구 학급경영 (2018, 아이스크림)

허쌤의 수업놀이 (2017, 꿀잼교육연구소)

허쌤의 학급경영 코칭 (2015, 즐거운학교)

선생님을 위한

교직
실무의
모든 것

3쇄 발행 2022년 1월 10일

지은이 김학희
기획·편집 장인영
디자인 올컨텐츠그룹

펴낸곳 ㈜아이스크림미디어
출판등록 2013년 12월 11일
신고번호 제2013－000115호
주소 경기도 성남시 분당구 판교역로 225－20 시공빌딩
전화 1544－3070
팩스 02－6280－5222
홈페이지 http://teacher.i-scream.co.kr

ISBN 979-11-5929-023-7 03370 **CIP** 2019005611